CONVERSA COM PROFESSORES
do fundamental à pós-graduação

EDITORA AFILIADA

Coordenador do Conselho Editorial de Educação
Marcos Cezar de Freitas

Conselho Editorial de Educação
José Cerchi Fusari
Marcos Antonio Lorieri
Marli André
Pedro Goergen
Terezinha Azerêdo Rios
Valdemar Sguissardi
Vitor Henrique Paro

Dados Internacionais de Catalogação na Publicação (CIP)
(Câmara Brasileira do Livro, SP, Brasil)

Balzan, Newton César
  Conversa com professores do fundamental à pós-graduação / Newton César Balzan. — 1. ed. — São Paulo : Cortez, 2015.

  ISBN 978-85-249-2350-0

  1. Educação - Brasil 2. Educação - Finalidades e objetivos 3. Ensino fundamental 4. Escolas - Administração e organização 5. Pedagogia 6. Planejamento educacional 7. Pós-graduação 8. Professores - Formação profissional I. Título.

15-03893   CDD-370.71

Índices para catálogo sistemático:
1. Docentes : Formação : Relatos de experiências : Educação   370.71

Newton Cesar Balzan

CONVERSA COM PROFESSORES
do fundamental à pós-graduação

CONVERSA COM PROFESSORES: do fundamental à pós-graduação
Newton Cesar Balzan

Capa: de Sign Arte Visual
Preparação de originais: Jaci Dantas de Oliveira
Revisão: Maria de Lourdes de Almeida
Composição: Linea Editora Ltda.
Coordenação editorial: Danilo A. Q. Morales

Nenhuma parte desta obra pode ser reproduzida ou duplicada sem autorização expressa do autor e do editor.

© 2015 by Newton Cesar Balzan

Direitos para esta edição
CORTEZ EDITORA
Rua Monte Alegre, 1074 – Perdizes
05014-001 – São Paulo – SP
Tel.: (11) 3864-0111 / 3611-9616
E-mail: cortez@cortezeditora.com.br
www.cortezeditora.com.br

Impresso no Brasil — maio de 2015

Dedicatória

À minha esposa, Maria Cecília, pelo seu apoio de sempre,
À minha filha, Luciana, à minha neta, Melissa,
Aos meus pais, Virgílio e Rosa Cesar Balzan, *in memoriam*,
À profa. dra. Maria Nilde Mascellani, *in memoriam*, exemplo de coragem, liderança, inteligência e dedicação incansável na construção e desenvolvimento dos Ginásios Vocacionais,

Ao prof. Joel Martins, *in memoriam*, que me apontou caminhos cada vez que eu precisava de luz para seguir em frente na vida acadêmica,

Aos ex-alunos do Ginásio Vocacional "João XXIII", Americana-SP,

Aos participantes incansáveis do GVive (Associação dos Ex-Alunos, Ex-Colaboradores e Amigos do Sistema de Ensino Vocacional do Estado de São Paulo),

Aos meus ex-colegas da Unicamp, PUC-Campinas, PUC-SP, Boston University, Harvard University, PUC-Chile, Unama (Universidade da Amazônia),

À minha orientadora de doutorado, profa. dra. Amélia Domingues de Castro,

À minha amiga de infância e hoje uma das mais brilhantes cientistas da área de Ciências Humanas-Educação na comunidade internacional, profa. dra. Menga Lüdke,

Ao professor Modesto Vasquez Aires, pelas sugestões na revisão dos textos,

Aos meus brilhantes orientandos de doutorado — Mabel (Maria Isabel da Cunha), Newton A. A. Bryan, Cleiton de Oliveira e Glorinha (Maria da Glória Pimentel (*in memoriam*) — representando, aqui, as centenas de ex-orientandos e candidatos em concursos para ingresso e ascensão na carreira universitária de cujas bancas examinadoras participei,

Ao professor Jocimar Archângelo, exemplo de gestor e professor, com quem participei da criação dos *novos vestibulares da Unicamp*, um marco na história dos exames de seleção para ingresso na Educação Superior do Brasil,

Ao CNPq (Conselho Nacional de Desenvolvimento Científico e Tecnológico) pela concessão de Bolsa Pesquisador Sênior,

Dedico esta coletânea de textos, na expectativa de poder dar minha contribuição para o desenvolvimento da educação brasileira.

Newton Cesar Balzan

Sumário

Introdução 9

PARTE 1
A Escola de Antigamente: tempos nublados com raros dias de sol brilhante

Capítulo I
Você acredita que a Escola de Antigamente (do velho curso primário à pós-graduação) era de boa qualidade? 17

Capítulo II
Você sabia que algumas escolas públicas de antigamente estavam muito à frente das melhores atuais? 37

PARTE 2
Vamos melhorar nossa capacitação docente?

Capítulo III
Cansado de ouvir falar em planejamento? Frustrado diante de planejamentos que nunca de fato ocorrem? Vamos tentar ultrapassar essas barreiras? 63

Capítulo IV
Vamos aprender didática com nossos alunos? 76

Capítulo V
Não faça isso! 150

Capítulo VI
Você assume uma posição crítica frente à inovação educacional?.. 165

Capítulo VII
Você na era da informática 204

Capítulo VIII
Você tem preconceito em relação à educação a distância? 221

Capítulo IX
Você se considera um professor excelente, bom, regular ou sofrível? Que tal se autoavaliar? 236

Parte 3
Nossos estudantes

Capítulo X
Quem é o universitário que temos diante de nós? Vamos fazer uma reflexão sobre seu contexto sociocultural? 267

Capítulo XI
Que tipos de desafios nossos universitários enfrentarão no futuro? 302

Finalizando 347

Introdução

O que você lerá a seguir resulta de mais de meio século em que me dediquei à Educação, da Escola Básica ao Pós-Doutorado, como estudante, professor, coordenador pedagógico de escola pública, coordenador de projetos e programas voltados à Educação Superior, orientador de mestrandos e doutorandos, membro do Conselho Estadual de Educação do Estado de São Paulo, pesquisador junto ao CNPq e avaliador de projetos junto a diversos órgãos de fomento direcionados ao ensino e à pesquisa na área da Educação.

Optei por escrever numa linguagem coloquial, fugindo de manuais de pedagogia e, mais ainda, de sua deturpação, o pedagogismo.

Dirijo-me sempre a você (meu colega e minha colega), que acredita na Educação de qualidade como fator de importância fundamental para o desenvolvimento de um país mais culto, civilizado, justo e igualitário.

Para não me tornar cansativo e repetitivo, preferi usar sempre a forma/gênero masculino, dizendo professor e aluno, em vez de dizer, por exemplo: você, professor(a) ou, meu(minha) aluno(a). Fica claro, portanto, que estarei me dirigindo sempre a você, docente, não importa o gênero.

Dentre minhas experiências e vivências que tornaram possível a elaboração desta coletânea de textos, destaco minha participação em Projetos Inovadores de Educação: os Ginásios Vocacionais, certamente o mais ousado e brilhante Projeto Educacional da História da

Educação Brasileira, e o Projeto Ensino Capacitação Docente (PECD), direcionado à capacitação para o Magistério Superior de doutorandos pertencentes a diversas áreas do conhecimento da Unicamp. Ambos deram certo. Foram extintos.

Embora alguns textos sejam dirigidos predominantemente aos docentes da Educação Superior e outros aos da Escola Básica, tenho certeza de que, em ambos os casos, todos eles possam ser usufruídos por professores e gestores de quaisquer níveis de escolaridade: do ensino fundamental ao ensino médio, da graduação à pós-graduação. Basta que façam suas leituras, tomando por referência o nível em que atuam. A título de exemplos: o texto Cansado de ouvir falar em planejamento..., resultante de entrevista gravada para gestores e professores da rede pública — fundamental e média — do Estado de São Paulo, aplica-se diretamente aos docentes de nossas IES (Instituições de Ensino Superior). Os textos sobre nossos universitários — seu perfil sociocultural e os desafios que provavelmente enfrentarão no futuro — terão grande utilidade para os docentes que atuam em níveis anteriores de escolaridade. Acredito que os professores de Ensino Médio, por exemplo, devem se anteceder em relação àquilo que aguardará seus estudantes mais à frente. Mais importante: procuro estimulá-lo, colega que trabalha no Ensino Fundamental e no Ensino Médio, a desenvolver pesquisa (não se assuste com o termo!) que lhe possibilite conhecer mais e melhor seus próprios estudantes: de onde eles procedem — do centro de uma cidade média? Da periferia de uma metrópole? Em qual dos estratos sociais a maioria deles se situa? Quais os níveis de escolaridade de seus pais? Quais são suas principais atividades de lazer? Dispõem de recursos eletrônicos em suas residências, que lhes proporcionem acesso, atualização e divertimento através dos inúmeros *sites* hoje disponíveis? Em caso afirmativo, como e durante quanto tempo por dia permanecem ligados a eles? Quais suas leituras favoritas? Claro, muitas outras questões poderão ser levantadas além destas.

Procurei me distanciar tanto quanto pude do caráter acadêmico de redação, normalmente com número excessivo de notas de rodapé.

Considerei que a inclusão de notas e referências bibliográficas em alguns dos textos não teria sentido — seria algo artificial — uma vez que a redação, nesses casos, decorre exclusivamente de minha participação nas atividades abordadas. Outros, como os dois que focalizam o estudante universitário e aquele que trata da Educação a Distância, contêm notas e bibliografia mais extensas que os demais textos.

A primeira parte focaliza a escola de antigamente. O primeiro texto — ou capítulo — é essencialmente autobiográfico. É provável que você me julgue muito pessimista, caso tenha tido experiências, enquanto estudante, melhores que as minhas. O segundo, talvez lhe sugira a ideia de eu estar sendo um tanto saudosista, dado o entusiasmo com que descrevo um cenário que expressa aquilo que vivenciei no dia a dia durante os anos sessenta do século passado.

A segunda parte contém vários capítulos voltados para a metodologia do ensino.

O terceiro capítulo trata do planejamento, atividade essencial, base para as demais no trabalho docente. Imposto pelo Estado — Secretaria da Educação do Estado de São Paulo — sem que seus milhares de gestores e docentes estivessem preparados para implementá-lo, o planejamento foi logo desgastado, caindo em descrédito. Vamos recuperar o planejamento? Esta é minha proposta ao transcrever o texto resultante de uma entrevista para teleconferência.

No quarto capítulo — Vamos aprender didática com nossos alunos? — espero estar cobrindo a maioria das chamadas práticas docentes: da aula expositiva ao projeto, do seminário à avaliação da aprendizagem. Fugi, tanto quanto me foi possível, de uma linguagem já bastante desgastada ao tratar desta questão. Parto sempre de expressões — ou falas — coletadas principalmente junto a estudantes de graduação das diferentes áreas do conhecimento e que foram sujeitos de meus projetos de pesquisa no Brasil e no exterior. Espero que o tema, tratado desta forma, não o deixe cansado e que possa, até mesmo, diverti-lo um pouco.

O quinto — Não faça isso! — é resultado exclusivo de minha atuação em diferentes segmentos e modalidades de ocorrências na área educacional: como participante de bancas — em níveis de mestrado, doutorado, livre-docência e professor titular; como coordenador de projetos de ensino e pesquisa, podendo observar diretamente atividades docentes; na qualidade de assessor junto a Agências de Fomento, tendo acesso a relatórios encaminhados por pesquisadores em educação e áreas correlatas. As situações descritas poderão lhe parecer que raramente ocorram de fato. No entanto, são mais comuns do que você estará supondo.

No sexto capítulo, estou lhe propondo uma reflexão sobre a inovação educacional. Até que ponto as afirmações sobre este tema — na maioria das vezes não explicitadas — se sustentam como válidas?

No sétimo, pretendo desafiá-lo sobre sua atualização na nova era, das modernas tecnologias e informática. Como você vem utilizando-as em suas atividades docentes?

O oitavo capítulo tem como foco um campo aparentemente novo, que se amplia com incrível velocidade e que nos desafia enquanto educadores: a Educação a Distância (EAD).

No seguinte — nono capítulo — estarei lhe propondo uma autoavaliação sobre sua atuação docente. Recorri a citações extraídas de teses de doutorado, das quais participei como orientador e como membro de bancas examinadoras. Baseio-me, também, em relatórios de alunos de graduação e em análise de itens propostos por pesquisador sobre atitudes e comportamentos desejáveis que devem estar presentes na vida do dia a dia de professores em quaisquer dos níveis de escolaridade.

Como a maioria das citações são dos anos 1990 e 2000, tive dúvidas entre incluí-las ou não neste conjunto de textos. Recentemente perguntei a um grupo de alunos de pós-graduação — em nível de especialização — o que achavam: eram, ainda, atuais? Resposta unânime: atualíssimas. Decidi incluí-las.

A terceira parte contém dois capítulos — décimo e décimo primeiro —, ambos voltados para o universitário atual: seu perfil sociocultural — o universitário que temos diante de nós — e os desafios que encontrará mais à frente, ao concluir seu curso. Recorro a dados de ordem demográfica, econômica e educacional, tanto em nível nacional como internacional. São textos datados, isto é, coletados e analisados em 2012 e 2013. Você poderá atualizá-los, bastando acessar os endereços eletrônicos citados no final dos capítulos e recorrendo à imprensa diária — jornais — e semanais revistas as mais diversas.

Minha grande satisfação, neste momento final de carreira docente, se dará em função de sua leitura e possibilidade de utilização de tudo aquilo que estarei lhe disponibilizando a seguir.

Espero que faça um bom proveito e que seja muito feliz como professor e pesquisador em qualquer nível de escolaridade e qualquer das áreas do conhecimento em que atua.

Forte abraço,

Newton

PARTE 1

A Escola de Antigamente:
tempos nublados com raros dias de sol brilhante

Capítulo I

Você acredita que a Escola de Antigamente (do velho curso primário à pós-graduação) era de boa qualidade?*

Gostaria de dizer alguma coisa a você sobre a chamada Escola de Antigamente.

Em vez de proceder a um estudo histórico, validado cientificamente, prefiro uma conversa mais solta, baseada nas minhas próprias experiências.

Assim procedendo, corro três riscos, entre outros:

1º) Comentar sobre o passado, quando este passado é parte integrante de nossas próprias vidas, obrigatoriamente nos leva à parcialidade no julgamento daquilo que aconteceu. Vemos a nós mesmos e toda a rede de experiências e vivências pelas quais passamos com nosso próprio olhar, às vezes um tanto embaçado por falta de clareza,

---

* Revisão e atualização de texto intitulado "Do antigo Primário à Universidade, a escola de antigamente nunca foi de boa qualidade", publicado na revista *Educação*, Faculdade de Educação, PUC-Campinas, ano II, v. 1, n. 4, p. 49-67, jun. 1998.

às vezes colorido demais pelas fantasias que foram se misturando com aquilo que de fato ocorreu.

2º) Ao expressar-me a partir de minha própria ótica, serei obrigatoriamente subjetivo no julgamento que faço dessa escola; tendo a fazer um estudo de caso fundamentado em história de vida que, no caso, é constituída pelas minhas próprias experiências, sendo as conclusões, por isso mesmo, impossíveis de generalizações.

3º) Aproximar-me de uma autobiografia, o que poderia parecer a você um traço de arrogância.

No entanto, tendo tido contatos com tantas histórias semelhantes, acho que vale a pena correr esses riscos e dizer alguma coisa sobre essa Escola, considerada comumente como de boa qualidade, cada vez que se fala sobre a Escola atual. Que esta vai mal, não há dúvida alguma. Que sob certos aspectos a de hoje é muito pior que a de antigamente, também não há dúvida. No entanto, pensar que a anterior era boa, ou mesmo excelente, como pretendem alguns, é ingenuidade.

Nesta conversa vou usar os termos curso primário, curso ginasial e curso colegial, ao me referir, respectivamente, às quatro primeiras séries do atual ensino fundamental, às quatro séries seguintes — 5ª a 8ª do mesmo período, e às três séries do atual ensino médio. Vou chamar essas últimas de cursos científico e clássico como modalidades principais do antigo Curso Colegial.[1] Os termos graduação e pós-graduação são de uso atual.

Tenho em minhas mãos uma velha fotografia que foi tirada há setenta e dois anos, quando eu cursava o 2º ano primário de um Grupo Escolar em Jundiaí, interior de São Paulo. São quase 40 meninos distribuídos numa arquibancada, de maneira tal que todos pudessem ser vistos. A professora, de pé, posa ao lado. Seu jeito e seu

---

1. Além desses cursos havia também a modalidade Curso Normal, que preparava professores para as quatro primeiras séries do atual Ensino Fundamental, isto é, o antigo Curso Primário, frequentado principalmente por alunos do sexo feminino. Além desses cursos tradicionais havia a modalidade Técnico em Contabilidade, em sua quase totalidade oferecido em período noturno, com três anos de duração.

traje são sérios, seu penteado impecável. No banco da frente, sentados, 11 meninos, todos calçados, alguns com terninhos — calças curtas e paletós. Nos bancos de trás, em pé, meninos geralmente maiores, alguns sem agasalhos num dia frio de junho, muitos deles descalços, fato que é ocultado pela posição que ocupam na foto.

Passado mais de meio século, consigo reconhecer alguns deles, exatamente aqueles que estão sentados ao meu lado, no banco da frente: são os que prosseguiram os estudos, de maneira que continuei a vê-los durante algum tempo depois. São absolutas exceções aqueles que reencontrei, mais tarde, nas séries posteriores ao Grupo Escolar e que aparecem na foto ocupando os bancos de trás. Segundo ano primário, ano do ataque a Pearl Harbour, ano em que a Segunda Guerra Mundial parecia cada vez mais crítica para os aliados.

Hoje eu diria que os da frente, foram em frente e que os de trás continuaram atrás. Terá havido exceções, é claro, mas em geral foi isso o que aconteceu. Em outros termos, hoje eu diria que nossos destinos, em termos de escolaridade, já estavam praticamente traçados. Não, não podemos simplesmente culpar as diferenças de classes pelo que aconteceu. Não havia um só representante de classes abastadas ou de famílias com altos níveis de escolaridade entre nós. Naquele tempo, essas crianças — raras! — geralmente estudavam em colégios internos. No entanto, creio poder afirmar que os dos bancos de traz, em geral, eram ligeiramente mais carentes que os demais.

Trinta e tantos anos mais tarde — depois de ter cursado duas Universidades e ter realizado três cursos de graduação, além de pós-graduação e pós-doutorado — vim a constatar aquilo que hoje me parece cada vez mais claro: minhas primeiras professoras, do 1º ao 3º ano foram muito — muito mesmo! — mais eficientes que a maioria absoluta de meus professores universitários, inclusive os de pós-graduação e mesmo aqueles com quem convivi no pós-doutorado.[2] A exceção, durante o antigo curso primário, foi o professor

---

2. Profa. Clarice de Almeida (1º ano), prof. Zenaide Mendes Pereira (2º ano) e profa. Anna Rita Alves Lüdke (3º ano).

do 4° ano. Detestava os alunos, de modo geral. Se por um lado não posso dizer que chegou a me ofender, por outro nunca me esqueci dos gritos dos colegas que expulsou da escola. Dizia Já escrevo com tinta vermelha que é para não me arrepender. O que terá sido deles? Cabral, Perez, Euclides e tantos outros... Infelizmente, esse professor nos acompanhou até metade da 3ª série ginasial, como professor de matemática onde, desta vez, juntava o desconhecimento da matéria ao antigo ódio pelos alunos.

Meados dos anos 1940. Têm início as aulas da primeira série ginasial. Trata-se de uma Escola Normal Particular, sendo quase a totalidade dos professores portadores do título de professor primário, apenas. O ensino é fraquíssimo, embora o custo das mensalidades fosse considerado elevado para a época. Só consigo me matricular por ter conquistado uma bolsa de estudos da Prefeitura graças à nota com a qual fui aprovado nos exames de admissão. As salas de aulas estão caindo aos pedaços, mas o currículo é sobrecarregado: tínhamos outras matérias além das que formam o atual núcleo básico. Serve, como exemplo, o horário das quartas-feiras: Francês, Português, História Geral e Latim. São duas classes, divididas por sexos. Na minha classe há 41 alunos, sendo a das meninas um pouco menor. No ano seguinte, dado o grande número de reprovações, as duas classes se fundem numa única. Não, o ensino não era apertado. Constava basicamente de exposições orais, ditados e cópias.

Ao se iniciar a terceira série ginasial, a antiga Escola Normal Particular passa à instituição pública: Ginásio Estadual e Escola Normal. Um razoável número de alunos transfere-se para a Nova Escola, agora gratuita, formando-se, mais uma vez, duas classes. A troca de professores se faz de maneira radical. Os que assumem são mais jovens, recém-formados por Faculdades de Filosofia. As aulas se modificam, os professores cobram mais dos alunos, alguns ultrapassam a mera repetição de conteúdos.

No final do ano, uma verdadeira tragédia: muitos tomam bomba, como se dizia na época. Consequências: 1ª) Os reprovados, com maior poder aquisitivo, transferem-se para colégios particulares de outras cidades, onde são aprovados. No ano seguinte, voltam a se matricular no mesmo Ginásio do Estado, são novamente reprovados, retornando aos colégios particulares, num movimento pendular que dura anos; 2ª) No ano seguinte, os que sobraram, meninos e meninas, formam, mais uma vez, uma só classe de 4ª série.

Fim do Curso Ginasial, atual 8ª série: dos 41 meninos que compunham a 1ª série quatro anos antes, só sobraram 6.

O que restou de tudo aquilo? Para que terão servido aqueles cansativos exercícios de Latim, com as célebres exceções da terceira declinação? Claro que nos era dito que Latim era importantíssimo para o Português, mas jamais foi feita qualquer relação entre uma e outra língua. Para que terá servido todo aquele mundo de anotações sobre a reprodução das amebas? Pior ainda: quatro anos de Canto Orfeônico — que deveria se chamar Música, é claro — e que não nos proporcionou qualquer entendimento sobre a arte musical, fazendo com que acumulássemos quatro anos desta disciplina, saindo completamente analfabetos em Música? Por que todas aquelas aulas de desenho, do natural e geométrico, se nada, absolutamente nada nos legaram quanto a conhecimento sobre artes plásticas? Por um momento sequer ouvimos qualquer referência a algum pintor ou escultor famoso, de Leonardo da Vinci a Cândido Portinari. Desta forma, saímos do Ginásio, também analfabetos em Desenho e Artes Plásticas. Qual teria sido a finalidade daquelas aulas de Educação Física, nas quais somente os mais esportistas recebiam a atenção dos professores, numa verdadeira inversão da ordem lógica curricular?

Somando tudo, acho que o que ficou, de fato, foram conhecimentos esparsos, disto e daquilo, com exceção de inglês e francês, graças às duas professoras excelentes que tivemos,[3] ambas formadas pela PUC-Campinas. É agradável lembrar que nessas alturas, eu me correspondia em inglês e francês com jovens da Finlândia, Canadá, Estados Unidos e Japão.

---

3. Professoras Nise Correa Martins Laurindo e Maria Júlia de Toledo.

Ficou, também, de modo marcante para todos nós, os contatos com a única Orientadora Educacional[4] que tivemos. Pena que chegou tão tarde, apenas na 4ª série. Foi o único elemento do corpo docente e/ou técnico a nos dirigir a palavra enquanto pessoas, ao longo do curso todo. Tinha uma visão extremamente avançada para a época, mobilizava os alunos, era capaz de rir e de fazer rir. Que caminhos terá percorrido?

Dona Nise, dona Terezinha, dona Maria Júlia... Acho que não tinham mais que 26 ou 27 anos. Sempre muito elegantes, impunham respeito pelo que sabiam e pelo que eram.

O final dos anos 1940 não está muito distante. Festa em Jundiaí — criação do Curso Colegial Noturno, possibilitando continuidade aos estudos àqueles que precisavam trabalhar.

Primeira noite de aulas. São 42 alunos matriculados na 1ª Série do Científico e um número bem menor na 1ª série do Curso Clássico. Ainda me lembro, meu número era 36.

A classe é bastante heterogênea quanto às idades dos alunos e, consequentemente, quanto ao fato de parte dos alunos — os mais velhos — já estarem trabalhando. Dos pequenos, sou o único que trabalha o dia todo, fato que escondo dos colegas e professores, a fim de evitar uma marginalização. Os anos dourados também traziam seu lado triste. Neste caso, o prestígio social dos que não precisavam trabalhar e o pouco caso em relação aos mais jovens que trabalhavam e que eram, explicitamente, pobres.

Improvisam-se professores de Física, de Matemática, de Português e de Desenho. Nenhum deles é habilitado para lecionar e "tocam as coisas como podem". Noites e noites sem aulas, ora por falta de professores, ora por "greves" que volta e meia decretávamos, cada vez que um filme famoso era exibido nos cinemas da cidade.

O pessoal vai desistindo gradativamente do curso e outros alunos vão chegando, transferidos de outras escolas.

---

4. Professora-orientadora educacional Terezinha Aguirre.

Eu escolhera o Científico que me acenava com experiências, expectativas em cursar Engenharia no futuro e saber Ciência. Mas as aulas são ditadas e os cadernos vão se enchendo de anotações que serão cobradas em sabatinas bimestrais. São problemas de Física que levam muitos alunos à reprovação, são dezenas de teoremas de Matemática que, sem saber para que serviam, memorizávamos para passar nas provas e, claro, odiávamos. Problemas e mais problemas que na verdade não eram problemas, mas sim séries intermináveis de exercícios para darem certo. Nenhuma referência à estrutura atômica, nenhuma relação com as explosões nucleares experimentais no deserto de Nevada ou no Atol de Biquíni. Nenhum comentário, em História, sobre a Guerra Fria que se iniciava, ou ao macartismo nos Estados Unidos. Não nos são cobradas leituras de autores clássicos ou modernos, mas, sim, suas biografias: Guerra Junqueira se converteu ao catolicismo antes de morrer... Álvares de Azevedo oscilava entre a pureza e a devassidão... assim líamos e repetíamos a partir do livro-texto de Português, de um autor cuja ideologia jamais fora questionada.

Que escola boa era aquela em que a maioria absoluta dos ingressantes no 1º ano escolar não terminava o 4º ano? Em que as avaliações se limitavam a medir o quanto os alunos haviam conseguido memorizar daquilo que era transmitido — e mesmo ditado — pelos professores em sala de aula? Em que se estudava latim na 5ª série sem que qualquer relação com o português fosse estabelecida? Em que se decoravam as biografias de poetas e escritores do Renascimento à Idade Contemporânea, sem que se lesse um — sequer um! — de seus textos? Em que se era aprovado no ensino médio sem nunca se ter entendido o significado de cosseno de um ângulo ou o porquê das ideias de Sócrates, Platão e Aristóteles merecerem atenção até hoje, embora tenham transcorridos mais de 2.400 anos desde a época em que eles as expuseram? Que bela escola em que se estudava desenho durante 7 anos (quatro séries ginasiais e três do colegial), sem ter tomado contato com uma só obra de arte?

Em todo caso, faço uma concessão: o Científico exigiu de nós, ao menos dos que sobraram, um certo raciocínio, proporcionando-nos uma cultura geral, razoável para a época, embora fragmentada e isolada do mundo real.

Final do Curso Colegial — Científico. Dos 42 estudantes matriculados na 1ª série, restam apenas 7.

Como já havia acontecido no primário e no ginásio, jamais ouvi, nos intervalos das aulas ou na volta para casa, em grupos, qualquer referência àquilo que teria sido ensinado(?) em sala de aula. Este fato, que hoje, de modo geral, ainda ocorre, atesta, mais que qualquer outro, a enorme distância entre dois mundos: o dos conteúdos das disciplinas e o mundo dos alunos. Evidentemente o fenômeno era, então, mais grave, na medida em que a Escola era praticamente a única agência detentora de conhecimentos e, portanto, potencialmente, o local privilegiado para a transmissão de conteúdos. Hoje ela é apenas uma dessas agências.

Quem seriam aqueles que sobraram no final dessa "guerra"? Por que teriam conseguido chegar até o final? Não tenho certeza alguma em afirmar que eram os mais inteligentes. É até possível que fossem. Tenho certeza, porém, de que eram todos mansos, bonzinhos, capazes de engolir toda aquela matéria chata, sem propósito, de modo obediente e silencioso.

Anos 1950. Início do Curso de Geografia e História na Faculdade de Filosofia, Ciências e Letras da Universidade de São Paulo (USP).

Somos 37 estudantes no 1º dia de aula do 1º ano noturno.

O cenário do Curso Colegial repete-se aqui: desistências, reprovações, dependências que vão se acumulando, chegada de alunos do diurno, greves de até quase dois meses. No entanto, o ambiente estudantil é extremamente mais democrático e agradável do que o do Colegial. Aqui, a maioria absoluta trabalha durante o dia, mesmo aqueles que, teoricamente, poderiam apenas estudar. A camaradagem entre os colegas, o apoio de uns aos outros é notável.

O ambiente universitário no prédio da rua Maria Antônia — incendiado por alunos da direita no final dos anos 1960 e hoje sede da SBPC — é fervilhante. Fala-se e comenta-se sobre tudo: cinema, teatro, política, muita política. Nós, estudantes do noturno, que trabalhamos o dia todo, temos pressa e apenas passamos pelo Grêmio da Faculdade, ficando com um desejo de participar, que nunca pode se concretizar.

Sou um dos que sonham em experienciar tudo aquilo e me deparo com a impossibilidade de concretizar meu sonho. Trabalho o dia todo em Estrada de Ferro, viajo uma hora e meia de ônibus e trem para chegar a São Paulo, caminho a pé durante meia hora até chegar à Faculdade, saio das aulas antes do término, a fim de dispor de tempo para pegar o último trem que sai às 23h10 para Jundiaí. Ando depressa, chego a correr pelas ruas Aurora e Vitória, conhecidas então como Boca do Lixo. Tomo o trem de volta, estudo e durmo, chego a Jundiaí pouco depois da meia-noite, caminho pouco mais de 3 quilômetros até minha casa, ao longo dos trilhos da estrada de ferro, em noites claras e por compridas ruas em noites escuras ou muito frias. Houve momentos em que o cansaço e o sono eram tantos que cheguei — literalmente — a dar alguns passos dormindo. No dia seguinte, tudo recomeça: às 8 horas estou na Estrada de Ferro, às 17h24 meu trem larga a estação de Jundiaí... Com essa descrição quero salientar o seguinte: durante 4 anos, esta rotina se repetiu e nunca — destaco: nunca — fui atacado, roubado ou sequer abordado por qualquer pessoa — a não ser para me pedirem informações. Creio não ser necessário perguntar sobre o que aconteceria hoje a um jovem de 20 e poucos anos, carregando uma pasta e simplesmente passando por esses mesmos lugares. Este é um dos lados bons dos anos dourados.

Não dispúnhamos de xerox, nem de computadores, sequer de calculadoras, como os universitários de hoje, tendo que copiar textos à mão e depois datilografá-los várias vezes a fim de distribuir cópias para toda a classe. Andávamos de manhã à noite com sapatos pesados nos pés em vez de tênis, mas as questões de insegurança e violência não faziam parte de nossas preocupações.

O acúmulo de anotações de aulas é enorme e o curso, como um todo, é apertado. No entanto, com raras exceções, o esquema geral é o mesmo do Ginásio e do Colégio: os professores "dão aulas", isto é, transmitem os conteúdos e os alunos anotam. Nas provas somos cobrados por aquilo que conseguimos reter na memória.

As aulas de História são lamentáveis. Parece incrível que tenhamos tido um ano inteiro para receber aulas sobre o Conceito de Gentleman no Renascimento Inglês. É inacreditável que um professor tenha dedicado seu ano letivo para dissertar sobre o Movimento do Porto de Antuérpia no século XVIII, e outro, um ano falando sobre o Contrabando do escravo negro no Rio da Prata! Cursos monográficos, restritos a fatos, sem nos proporcionar qualquer vivência da História enquanto Ciência. Assim, se soubemos praticamente tudo sobre a 29ª dinastia egípcia, sobre Amalasunta e Radegunda, na Roma do início do período medieval, jamais ouvimos qualquer referência a Marx, a Max Weber, a Galileu e a tantos outros pensadores que fizeram o mundo moderno. Não, não tivemos um Curso de História, mas sim de anti-história, isto é, sobre como não é a História, enquanto Ciência. Mais uma vez me pergunto: o que terá sobrado das aulas de Antropologia Cultural e Língua Tupi, ou de Psicologia do Adolescente, além das disciplinas de História, às quais já me referi?

No entanto, apesar do modelo tradicional — em termos de aulas e do paradigma adotado por todos, isto é, a neutralidade científica, houve momentos bons. A inteligência e a capacidade docente de alguns professores,[5] aliadas aos conteúdos de algumas disciplinas, tais como Geomorfologia, Geografia da Energia, Geografia da Circulação, Biogeografia, ajudaram-nos a desenvolver aquilo que se convencionou chamar de pensamento científico.

Aqui já se fala, durante os intervalos, sobre o que foi dito em classe. No entanto, fazemos parte da geração silenciosa dos anos 1950. Assim, embora muito mais politizados que os jovens em geral, e mesmo mais politizados que a maioria dos demais estudantes universitários, somos pouco críticos em relação ao curso. Aceitamos toda aquela pasmaceira sem significado para um futuro historiador, ou professor, memorizamos textos, datas e fatos e dessa forma somos cobrados nas provas escritas e orais.

---

5. Destaco os professores doutores: Pasqualle Petrônio, Aziz Ab'Saber, Nice L. Müller e Ari França.

Final de curso. A classe tem cerca de 20 alunos. No entanto, dos 37 que ingressaram quatro anos antes, só restam 7. Preocupa-nos, sobremaneira, o concurso ao qual seríamos submetidos em seguida, a fim de ingressarmos na carreira do magistério secundário que nos acenava com realização pessoal, além de certo *status* e salários nada desprezíveis.

Meados dos anos 1960. Apesar da ditadura militar, trata-se de uma época de grande efervescência cultural. O fenômeno atinge dimensões mundiais: juventude questionadora ao extremo, discussões sobre o Brasil e seu futuro, praticamente em todos os cantos da USP. Tem início, na USP, o primeiro Curso de Pós-Graduação voltado para as questões de ensino, especialmente em nível de docência universitária. A seleção é rigorosa, sendo a maioria dos ingressantes, já docentes de Faculdades.

O curso é centrado na Epistemologia Genética de Piaget. A metodologia, sem dúvida mais avançada, é prejudicada pela complexidade dos temas e a falta de aplicabilidade das teorias apresentadas ao ensino do dia a dia. As aulas são desenvolvidas principalmente através de seminários, em que um ou dois alunos expõem parte de um tema ao resto da classe. Os textos são redigidos em francês, tornando ainda mais difícil a compreensão de um autor, já, por si, bastante complexo. Ao preparar meu seminário, sobre a Conservação das noções de peso e dimensões em crianças de 6 anos, tendo a desistir do curso. Venço o desafio e dou minha aula de maneira clara, utilizando-me de cartazes, de exercícios e de um texto distribuído a cada um dos colegas a fim de que acompanhassem minha exposição. Saio satisfeito, pois a aprovação é unânime. Quase vinte anos mais tarde, um ex-colega me confessou não ter entendido uma só palavra do que eu falara. Disse-lhe, em troca, outra verdade: Eu também não entendi nada do que você apresentou! E acabamos rindo, os dois!

O curso não se fundamenta em pesquisas desenvolvidas pelos pós-graduandos, não prepara para o desenvolvimento de Projetos de Pesquisa. Nele não se discutem as mazelas do ensino universitário, nem as dos períodos anteriores a ele. Efetuamos monografias que são corrigidas e devolvidas para que as refizéssemos, se necessário.[6]

O mundo ferve lá fora nesses meados dos anos 1960, mas aqui em nosso Curso de Pós-Graduação, permanecemos isolados, como se vivêssemos em outra galáxia.

Ao contrário dos ciclos anteriores, aqui, a maioria — cerca de 20 estudantes — continua o Curso até o final. Um final melancólico: sem diploma, sem despedidas, sem que soubéssemos quais as prováveis expectativas e destinos de cada um.

Início dos anos 1980. Ainda antigamente?

Boston, Estados Unidos.

Como pesquisador — bolsista da Capes (Coordenação de Aperfeiçoamento de Pessoal de Nível Superior) e da Comissão Fulbright (programa de intercâmbio educacional e cultural do governo dos Estados Unidos) não sou obrigado a assistir aulas. Devo contar com o apoio de um *Adviser* (conselheiro) que me daria uma orientação geral sobre onde me situar dentro da B.U. (Boston University, Massachusetts, EUA), com destaque às bibliotecas e pessoas com as quais deveria interagir.

Percebendo que ficaria isolado se não participasse de algum grupo de pesquisa e/ou de estudantes, decido participar de atividades voltadas para alunos de doutorado. Inscrevo-me, por uma questão de respeito, no curso ministrado pelo meu *Adviser*. Trata-se de um curso sobre currículo.

As aulas são dadas à noite, uma vez por semana, contando com aproximadamente 30 doutorandos. Esses são oriundos de vários países do mundo: China, Índia, Israel, Venezuela, Escócia, Alemanha, Brasil e até mesmo dos Estados Unidos.

O professor adota um livro sobre Currículo e para cada aula é exigida dos alunos a leitura de um capítulo. As aulas consistem em

---

6. Louve-se, no entanto, a presença constante da professora doutora Amélia Domingues de Castro, sem cuja persistência, resistência e capacidade de liderança o Curso não teria se instalado e muito menos se mantido ao longo de dois anos.

o professor pedir a cada um dos doutorandos que diga o que achou do texto proposto para leitura, cabendo a ele dizer de vez em quando alguma coisa, complementando as palavras dos estudantes.

Pequenos grupos formados aleatoriamente são encarregados de realizar uma pesquisa sobre Currículo baseada na leitura constante da bibliografia fornecida pelo professor. No final do semestre cada grupo entregará seu trabalho escrito, não havendo exposições e discussões sobre aquilo que cada grupo realizou.

Lamentável! É possível que jamais tenha passado pela cabeça desse professor explorar a grande riqueza disponível em sua sala de aula, com pessoas procedentes de tantos países diferentes. O livro adotado era, sem dúvida, de boa qualidade. Por que não promover seminários em que os representantes dos diferentes países relacionassem o conteúdo do capítulo com os currículos de seus próprios países? Dessa forma teríamos uma visão geral sobre o tema vigente em diferentes nações. O curso seria muito enriquecido, haveria maior interação entre representantes de diferentes países, propiciando condições para discussões provavelmente muito relevantes.

Final do curso: cada estudante responde a uma série de perguntas sobre o desenvolvimento da disciplina ao longo do semestre, avaliando, desta forma, o conjunto de atividades desenvolvidas. Não tivemos nenhuma informação sobre os resultados gerais desta avaliação. No entanto em conversas que tivemos após as aulas, foi constatado que a maioria dos estudantes não se identificou com o curso da forma como foi desenvolvido e mesmo com o professor.

Final melancólico com aproveitamento muito baixo.

Tendo explorado grande parte dos recursos da Universidade de Boston, passo a frequentar a Universidade Harvard.

O *campus*, por si só, emociona a qualquer pessoa. Basta dizer que ao entrarmos nele, passamos por um portão de ferro tendo em cima a inscrição: Doado pela turma de 1871. Na entrada, o busto de Harvard, fundador da Universidade em 1836. Num dos corredores do prédio central há os nomes dos estudantes que tombaram durante a Guerra Civil, assim como da Primeira e da Segunda Guerra Mundial. Cada nome é seguido pelo título do curso em que estava matriculado, assim como o ano de ingresso em Harvard.

A riqueza da biblioteca geral é incrível, embora a da universidade anterior fosse superior a qualquer biblioteca de universidade brasileira. Há livros sobre praticamente todas as áreas de conhecimento. Além disso, as bibliotecas setoriais são, também, muito ricas.

Da mesma forma como procedi anteriormente, procuro me integrar participando de mais um curso de doutorado.

A professora Mary White é dotada de uma cultura espetacular. Suas pesquisas são centralizadas em Desenvolvimento Humano, abordando conteúdos de Antropologia, Psicologia e Sociologia aplicadas à educação universitária. É muito ligada ao Japão, país em que viveu durante alguns anos e que visita periodicamente.

No primeiro dia de aula, constatando que o número de estudantes inscritos para sua disciplina era muito grande, decide dividir a classe em duas partes, propondo-se a manter encontros com os estudantes uma vez mais por semana do que estava previsto.

Felizmente, no seu caso, posso ignorar o termo aula. A dra. White promove encontros semanais fundamentados em leituras de textos muito bem adequados a estudantes de doutorado dos quais todos participam com apreciações sobre os textos lidos e estabelecendo relações com a realidade vigente em seus países de origem. Como no caso anterior a maioria dos estudantes não é americana e sim proveniente de diferentes partes do mundo, com predominância de asiáticos.

Promove seminários na exata concepção do termo: todos os estudantes leem sobre um determinado assunto e um grupo, responsável pelo aprofundamento do mesmo conteúdo, porém, de autores diversos toma posição frente à classe, coordenando aquilo que é expresso pelos demais estudantes e aprofundando o tema sobre o qual adquiriram conhecimentos mais profundos.

Aqui os estudantes estão dispostos num semicírculo facilitando o contato com a professora. Ela os vê diretamente e se comunica com o grupo fornecendo-lhe novos dados e informações.

Estaríamos diante de uma exceção da escola de antigamente? Provavelmente sim, mas talvez, como veremos a seguir, esta e outras exceções limitam-se à pós-graduação.

Sinais de melhora no final dos anos 1990? Ou a pós-graduação seria apenas uma exceção?

Até aqui falei na qualidade de estudante relatando minhas experiências e vivências. Tomo a liberdade de me expressar na qualidade de professor no final da década de 1990, período que não é tão antigamente assim. Com isso pretendo reforçar a suposição de que a pós-graduação constitui uma exceção no panorama da escola de antigamente.

Acredito que muitas outras experiências desse tipo estejam sendo realizadas no país provavelmente mais avançadas do que esta que passo a descrever.

As aulas do Curso de Pós-Graduação em Clínica Médica e Cirurgia da Faculdade de Ciências Médicas da PUC-Campinas começam às 19 horas, mas hoje chego bem antes do início. Os estudantes/médicos ainda não chegaram e aproveito o tempo para ver as classes onde alunos de Ciências Biológicas e das diversas subáreas da Área da Saúde — Fisioterapia, Terapia Ocupacional, Medicina, Enfermagem e outras —, têm aulas durante o dia e à noite. Uma das classes está aberta e dou uma olhada. Sala ampla, para 60 ou mais alunos. As cadeiras estão todas enfileiradas, e, lá na frente, a mesinha do professor. Se por um lado há limpeza e ordem, por outro lado, aquela antiga disposição dos móveis me assusta. Estamos no limiar do século XXI e, dali a pouco, provavelmente dezenas de estudantes assistirão exposições e anotarão tudo aquilo que seus professores de Histologia, Bioquímica, Embriologia, Imunologia, explicarem e terão provas em que provavelmente serão cobrados mais pelo que conseguirem reter na memória do que pelos problemas que forem capazes de resolver, ou por aquilo que terão conseguido aprender através de leituras, acesso a resultados de pesquisas recentes, desenvolvidas em outras partes do mundo, via internet etc. A pesquisa avança, ciência e tecnologia disparam e nossas escolas continuam praticamente as mesmas.

Volto para a minha sala.

Meus alunos estão chegando e começam a trabalhar sem que lhes peçam. Querem tirar dúvidas sobre os Projetos de Pesquisa que se propuseram a desenvolver durante o semestre: Percepção dos Residentes sobre o Ensino Médico; Estudo Comparativo entre Concluintes de Medicina de 1992 e de 1997; Relações médico-paciente x relações professor-aluno de medicina, além de outros. Sentamo-nos em círculo, os 17 alunos e eu, de modo a facilitar que cada um participe dos problemas que os demais apresentam. Devolvo-lhes, com críticas, os textos que escreveram, os quais deverão ser reescritos até que alcancem o nível de excelência. A seguir, entramos no tema propriamente dito, ao qual é dedicado este encontro. Evito o termo aula propositadamente. Trata-se de discutir sobre a leitura de um texto aplicado à profissão médica, escrito no final dos anos 1950 por um dos principais sociólogos americanos.[7] O texto se aplicaria ao Brasil de hoje? Em que medida? O que terá se alterado ao longo desses quarenta anos na profissão médica, conforme é vista pelo autor — tanto nos Estados Unidos como em outras partes do mundo? Quais os tópicos, conceitos ou ideias do autor que se aplicam ao seu próprio cotidiano como médico e/ou como professor? Essas são algumas das questões que os alunos foram solicitados a responder no intervalo de uma semana. Minha função consiste, primordialmente, em coordenar os debates que se seguem, ajudá-los a elaborar pequenas sínteses e esclarecer alguns pontos que ficaram obscuros. Não tenho respostas para todas as perguntas que surgem, mas sei como encaminhá-los para obtê-las.

Os vinte minutos finais são dedicados a apresentações sobre o significado para o Curso de Medicina e para a profissão médica das disciplinas que lecionam, suas relações com as disciplinas ministradas na mesma série e em séries anteriores, assim como os pré-requisitos de fato necessários para cursar suas disciplinas. É agradável ver como levam a sério esse trabalho, apresentando dados e gráficos

---

7. Veja-se, de Charles Wright Mills, *A nova classe média* (especialmente Cap. II, item 6: Antigas profissões e novas especialidades — os Médicos).

através de projeções numa tela improvisada. Em dados momentos, parecem crianças defendendo apaixonadamente suas disciplinas como as mais importantes do currículo, lamentando não disporem de tempo para poder ensinar mais e melhor aos seus alunos. Ora é a jovem anestesista pondo contra a parede o cirurgião, perguntando-lhe o que seria capaz de realizar sem sua presença. Ora é a dermatologista lamentando o fato de seus alunos acharem que seu curso é mera perfumaria, mas sendo capaz de defender com verdadeira paixão sua especialidade. Ri-se muito nesta parte da "aula" e a atenção continua constante.

Meu trabalho já deveria ter terminado há mais de meia hora, mas eu não consigo sair da classe. Eles continuam discutindo e não têm pressa para ir embora, apesar de o *campus* distar alguns quilômetros da cidade e se situar num local considerado como "barra pesada". Dois ou três deles sempre me acompanham até o carro num curto percurso, quando trocamos ideias sobre a profissão, a universidade e o mundo.

Volto cansado, mas me sinto agradavelmente bem. No fundo, desejo que eles se sintam da mesma forma.

O que terá havido de estranho, de notável, ou mesmo de extraordinário nessas aulas que, por hipótese, não deveriam despertar interesse desse grupo de alunos? Por que se interessar por uma das disciplinas obrigatórias, cujos conteúdos versam sobre universidade no contexto sociocultural brasileiro, da qualidade do ensino superior, da didática na área da saúde?

Resposta: nada. Absolutamente nada de extraordinário, a não ser o fato de os estudantes estarem sendo desafiados o tempo todo a atribuírem significado àquilo que fazem no dia a dia e a ampliarem seus conhecimentos a partir de leituras e releituras de textos ou da análise de dados estatísticos que têm relações com o que são no dia a dia, com os problemas do Brasil e do mundo atual. Dessa forma, podem ver com maior clareza o emaranhado da rede que envolve, num todo indissociável, problemas de saúde, avanço científico e tecnológico, nossa sofrível posição em termos de índice de desenvolvimento humano (IDH), além de globalização, desemprego e violência, ensino de medicina e área específica em que atuam, enquanto médicos.

Acredito que a maioria dos cursos de pós-graduação se aproxima da forma como foi exemplificado, uns mais outros menos. Trabalhos mais criativos e adaptados às especificidades de cursos e estudantes de pós-graduação certamente estarão sendo realizados.

Ao relatar essa experiência, pretendo significar que a ênfase que se dá à formação do aluno em nível de pós-graduação deveria ser extensiva aos níveis anteriores de escolaridade, onde se informa, apenas.[8]

Respondendo, se possível mediante recursos mais atualizados, à última pergunta formulada: a pós-graduação seria apenas uma exceção?

Uma pesquisa que desenvolvi recentemente — teses e dissertações: a qualidade em questão. Desdobramentos[9] (Balzan, 2012, p. 827--849) — avaliando 36 teses de doutorado e dissertações de mestrado, selecionadas após a leitura de resumos e de um ou mais capítulos de um total de 435 levantadas junto a diferentes bases de dados, desenvolvidas em diversas Instituições de Ensino Superior do Brasil, me surpreenderam de maneira favorável. Ao contrário do que eu supunha a grande maioria foi classificada pelos auxiliares de pesquisa que atuaram junto a mim, como excelente, muito boa e boa, numa escala que variou entre excelente e sofrível. Trata-se de uma produção referente ao período 2000 a 2004, abrangendo grande parte das áreas e subáreas de conhecimento, conforme modelo adotado pelo CNPq, Fapesp e Capes. Meus auxiliares e eu fizemos uma análise exaustiva

---

8. Ensinar com pesquisas, por mais simples que estas sejam, deveria se constituir como norma e não como exceção desde o Ensino Fundamental.

9. Trata-se de Projeto desenvolvido com o apoio do CNPq, cujos resultados foram publicados em *Avaliação* (revista da Avaliação da Educação Superior — RAIES, v. 17, p. 827-849, nov. 2012). Participaram do Projeto: a) na qualidade de consultor-assessor o professor-mestre: Jorge Luís Moreira Alberto; b) na qualidade de assessores, as Professoras: Maria Cristina Festa, Maria Regina de Brito Rodrigues. A parte técnica — acesso aos autores de teses e dissertações —, ficou a cargo do sr. Luis Antônio Vergara Rojas.

do conjunto de teses e dissertações selecionadas, atribuindo pontos a tópicos que cobriram desde os resumos até as relações bibliográficas constantes de cada uma delas, passando por redação, sequência de capítulos e notas de rodapés, além de outros mais. A seguir, seus autores foram entrevistados, a maioria deles via internet.

Se, por um lado, não posso garantir, a partir daí, que a maioria dos cursos tenham sido desenvolvidos de modo bastante satisfatório e em termos de encontros entre estudantes e professores e de orientação das pesquisas, por outro lado, os resultados alcançados indicam que a pós-graduação tende a se configurar como espaço muito bem aproveitado, destacando-se entre os demais níveis de educação escolarizada vigentes no país. Uma exceção, portanto.

Vamos finalizar?

A escola de antigamente já era de má qualidade e acredito que infelizmente pouco mudou ao longo deste mais de meio século. Já era excludente e permaneciam fora dela crianças e jovens em idade escolar, em número muito maior que hoje.

Houve exceções ao longo do período percorrido e relatado até aqui, mas foram muito poucas. Além da pós-graduação, por questão de justiça, é necessário lembrar as Escolas Experimentais dos anos 1960, com destaque especial aos Ginásios Vocacionais, no Estado de São Paulo. Seu projeto envolveu integração curricular, experiências e vivências nos mais variados campos de conhecimento a partir de planejamentos globais e de avaliações constantes. Minha passagem por eles se constituiu na maior e melhor experiência de minha vida profissional. Muito mais que a pós-graduação. Modéstia a parte, acredito que foi aí que passei de professor a educador. Os Vocacionais alcançaram qualidade excepcional. Deram certo. Foram extintos.

Referências

BALZAN, Newton Cesar. Teses e dissertações; a qualidade em questão. Desdobramentos. *Avaliação*, revista da Avaliação da Educação Superior (Raies), v. 17, p. 827-849, nov. 2012.

MILLS, Charles Wright. *A nova classe média*. Rio de Janeiro: Zahar, 1976.

Sugestões de leituras sobre autobiografia e história de vida

AROUCA, Lucila S.; DESTRO, Martha R. P. Hermenêutica e histórias de vida. *Revista da Universidade São Francisco*, Bragança Paulista, v. 5, n. 9, p. 83-92, 1987.

DOMINICÉ, Pierre. La biographie educative: instrument du recherche. *Education et Recherche*, n. 4, 1982.

GOODSON, Igor F. (Ed.). *Studying teachers lives*. London: Routledge, 1992.

HEATH, Shirley Brice. *Ways with words*: Language, life, and work in communities and classrooms. Cambridge, UK: Cambridge University Press, 1984.

KIRB, Dan; KUYKENDALL, Carol. *Mind matters: teaching for thinking*. Portsmouth, NH: Boyton/Cook Publishers Inc., 1991.

NADAI, Elza. *Educação como apostolado*: história e reminiscências (1930-1970). Tese (Livre-Docência em Educação) — Faculdade de Educação, Universidade de São Paulo, São Paulo, 1991.

PINEAU, Gaston. Autor francês, tem muitas publicações sobre o tema "História de Vida".

SPRADLEY, James P.; McCURDY, David W. *The cultural experience*: ethnography in complex society. Chicago: Science Research Associates (SRA), 1972.

Capítulo II

Você sabia que algumas escolas públicas de antigamente estavam muito à frente das melhores atuais?

Gostaria de convidá-lo para visitar uma Escola Pública que deu tão certo que teve de ser extinta.

Para isso, temos que fazer uma viagem ao passado, fato que poderá lhe parecer uma brincadeira. No entanto, achei que esta seria a melhor forma para lhe mostrar como foi possível construir uma Escola Pública em nível de excelência em meados do século passado.

Portanto, coragem! Voltemos ao passado.[1]

---

1. A maior parte das ideias contidas neste texto resultam de lembranças que ainda permanecem claras em minha memória. Acredito que elas correspondam a aproximadamente 85% do total aqui descrito. Outras resultam de anotações que fiz na ocasião e ainda guardo comigo. Exemplo: as cenas que descrevo na Assembleia de Síntese do Estudo do Meio realizado em Minas Gerais. Parte significativa devo à atenção de antigos colegas que me auxiliaram quanto à precisão de determinados tópicos: professores Cida (Maria Aparecida da Silva Justo Shoenacker) e Ângelo Schoenacker, ela, socióloga, membro do Grupo de Pesquisa do Serviço do Ensino Vocacional (SEV), e ele, professor de Artes Industriais no Ginásio Vocacional "Oswaldo Aranha" e supervisor de Artes Industriais junto ao Serviço do Ensino Vocacional; professores José Ângelo Pompeo, de Práticas Comerciais, Modesto Aires Vasques, de Português e Ricardo Aparício Bacci, de Matemática, Ginásio Vocacional João XXIII, Americana; equipe do GVive (Associação dos Ex-Alunos e Amigos dos Vocacionais), especialmente na pessoa do Luigy.

Outubro de 1965. Estamos em Americana, município situado a 139,1 quilômetros ao norte da capital, atualmente parte da Região Metropolitana de Campinas.

Acompanhe-me nesta incrível viagem, sim?

São 7h30 da manhã e os alunos do Ginásio Vocacional João XXIII já estão em atividade há dez minutos.

Vamos entrar e passar na sala da diretora a fim de cumprimentá-la e de que eu faça sua apresentação. Com ar de alegria, ela nos sugere que façamos a leitura do parecer que a coordenadora geral do Ensino Vocacional, profa. Maria Nilde Mascellani[2] — deixou em sua visita mais recente à escola. Suas apreciações tinham sido altamente favoráveis aos trabalhos que vinham sendo desenvolvidos, havendo, também, indicações visando à melhoria em alguns poucos setores. Nessa altura, nenhum de nós poderia sequer imaginar que quatro anos mais tarde a profa. Maria Nilde seria acusada de subversiva, presa e torturada — posta numa solitária durante vários dias — pelo regime militar que endureceria a partir de fins de 1968.

Caminhemos pelo corredor passando pelos banheiros e viremos à esquerda.

Na parede à nossa esquerda, há um grande mural onde está fixado um mapa-múndi com diversos pontos assinalados com tachinhas, dos quais partem fios ligando a recortes de jornais e revistas dos últimos dias sobre eventos registrados no mundo todo. Trata-se de um PAINEL DE ATUALIDADES, de responsabilidade dos professores de Estudos Sociais e que conta com a colaboração de alunos de todas as séries e da especialista em Recursos Audiovisuais.

---

2. Maria Nilde Mascellani foi a fundadora e coordenadora dos Ginásios Vocacionais. Batalhadora incansável, apesar de jovem, na época, era extremamente respeitada por todos que trabalhavam nos Vocacionais, dos diretores às auxiliares de cozinha, dos pais de alunos aos prefeitos das cidades onde essas escolas se situavam. Dotada de uma capacidade de liderança fora do comum, era capaz de mobilizar grandes massas — professores, estudantes, funcionários, pais de alunos e políticos — para a defesa dos Vocacionais nas várias vezes em que sua sobrevivência foi ameaçada. No início da década de 1970 foi presa e torturada pela ditadura militar, acusada de subversão à ordem pública. Faleceu aos 68 anos, apenas uma semana após a defesa de sua tese de doutorado na USP, em dezembro de 1999.

À nossa direita, uma sala que nos parece ser bastante ampla. Vamos ver o que estará acontecendo lá dentro. Batemos levemente na porta e a abrimos sem aguardar permissão da mestra que trabalha com cerca de 30 estudantes da 6ª série[3] do Ensino Fundamental. A professora de Educação Musical — senhora de meia idade — nos acena convidando-nos a entrar, mas põe a mão direita nos lábios, significando que devemos manter silêncio. Alunos atentos, sentados tão próximos a ela quanto possível, ouvem a canção "Morte e vida severina". Os pré-adolescentes mantêm absoluto silêncio durante o tempo todo. Depois de ouvirem a mesma música mais uma vez, a mestra pede a eles que cantem com ela a bela canção, letra de João Cabral de Melo Neto e voz de Chico Buarque.

Vamos sair silenciosamente e ver o que estará se passando lá fora, nos pátios, jardins e salas de aula.

Um breve encontro com o professor de Português que, após os cumprimentos de boas vindas, nos conta que trabalha junto aos seus alunos com o poema de João Cabral de Melo Neto, "Morte e vida severina".

Certamente a você isso parecerá uma mera coincidência ou um simples ajuste de disciplinas. No entanto, não é o que acontece. Todos os demais docentes estão, neste semestre, buscando respostas às indagações levantadas a partir do tema central definido no início de agosto por professores e alunos numa reunião da qual todos — docentes e estudantes — participaram, denominada Aula Plataforma.[4]

---

3. Optei por adotar a nomenclatura atual — 5ª, 6ª, 7ª e 8ª séries do Ensino Fundamental — ao designar as séries que na época eram denominadas como 1ª, 2ª, 3ª e 4ª séries ginasiais, respectivamente.

4. A Aula Plataforma ocorre no início de cada bimestre e se constitui de discussão intensa entre professores e alunos que buscam um tema central, de preferência envolvendo problemas socioeconômicos e culturais presentes na comunidade, Estado, nação ou globo, conforme se trate da 1ª série ginasial, hoje 5ª série do Ensino Fundamental, da 6ª, 7ª ou da 8ª série, respectivamente. O TEMA pode se apresentar de forma interrogativa ou não. O ponto essencial diz respeito a ele se referir a um PROBLEMA que implique a busca de soluções por parte de alunos e professores das diferentes áreas.

Recorrendo a Piaget, poder-se-ia dizer que o PROBLEMA estaria provocando um desequilíbrio inicial junto ao grupo que, em busca do reequilíbrio, teria que passar por uma fase

Trocas de ideias intensas, idas e voltas, e ambos os grupos chegaram a um comum acordo: o tema seria POR QUE O ESTADO DE SÃO PAULO SE DESENVOLVE DE MANEIRA TÃO DESIGUAL?[5]

Os conteúdos das disciplinas vinham se desenvolvendo em torno deste tema e, no momento de nossa visita, todos estão se preparando para a realização de um estudo do meio no Litoral Sul de São Paulo, região considerada como a área mais pobre do Estado. Uma dupla de professores já havia visitado a região em busca de informações sobre o que estudar, sobre acomodações e alimentação para todos, no início de setembro.

Um parêntese aqui. Esses professores, ou equipe precursora, conversando com um dos médicos do hospital da região, ouviram dele que essa área do Estado — Pariquera-Açu, Iguape, Cananeia e

---

— um bimestre ou um semestre — procurando por soluções para as questões levantadas. Assim, uma série escolar poderia ser representada da seguinte maneira:

? ????? ....!>?????.............!>?????...........! >????.........!!, em que o ponto de interrogação maior representa o tema central do ano. Os menores indicam, sob forma de perguntas, um grande número de questões levantadas a partir das discussões que geraram os temas centrais de cada um dos quatro bimestres. Os pontos de exclamação estão representando as soluções encontradas. Os pontos [...] entre ambos representam as buscas, isto é, o conjunto de atividades desenvolvidas ao longo do bimestre: leituras, redação de textos, estudos do meio, trabalhos em grupos, exposições dos professores etc. Os sinais que apontam para adiante mostram as sequências das unidades e o fato de não estarem separados dos pontos de exclamação indicam as relações entre os temas. O ponto de exclamação maior representa a chegada, isto é, o conjunto de respostas encontradas para o tema central proposto no início do ano. Esse encontro de respostas é objeto de uma assembleia de síntese, reunião que conta com a participação de todos os alunos da mesma série. Ela é coordenada pelos próprios alunos, contando com a presença dos professores da série.

5. No Planejamento, realizado em São Paulo, um mês antes do ingresso das primeiras turmas dos Ginásios Vocacionais, ficou definido pelos diretores, professores e orientadores que:

i) haveria um Core Curriculum — coração ou fundamento básico de todo o currículo dos três Ginásios Vocacionais então existentes: G. V. "Oswaldo Aranha" (São Paulo), G. V. "João XXIII" (Americana) e G. V. "Cândido Portinari" (Batatais). Esse Core Curriculum foi assim denominado: A Compreensão do homem ocidental como agente histórico e de transformação social;

(ii) o currículo seria distribuído sob a forma de círculos concêntricos, estudando-se a comunidade, o Estado, o Brasil e o mundo, nas quatro séries ginasiais — hoje 5ª a 8ª séries do Ensino Fundamental, respectivamente;

(iii) haveria intercomunicações permanentes entre eles, podendo-se voltar à comunidade em quaisquer das séries subsequentes à 5ª, bem como ir ao mundo ou ao país desde a série inicial.

outros municípios — era mais pobre do que a área do agreste de seu Estado de origem, Paraíba.

Continuamos caminhando pelo corredor e atingimos uma ampla área que contém, além da quadra para Educação Física, alguns canteiros com plantações de hortaliças e mudas de flores, algumas delas já com botões que abrirão em breve. No momento, o Professor de Práticas Agrícolas está sozinho, observando e fazendo pequenas reparações num pequeno posto meteorológico, construído há dois anos por professores de Ciências, Estudos Sociais e Práticas Agrícolas, contando com a participação de alguns estudantes. Uma hora antes, alunos da 8ª série já haviam enviado dados sobre temperatura e nível de umidade do ar aos principais órgãos de imprensa do município, ou seja, jornal e rádio.

Esta divulgação de informações faz parte de um conjunto de atividades englobadas em Ação Comunitária, sob responsabilidade de grupos de alunos da série mais adiantada, criadas a partir do pressuposto segundo o qual, depois de terem recebido tanto, já é chegado o momento de contribuir junto à Comunidade.

Viremos à direita e vamos ver o que estará se passando na sala de Artes Plásticas. Vamos entrar e percorrer alguns grupos que, nessa escola, são denominados Equipes.[6] Meninos e meninas da 6ª série discutem sobre um texto a respeito da obra de Portinari, fazendo observações sobre uma de suas pinturas mais famosas: *Retirantes*, de 1944.

Nas estantes de livros desta sala, entre tantos volumes sobre pintura, escultura e arquitetura, há outros que não dizem respeito diretamente à disciplina, entre eles, *Geografia da fome*, de Josué de Castro.

---

6. O trabalho em grupos — ou EQUIPES, nos Vocacionais —, se constituía como a forma mais comum de trabalho. É importante destacar o fato de as equipes de cada uma das classes não se formarem ao acaso. Partindo de uma questão — Com que colega você mais gostaria de estudar? — os Orientadores Educacionais, recorrendo à sociometria, organizavam as equipes, geralmente com cinco alunos em cada uma delas. Os líderes das equipes eram aqueles considerados como os mais votados em primeiro lugar nas escolhas feitas pelos alunos. Aqueles considerados como os rejeitados, isto é, cujos nomes não surgiam nas escolhas ou eram muito pouco escolhidos, eram atendidos em primeiro lugar. Ou seja, os nomes indicados por eles como os colegas com quem mais gostariam de estudar, eram atendidos prioritariamente.

Jamais, naquele momento, eu poderia supor que o professor de Artes Plásticas, que percorria as equipes, três anos mais tarde seria intimado a depor junto a um grupo de militares — acusado de subversivo — por ter em sua sala de Artes Plásticas este livro que, segundo seus inquisidores, incentivava a revolta popular e nada tinha a ver com sua disciplina. Sim, os chamados anos de chumbo ainda estavam por vir.

Andemos alguns metros e entremos na sala de Educação Doméstica. A professora e metade de uma classe de 5ª série estão preparando um almoço que será servido por eles mesmos a um pequeno grupo de professores. Alimentação bem balanceada, como se diz atualmente, com distribuição adequada de calorias, carboidratos, sais minerais e outros componentes necessários a uma alimentação sadia, embora tenha tomado como referência os hábitos alimentares de colonos vindos do Sul dos Estados Unidos — daí o nome da cidade, Americana — originalmente Vila dos Americanos. As atividades não se limitam à preparação dos alimentos, incluindo distribuição correta de talheres, pratos para saladas, prato principal e sobremesas. O trabalho é intenso, o que não impede a alegria manifestada pelos alunos que, junto à professora, riem muito.

Abro mais um parêntese aqui, para uma breve explicação. Os alunos desta série, ao estudarem As Origens de Americana, já haviam realizado estudo do meio em uma área rural pertencente ao município de Santa Bárbara d'Oeste, visitando o Cemitério dos Americanos, ou Cemitério do Campo, onde está enterrada a maioria dos que se estabeleceram neste local após o fim da Guerra da Secessão.

Visitaram também um museu organizado pela sra. Judith Jones, uma das descendentes, com bandeiras, uniformes e outros objetos pertencentes aos combatentes durante essa guerra deflagrada nos Estados Unidos na segunda metade do século XIX.

Esses pioneiros americanos levavam suas mercadorias, especialmente melancia e algodão, à estação da estrada de ferro, de onde eram despachadas para São Paulo. Este local ficou conhecido como Vila dos Americanos, depois, Vila Americana e finalmente, Americana. Os descendentes dos antigos colonos se reúnem anualmente para comemorações, vestindo-se a caráter, apresentando danças típicas e comidas que lembram aquelas que eram preparadas na época da Guerra da Secessão.

Chega a hora do intervalo que dura cerca de 20 minutos. Os alunos se distribuem pelo pátio e biblioteca. Os que estão no pátio são acompanhados por professores de Educação Física, além de outros dois de diferentes disciplinas, que se revezam diariamente. Um dos professores de Educação Física pergunta-nos se estamos a par do sucesso da escola no desfile de 7 de setembro. Como nossa resposta é negativa, ele nos pergunta se dispomos de uns dois minutinhos para que nos conte o que aconteceu.

— Sim, claro...

Vamos ouvi-lo:

— A população que assistiu ao desfile de 7 de setembro se surpreendeu com a postura, responsabilidade e respeito dos alunos do Vocacional. Apresentaram-se no Ginásio, organizaram os pelotões, dirigiram-se ao local do desfile e desfilaram sem o acompanhamento de nenhum professor.

Que espetáculo, não é mesmo?

Mas ele quer algo mais de nós. Pergunta-nos se estaríamos dispostos a irmos até sua sala depois do expediente, a fim de participarmos da leitura do relatório sobre o Acampamento que, junto à sua colega, estará concluindo durante a tarde. Diante de nossa concordância, fica combinado: — então, até às 6 da tarde!

Descansemos por alguns minutos, tomando um cafezinho e comendo algo na cantina.

Você poderá aproveitar o momento e conversar com professores de diferentes áreas de conhecimento e sentir mais de perto o clima reinante na escola. Estou certo de que será contagiado pelo entusiasmo dos orientadores — pedagógicos e educacionais —, assim como dos professores.

Depois desta pequena pausa, quero que me acompanhe até o refeitório, em que, desde o começo da manhã, vem se desenvolvendo a atividade mais emocionante do dia: a Assembleia de Síntese do

Estudo do Meio, que conta com a participação de todos os alunos da 7ª série, além de professores de várias disciplinas.

São aproximadamente 90 alunos e 10 professores que dialogam sobre os resultados da viagem que fizeram uma semana antes, aos municípios de Ouro Preto, Sabará, Congonhas do Campo e Belo Horizonte, incluindo visitas a indústrias, comércio e à Gruta de Maquiné, em Cordisburgo.

Entramos no refeitório na segunda parte da Assembleia que tivera início duas horas antes.

Nas paredes, desenhos feitos pelos alunos, cartões postais, objetos diversos e muitas fotografias tomadas pela especialista em Recursos Audiovisuais durante o Estudo do Meio.

Um dos professores de Estudos Sociais que coordena a Assembleia, em deferência a nós, solicita que um dos estudantes relate os principais tópicos já abordados na primeira metade das atividades. Antes de dar a palavra aos alunos, lembra-nos que esse estudo é parte integrante do tema do bimestre: O advento de uma nação.

Uma das alunas enumera-os: a Gruta de Maquiné, em Cordisburgo, a origem do nome, seu histórico, destacando a presença do naturalista dinamarquês Peter Lund e a forte presença de carbonato de cálcio na formação da gruta. Lembra os enormes salões em seu interior e destaca a beleza das estalactites e estalagmites. Outra estudante pede a palavra e lembra tópicos relacionados à Matemática e a Práticas Comerciais, lendo em voz alta suas anotações sobre a velocidade média dos ônibus na ida e na volta e nos mostra gráficos em barras sobre os gastos com combustível durante todo o percurso.

Um aluno levanta a mão, assinalando que pretende falar e destaca alguns aspectos da cidade de Belo Horizonte: sua fundação, relativamente recente — 1897 —, o Palácio da Liberdade, a Lagoa Artificial — Pampulha —, com a presença marcante da Igreja de São Francisco de Assis.

Como o estudante se apressa em falar sobre as dificuldades para se atravessar as ruas da cidade, a Professora de Artes Plásticas pede-lhe que se estenda um pouco mais sobre a Igreja de São Francisco.

Ele retoma o assunto e põe em destaque o nome de Oscar Niemeyer. Como titubeia um pouco, uma aluna pede para falar e completa, dizendo que se trata de um conjunto arquitetônico que se tornou marco da arquitetura moderna brasileira. A seguir, se lembra de um aspecto importante, também abordado na parte anterior da Assembleia: a obra prima de Portinari, isto é, a pintura de São Francisco e os catorze painéis que retratam a Via Sacra.

Um dos professores que coordena o trabalho, diz:

— Podemos ir em frente.

O tema, a partir de agora, se concentra no Barroco Mineiro.

Vários alunos querem falar ao mesmo tempo e um dos professores pede-lhes que mantenham a ordem, dando a palavra, seguidamente, a cada um deles.

O Barroco Mineiro é comentado por um dos alunos, que destaca o período histórico em que se desenvolveu — do início do século XVIII ao final do século XIX. Uma jovem lembra sua abrangência: arquitetura, escultura e pintura.

A professora de Artes Plásticas lembra-lhes das relações com o Rococó e um dos professores de Estudos Sociais faz uma pergunta:

— Que condições asseguraram o desenvolvimento deste Estilo durante esse período? Como acontece sempre, todos querem falar ao mesmo tempo, mas assegurada a ordem, surgem as explicações relacionadas ao enriquecimento da região a partir da descoberta de grandes jazidas de ouro e de diamante.

A antiga Vila Rica com sua Igreja do Carmo parece ter impressionado muito a todos eles, até mesmo aos professores que não a conheciam.

Da mesma forma, Congonhas do Campo — com as obras de Aleijadinho — nos sugere, a julgar pela excitação da turma, ter causado a todos fortes impressões. Um estudante lembra do nome: Santuário Barroco de Bom Jesus de Matosinhos.

A professora de Ciências pede-lhes explicações sobre a pedra-sabão, utilizada na construção das esculturas dos doze apóstolos e também sobre a composição do solo nesse local.

O professor de Português pede-lhes que assinalem o nome completo do Aleijadinho, sendo logo atendido.

A seguir, um grupo de alunos que realizou entrevista junto a um morador local, pede licença para relatar aquilo que ouviram.

Da atual Ouro Preto, passa-se a Sabará.

As origens deste município, ligadas ao Bandeirantismo, são lembradas pela turma, com citações dos Borba Gato e de Fernão Dias.

A professora de Estudos Sociais solicita-lhes explicações sobre as relações de Sabará com a Inconfidência e sobre as origens do nome da cidade atual.

Faltando cerca de vinte minutos para o encerramento da Assembleia, o Orientador Educacional pede a palavra, lembrando a todos da necessidade de se proceder a uma avaliação sobre as atitudes dos estudantes ao longo do Estudo do Meio:

— Teria ocorrido algo de indesejável durante as visitas, nos dormitórios e refeições? Que conceito — de ruim a excelente — eles dariam a si mesmos durante o Estudo do Meio? Sugere que formem pequenos grupos a fim de discutirem esses aspectos.

Acostumados a atuar em equipes, as respostas não demoram a surgir:

— Muito bom, diz uma das estudantes, porta-voz de sua equipe.

— Também muito bom, fala um aluno, representando outra equipe. E assim por diante, havendo um registro de excelente e nenhum abaixo de muito bom. O orientador pede explicações do por que da prevalência em muito bom e não em excelente.

Os argumentos variam e dizem respeito principalmente a: barulho de alguns dos estudantes durante a noite, atrapalhando o sono da maioria; falta de atenção enquanto guias locais e professores falavam sobre determinados aspectos, principalmente em Sabará, o que prejudicou as anotações sobre dados e informações importantes.

A professora de Matemática faz questão de destacar um aspecto notável observado durante a viagem que praticamente viria redimi-los dos pontos negativos observados: a disponibilidade deles em colaborar com um dos motoristas, fazendo uma coleta para que ele cobrisse as despesas decorrentes da quebra do parabrisa de um dos ônibus. O fato foi causado por uma interrupção no percurso em local não apropriado, a pedido dos alunos.

O professor de Estudos Sociais que coordena a Assembleia dá os trabalhos como encerrados.

Uma salva de palmas encerra, de fato, a Assembleia de Síntese.

Ao nos dirigirmos ao refeitório para o almoço, gostaria de deixar claros alguns pontos sobre os quais você provavelmente teria me perguntado. Estou certo de que — como eu estava acostumado a ser questionado na época —, a maioria deles estaria voltada para as despesas com a viagem, sobre quantos alunos puderam participar e sobre problemas havidos.

Vejamos as respostas às principais questões:

1ª) A viagem implicou, claro, despesas bastante grandes: transporte, refeições e lanches. Você certamente me lembraria também das acomodações em Belo Horizonte, cidade-pião, de onde partiam e chegavam professores e alunos durante todos esses dias.

Sim, teve custos, porém menores do que se supõe à primeira vista. Senão, vejamos: alojamento gratuito foi conseguido na ACM (Associação Cristã de Moços), em Belo Horizonte.

Como isto teria sido resolvido? Dois professores, equipe precursora — de Vocacionais diferentes[7] —, haviam ido a Minas Gerais bem antes de o Estudo do Meio ser realizado, com o objetivo de planejar cada detalhe da viagem.

2ª) Despesas com refeições. Junto às prefeituras e indústrias das cidades visitadas, os dois professores — ou equipe precursora — conseguiram reduzi-las ao máximo, a partir de solicitações, sempre atendidas, de almoços e lanches para todo o grupo.

---

7. Neste caso, dois professores — um deles de Estudos Sociais, Americana, e outro de Práticas Comerciais, Barretos, constituíram a equipe precursora que esteve em Minas Gerais três meses antes da realização do Estudo do Meio.

3ª) O restante das despesas, isto é, a maior parte, foi coberta pelo caixa disponível da Associação de Pais e principalmente pelos próprios alunos.

4ª) Várias famílias puderam arcar com parte, somente, das despesas cobradas dos alunos e outras não dispunham de condições sequer para custear o mínimo necessário. A Associação de Pais encontrou a solução: as famílias de maior poder aquisitivo — industriais, por exemplo —, contribuíram para cobrir aquilo que estava faltando.

5ª) Nenhum aluno deixou de participar por não poder arcar com parte das despesas ou por não poder efetuar qualquer pagamento.

6ª) Nenhum aluno ficou sabendo quais colegas tiveram suas despesas cobertas pelas famílias de mais alto poder aquisitivo.

Tomo a liberdade de lhe perguntar: Você já se deparou com exemplo semelhante de democracia, solidariedade e cuidado de todos para com todos? Claro, não espero que me responda!

Chegou a hora do almoço. O refeitório é o mesmo que até há pouco foi utilizado para a síntese do Estudo do Meio.

Vamos pegar os pratos e talheres e passar pelas senhoras que nos servem os alimentos: saladas, prato principal e sobremesa, normalmente uma fruta.

Sentemo-nos em qualquer lugar, junto a alguns professores ou no meio dos estudantes.

Você certamente estará admirado com a ordem mantida pelos alunos e pela ausência de barulho, a não ser pelas conversas entre os presentes.

Já deve ter notado que aqui não existe a figura do Inspetor de alunos.

Pronto. Vamos aproveitar o intervalo do almoço para observar outras atividades que estarão ocorrendo.

A maior parte dos alunos encontra-se na quadra de esportes, conversando, brincando com bolas, ensaiando tênis de praia. Parte das turmas está simplesmente descansando ou aguardando na fila para ser atendida no banco e na cooperativa, situados no porão do prédio, e que funcionam todos os dias durante 40 minutos.

Você certamente ficaria perplexo ao observar o cenário: um grupo de alunos da última série atua no banco, desempenhando as funções de caixa e de atendentes. Alguns alunos vêm abrir contas correntes e receber seus primeiros talões de cheques, enquanto outros fazem saques, recebendo o dinheiro solicitado.

Com cheques do banco fazem compras na cooperativa que funciona ao lado. Dirigida por estudantes da 7ª série, são oferecidos produtos que cobrem desde tecidos para confecção de uniforme a lápis e canetas, de papel almaço a agasalhos.

Tanto as atividades do banco como as da cooperativa são supervisionadas por professores de Práticas Comerciais que procuram, segundo suas próprias palavras, proporcionar vivências daquilo que ocorre na vida real e oferecer condições para que os alunos possam desenvolver o interesse e o conhecimento sobre o comércio de modo geral.

Ao encerrar essas atividades, os estudantes fecham as contas e deixam todo material em ordem para as equipes que lhes sucederão no dia seguinte.

Uma observação que considero relevante: as compras dos produtos vendidos na cooperativa são feitas pelos professores da disciplina, dando preferência às indústrias em que são produzidos, tanto na própria cidade como em São Paulo. Desta forma, os preços são, em geral, menores que os cobrados pelos mesmos produtos junto ao comércio regular.

Vamos caminhar um pouco mais antes que soe o sinal de entrada dos alunos nas classes.

Gostaria que você conhecesse o governador da escola, um aluno de 7ª série, eleito pelos colegas, para um mandato de um ano. O processo eleitoral e o modelo, de modo geral, se aproxima do governo estadual, com vice-governador — no caso, uma estudante também da 7ª série —, secretários e Assembleia. Fazem reuniões semanais e mantêm contatos periódicos com a direção e a orientação educacional.

São 2 horas da tarde. As atividades em classe continuam.

Andemos mais alguns metros e já estaremos na sala de Artes Industriais.

Dois grupos trabalham, de forma independente, sob a supervisão de dois professores. São quase adolescentes de 5ª série que fazem trabalhos em madeira e encadernação.

Pode observá-los à vontade. A seguir, veja no quadro da própria sala as atividades previstas para este ano junto às diferentes séries:

5ª e 6ª: Madeira — Metal — Eletricidade, Modelagem, Moldagem e Fundição — Tecelagem.

7ª e 8ª: Madeira — Metal — Eletricidade — Cerâmica — Estamparia — Desenho Técnico.

Alguns dos resultados de estamparia chegam às indústrias de tecelagem, cujos tecidos são expostos na FIDAM (Feira Industrial de Americana), realizada anualmente na cidade.[8]

Vamos assistir a uma aula... Matemática? 5ª série?

Os alunos trabalham em equipes, uns fazendo tabulações e outros, já mais adiantados, elaboram gráficos.

---

8. Artes Industriais, como se vê, oferecia um amplo leque de possibilidades aos alunos durante as quatro séries e através da participação plena de seus professores ao longo de todo o processo educativo — atividades de planejamento, aulas plataformas, estudos do meio, reuniões do Conselho Pedagógico — se constituía como parte integrante do currículo.

Poucos anos depois, sem que os Vocacionais sequer fossem avaliados, foi criado um novo tipo de escola — o GOT, Ginásio Orientado para o Trabalho — que, no Estado de São Paulo, teve a denominação de Ginásios Pluricurriculares. Resultante de um acordo MEC-Usaid, isto é, entre o Ministério da Educação e a United States Agency for International Development, foram instalados 55 GOTs no Estado de São Paulo, cujo núcleo de estudos se situava em Artes Industriais. Portanto, não mais em Estudos Sociais e problemas da realidade sociocultural, mas, sim, na oficina. A experiência limitava-se a uma oficina de Artes Industriais anexada à escola comum já existente, atingindo um pequeno número de alunos dentro de uma mesma escola. Este fato, somado à ausência de planejamento adequado para a transformação do Ginásio Tradicional em Pluricurricular, gerou uma série de problemas de ordem estrutural, tornando a proposta praticamente inviável.

Enquanto as escolhas dos locais onde seriam instalados os Vocacionais obedeceram a um critério socioeconômico-cultural — em São Paulo, capital, no bairro do Brooklin, predominantemente residencial; em Americana, cidade industrial; em Batatais, município agrícola; em Barretos, com predominância da pecuária; em Rio Claro, centro ferroviário; e em São Caetano do Sul, município essencialmente urbano e parte da Grande São Paulo, as escolhas dos Ginásios Pluricurriculares decorreram do poder político de cada um dos municípios.

A professora observa e auxilia, quando necessário, cada uma das equipes. Trata-se da penúltima fase de um trabalho que faz parte do tema desse bimestre desenvolvido pelas três classes de 5ª série: Qual a área de influência de Americana sobre as cidades próximas? Para onde os habitantes de Americana se dirigem a fim de realizar atividades que aqui não encontram?

Por que esses gráficos? O que têm as perguntas acima a ver com Matemática?

Durante mais de um mês, ao mesmo tempo em que as aulas[9] se desenvolviam regularmente, os meninos e meninas desta série realizaram visitas junto a casas de comércio — farmácias, pequenas, médias e grandes lojas —, indústrias, posto telefônico, mercado municipal, escolas, e hospital, entrevistando os principais responsáveis por esta grande variedade de estabelecimentos.

Acompanhados na maioria dos casos pelos professores de Estudos Sociais e de Práticas Comerciais, os principais tópicos das entrevistas que esses pré-adolescentes realizaram estavam voltados para questões como: de que cidades vêm a maioria de seus fregueses; de onde vem a maioria dos pacientes; de onde provém a matéria-prima para essa indústria; para onde é feita a maioria das ligações telefônicas no posto local, e assim por diante. Questões semelhantes, mas, de sentido inverso, foram apresentadas, como, por exemplo: de onde vêm os fios para essa indústria têxtil; onde os estudantes do último ano colegial — atual Ensino Médio — pretendem dar continuidade aos seus estudos?

Os resultados coletados foram sendo agrupados por categorias e comparados pelos alunos das três classes de 5ª série.

Já haviam feito a tabulação dos dados e descoberto que em termos de relações de dependência[10] de outros municípios com Americana,

---

9. Faço ressalvas ao termo AULA, que sempre nos remete a uma cena que normalmente se resume a exposições de conteúdos por professores e anotações pelos alunos. Uma cena que nos remete à Educação Bancária tão bem explorada por Paulo Freire. Nessa escola, no entanto, esta cena raramente ocorre. Predominam atividades em grupos coordenadas por professores que estimulam os alunos na busca de respostas para questões levantadas no início de cada bimestre, por ocasião das chamadas aulas plataformas.

10. O termo dependência não tem, aqui, o significado de sujeição de uma cidade em relação a outra e foge do sentido a ele atribuído nas áreas de Sociologia e Política: relações de in-

os municípios de Santa Bárbara d'Oeste e Nova Odessa detinham 75% do total, vindo, a seguir, com 20%, Sumaré. Além destes, com percentuais mais baixos vinham Iracemápolis, Artur Nogueira, Cosmópolis e outros.

Em termos de dependência de Americana em relação a outros municípios, Campinas alcança grande destaque sobre os demais. As áreas de Saúde e Ensino Superior vinham em primeiro lugar, seguidas por Comércio e Lazer.

Abro parêntese aqui para fazer uma breve observação: adiantada em relação ao seu tempo, a professora já havia expressado, no ano anterior, seu descrédito em relação à Matemática Moderna,[11] tão cultuada desde o início da década.

O que mais estará se passando na Escola durante esta tarde?

Numa pequena sala, as professoras de Inglês e Francês trocam ideias sobre a integração de suas disciplinas com a área de Estudos Sociais nas 7ª e 8ª séries.

Na sala de Estudos Sociais, alunos da 8ª série trabalham em silêncio. Um professor está presente, mas suas atividades devem se limitar a garantir um ambiente de estudo. Trata-se do Estudo Livre, período em que os alunos da última série, munidos de livros, atlas, dicionários e outros materiais para consulta, estudam sem orientação

---

terdependência, relações de dependência norte-sul, relações entre países desenvolvidos e subdesenvolvidos etc. Trata-se de trocas entre uma cidade e outra: de mão de obra, de transportes, de serviços em geral.

11. A Matemática Moderna surgiu no contexto Guerra Fria, quando o governo norte-americano praticamente entrou em pânico diante do lançamento do Sputinik pela União Soviética, em 4 de outubro de 1957. O sentimento de estarem atrás do país comunista aumentou mais ainda após o lançamento do Sputinik II, no início do mês seguinte, tendo a bordo uma cadela, a famosa Laika. Inicia-se a era espacial, com uma corrida entre os dois países. Os Estados Unidos, constatando a defasagem de seu sistema de ensino em relação à URSS e a outros países, decidem investir fortemente em educação, com destaque aos programas das escolas secundárias, e, neles, prioritariamente, em Matemática e Ciências — Física, Química e Biologia. A chamada Matemática Moderna, baseada na teoria dos conjuntos e na álgebra para o ensino e aprendizagem da Matemática surge como parte das soluções para os programas então vigentes, entrando em vigor, em caráter experimental, em 1960. Logo a seguir, é introduzida no Brasil, usufruindo de grande prestígio. Informações sobre este tema, inclusive sobre seu fracasso, estão disponíveis na internet, podendo ser acessadas com facilidade.

dos professores. A modalidade Estudo Livre foi introduzida e desenvolvida a partir do pressuposto segundo o qual, tendo sido orientados sobre como estudar desde que ingressaram há três anos, os alunos já devem estar preparados para estudar sozinhos.

Uns se dedicam a resolver questões de Matemática, outros estudam Inglês, mas a maioria está concentrada na busca de solução para um problema proposto pela professora de Estudos Sociais: a partir de uma frase — Durante toda minha vida só vi guerras, fome e morte —, escrita em francês e atribuída ao rei João Sem Terra, os alunos deveriam realizar pesquisa[12] sobre a Baixa Idade Média. Os resultados seriam apresentados por escrito à professora e, oralmente, à classe toda.

Numa das salas, professores das duas primeiras séries estão reunidos com a diretora, que atuava também como coordenadora pedagógica e a orientadora educacional a fim de compararem os resultados da avaliação dos alunos de 5ª série durante o bimestre.

Recorrem a dois tipos de fichas: FOA, ou Ficha de Observação dos Alunos, centrada em atitudes, como sociabilidade e dedicação aos estudos, por exemplo, e FAV, ou Ficha de Avaliação, direcionada ao desenvolvimento cognitivo, cujos conceitos, transformados em notas, são submetidos a tratamento estatístico, de modo a se calcular as médias dos grupos e identificar a posição de cada aluno em relação à média de sua classe.

Surgem questões as mais diversas, merecendo maior atenção os casos em que tanto em atitudes como em desenvolvimento cognitivo os alunos se situam abaixo das médias gerais das classes.

Trata-se da reunião semanal, com duração de duas horas-aula, conhecida como CP, isto é, Conselho Pedagógico.

As atividades previstas para o dia de hoje estão chegando ao fim.

---

12. O termo *pesquisa* tem aqui o sentido didático-pedagógico, ou de técnica de ensino, não devendo ser confundido com a pesquisa científica. No entanto, certamente as pesquisas realizadas pelos estudantes, já nesse nível de escolaridade, se bem conduzidas, certamente estariam lançando sementes para aquilo com que alguns deles se defrontarão no futuro, isto é, a pesquisa dotada de rigor científico.

Aproveitemos esses últimos instantes para observar o andamento do trabalho numa das salas em que ainda não entramos. Sob a orientação dos professores de Teatro e de Português, alunos de uma das 8ªˢ séries estão procurando as melhores formas para expressar as experiências pelas quais passaram desde o momento em que ingressaram no Vocacional até hoje. Lembranças as mais diversas vêm à tona, facilitando um ambiente de dispersão. O professor se esforça para manter a ordem e anota no quadro as ideias que vão surgindo. Eu diria que há entusiasmo em vez de dispersão. Até o final de novembro, o trabalho deverá estar concluído sob a forma de um Auto que será encenado na noite de formatura.

Fim do dia.

Estudantes e professores vão saindo. Um ônibus aguarda a chegada dos alunos que moram em Santa Bárbara d'Oeste e vêm diariamente a Americana.

São apenas três os professores que possuem carros próprios, de modo que a maioria se dirige a pé para o centro da cidade, onde moram em hotel ou repúblicas. Há ainda aqueles que residem em Campinas e por isso se dirigem à estação de ônibus ou à estação ferroviária a fim de fazerem o caminho de volta.

Ah... E há um grupo de professores que permanece na escola a fim de jogar vôlei ou futebol de salão!

De repente eu me lembro: antes do almoço havíamos combinado um encontro com os professores de Educação Física para ouvi-los sobre o Acampamento, atividade anual que acabou se tornando uma das mais interessantes do Vocacional. Vamos até lá?

A porta está aberta, acho que podemos entrar.

Depois de um alô, a professora pede que nos sentemos e expressa sua satisfação por estarmos dispostos a ouvi-los.

O professor sugere que façamos com eles a leitura do relatório que haviam concluído há pouco — embora seu esboço já ter sido redigido há quatro meses —, pedindo-nos que apontemos algum ponto ou tópico que consideramos obscuro e que deva ser melhor elaborado. Ele sugere e:

— Que tal cada um de nós ler um trecho do relatório, de modo a facilitar nossa concentração?

Diante de nossa concordância, sugere que você comece a leitura. Vamos lá.

ACAMPAMENTO

O ACAMPAMENTO é atividade desenvolvida com todos os alunos e alunas das 8as séries, planejada e liderada pelos professores de Educação Física, com a participação dos demais professores e dos orientadores.

Os alunos das quatro oitavas séries são distribuídos em equipes (patrulhas) de nove ou dez indivíduos e liderados por um professor ou professora.

Com duração de quatro dias (2ª a 5ª feira) é realizado em uma área rural entre Americana e Limeira, geralmente no mês de maio.

Cada patrulha ficou alojada em uma barraca de lona para 10/12 pessoas. Essas barracas foram emprestadas e armadas pelo Exército (GCan).

O solo no interior das barracas foi preparado pelos próprios alunos, capinando, nivelando, retirando eventuais pedras ou pedaços de raiz e forrando-o com capim. Uma vez preparado o solo, estendeu-se uma lona sobre a qual cada um colocou seu lençol, cobertor e travesseiro. Nada de colchão ou colchonete.

Além dos objetos de uso pessoal, cada patrulha levou panelas, caldeirão, facas de cozinha, fósforos e todos os apetrechos e mantimentos necessários para preparar as refeições do grupo.

TAREFAS E ATIVIDADES

(Minha vez de ler em voz alta)

No primeiro dia, cada patrulha teve que construir seu fogão, uma mesa ou jirau e um varal onde foram dependurados os mantimentos. Também foi cavada uma fossa para enterrar os detritos (folhas, cascas, restos de comida...).

TAREFAS FEITAS EM MUTIRÃO

Com a participação de 1 ou 2 membros de cada patrulha, constituiu-se um grupo que se encarregou das seguintes tarefas:

- construir uma pinguela (espécie de ponte rústica para atravessar o riacho);
- construir duas latrinas, uma para as moças e outra para os rapazes;
- construir e fincar no solo o mastro para hastear a Bandeira Nacional;
- construir o altar para as celebrações ecumênicas.

ATIVIDADES

Ao longo dos dias, foram desenvolvidas outras atividades propostas previamente pelos professores das diversas disciplinas:

- coletar flores, folhas, frutos, sementes, raízes, insetos, pequenos animais (besouros, moluscos, lagartas etc.), amostras de diferentes tipos de solo, pedras...

Esses materiais foram, posteriormente, estudados e classificados em sala de aula e em laboratório;

- observar o nascer e o pôr do sol, a lua, as estrelas e constelações;
- fotografar ou desenhar aspectos interessantes do ambiente durante as caminhadas.

A HORA DO BANHO

(Quem passa a ler é a professora de Educação Física)
Como já foi dito, havia um riacho nas proximidades. Pouco profundo e de águas límpidas, naquela época ainda não poluídas. O mês escolhido foi maio — mês com poucas possibilidades de chuva, mas de temperaturas amenas. Por isso o banho aconteceu entre 15h e 16h, enquanto o sol brilhava forte. Como manda o cavalheirismo, primeiro

iam as moças e depois que elas terminassem iam os rapazes. Todos e todas em traje de banho, levando cada um sua toalha, seu sabonete, xampu, chinelo etc. O banho não demorava muito, pois a água já estava bem fria!

Ai, que saudades de casa!

O FOGO DO CONSELHO

Após o jantar, ao cair da noite, acendíamos uma fogueira ao redor da qual, formando um grande círculo, sentavam-se no chão todos os alunos e professores.

Além das canções cantadas por todos, cada patrulha cantava seu hino, alguns alunos tocavam violão, outros tocavam flauta e também cantavam.

A seguir, os professores de Educação Física davam os avisos, distribuíam as tarefas e anunciavam o cardápio para o dia seguinte. Também eram escalados o cozinheiro, o aguadeiro e o lenhador, que deveriam preparar o almoço e o jantar para a sua patrulha.

Para encerrar as atividades, fazia-se a oração da noite, e em seguida entoava-se o "toque de silêncio" cantando esses versos:

> Cai a noite... põe-se o sol...
> por detrás das montanhas
> e do mar...
> cai a noite... tudo é paz!
> Deus nos guarde...

E as patrulhas, uma após a outra, foram seguindo para suas barracas cantando e mergulhando na escuridão da noite.

Apenas os três alunos e um professor escalados para fazer a ronda permaneciam acordados, vigiando o acampamento e alimentando a fogueira. A cada duas horas, novos vigilantes assumiam a ronda.

Ao raiar do dia, ouvia-se o toque de alvorada.

REFLEXÃO

(Professor de Educação Física dá continuidade à leitura)

Apesar das atividades/tarefas cansativas e do pouco conforto a que todos (inclusive os professores) foram submetidos durante toda a semana, não se ouviam reclamações nem queixas. Pelo contrário, muita animação e entusiasmo, tanto das moças quanto dos rapazes.

Percebia-se a satisfação e até certo orgulho ao final de cada tarefa bem cumprida — desde a macarronada elogiada por todos até a ordem e limpeza dentro e ao redor da barraca.

Bons exemplos de criatividade, de companheirismo e de solidariedade eram vistos no dia a dia.

É este o relatório, diz a professora. É fácil perceber, pelo seu semblante, que espera algum comentário de nossa parte.

O que dizer diante dessa maravilha? O que, senão desejar que todas as escolas do mundo pudessem proporcionar algo semelhante aos seus alunos?

Parabéns... parabéns, falamos ao mesmo tempo.

E nos despedimos.

Vamos embora.

Obrigado por você ter me acompanhado nesta viagem ao Vocacional de Americana.[13]

Acredito que aquilo que vimos hoje ficará para sempre em nossas memórias, que o tempo não apagará jamais.

Obrigado,

Newton

---

13. Tanto o Ginásio Estadual Vocacional João XXIII, de Americana, como os demais, estavam subordinados ao Serviço do Ensino Vocacional, ou SEV, tendo a professora Maria Nilde Mascellani como coordenadora geral, e situado no mesmo prédio do Ginásio da Capital. Além do Vocacional de Americana, tiveram início, em 1962, as atividades nos Ginásios Vocacionais Oswaldo Aranha — no bairro do Brooklin, capital — e Cândido Portinari, em Batatais.

Um ano mais tarde, foram criados mais dois Vocacionais: Embaixador Macedo Soares, em Barretos e Chanceler Raul Fernandes, em Rio Claro.

Alguns anos depois, foi criado o último Ginásio Vocacional. Funcionava em tempo parcial: matutino, vespertino e noturno, e se localizava em São Caetano do Sul, cidade do ABC Paulista — Santo André, São Bernardo e São Caetano do Sul — hoje componentes da Região Metropolitana de São Paulo. Em 1968, o Ginásio Vocacional Oswaldo Aranha passou a oferecer curso noturno e no ano seguinte, o ensino médio, em tempo integral.

Sugestões sobre como conhecer mais sobre os Vocacionais

1. Há muitas teses de doutorado e dissertações de mestrado sobre os Vocacionais. A maioria delas pode ser acessada nas Universidades em que foram defendidas: na PUC-SP, USP, Unicamp e Unesp.
2. O livro *Ensino vocacional*: uma pedagogia atual — ROVAI, Esméria (Org.) — publicado pela Cortez Editora, São Paulo, 2005, contém vários textos escritos por ex-professores e ex-alunos, oferecendo uma excelente oportunidade aos interessados em melhor conhecer essas escolas.
3. Se possível, assista ao filme-documentário *Vocacional — uma aventura humana*, dirigido por um ex-aluno — Toni Venturi — do "Oswaldo Aranha". O filme é excelente e tem sido exibido em diversas cidades, junto a ONGs e Instituições Públicas e Particulares.
4. Ex-alunos dos Vocacionais fundaram uma Associação — Gvive — e costumam se reunir periodicamente. Em 2005, 650 ex-alunos e ex-professores estiveram presentes numa das reuniões realizadas em São Paulo. As reuniões continuam ocorrendo regularmente nas cidades que sediaram os Vocacionais. São senhores e senhoras, a maioria com idades que variam entre 55 e 62 anos. É comum o fato de, nesses encontros festivos, ocorrer a presença de pais e mães de ex-alunos. Lembraria, a propósito, de um encontro ocorrido em Americana há aproximadamente 5 anos, que além de contar com representantes de 7 turmas — ingressantes de 1962 a 1968 —, contou também com uma ex-presidente da Associação de pais e mestres residente em Santa Bárbara d'Oeste, já com idade bastante avançada.

    No segundo sábado de junho de 2012, comemorando os 50 anos de início dos Vocacionais, centenas de ex-alunos do "Oswaldo Aranha" — Brooklin, capital — se reuniram para dar um abraço coletivo na Escola que tanto marcou suas vidas. Deve ter soado estranho para quem passasse pelos arredores naquele momento, ver tantos senhores e senhoras, de 60 anos ou mais, de mãos dadas em torno de um prédio!
5. Contatos com o GVive — Associação dos Ex-Alunos, Ex-Colaboradores e Amigos do Sistema de Ensino Vocacional do Estado de São Paulo, podem ser feitos através dos *sites*: <http://gvive.org.br/> ou do blog <http://

gvive.blogspot.com/>. Segundo Luís Carlos Marques, que ingressou no "Oswaldo Aranha" em 1963 — mais conhecido como Luigy —, um dos mais ativos diretores da Associação, GVive quer dizer "Ginásio Vocacional Vive em nossa mente e coração".

6. O GVive, visando oferecer diversos tipos de materiais sobre a experiência dos Vocacionais a pesquisadores e estudantes que cursam Pedagogia e Licenciaturas em geral, está desenvolvendo um kit que deverá conter: (i) DVDs diversos; (ii) *trillers* que poderão ser vistos no chanel do YouTube: <http://www.youtube.com/GViveVideon>; (iii) livros diversos, inclusive a tese de doutorado da profa. Maria Nilde Mascellani; (iv) CD-ROM — História do Vocacional e do GVive.

    Esse material deverá ser doado em forma de pacotes às bibliotecas dos Cursos de Pedagogia de todo o Brasil e a algumas instituições de renome, como material de pesquisa.

7. Veja um exemplo de comunicado, dentre tantos outros que me são constantemente encaminhados pelo GVive:

    Estaremos na Unicamp no dia 30 de maio às 14 horas na semana de história exibindo o nosso DVD Vocacional, *Uma aventura humana*. Depois daremos detalhes.

    Faremos um evento comemorativo dos 50 anos do SEV no teatro O Aranha no dia 16 de junho.

    Batatais também está preparando sua festa, será no dia 25 de agosto no Clube 14 de Março.

    Sabemos pelo colega Ary Jacobucci que Americana também está preparando o seu evento.

8. Grande parte da documentação sobre os vocacionais está à disposição dos interessados no CEDIC/PUC-SP (Centro de Documentação e Informação sobre a Criança, contém coleções de Periódicos alternativos nas áreas de Ciências Sociais, História e Arqueologia).

Observação: Os direitos autorais do DVD Vocacional, uma aventura humana, foram doados para a Associação de Ex-Alunos. Um ex-aluno e associado do GVive vai bancar a confecção de 3.000 cópias deste DVD. Uma pequena parte irá para o kit vocacional e a outra será colocada à disposição do público para gerar renda.

PARTE 2

Vamos melhorar nossa capacitação docente?

Capítulo III

Cansado de ouvir falar em planejamento? Frustrado diante de planejamentos que nunca de fato ocorrem? Vamos tentar ultrapassar essas barreiras?*

Não pretendo esclarecer, nesta "conversa", todos os aspectos que envolvem o planejamento e a avaliação, mas gostaria de compartilhar com você os resultados de uma entrevista que dei há cerca de três anos sobre esse tema.

Ela foi concedida por mim ao prof. dr. José Roberto Rus Perez, docente e pesquisador junto à Faculdade de Educação da Unicamp, como parte de um projeto direcionado a Gestores Educacionais do Ensino Público do Estado de São Paulo.

Sem pretender adotar uma atitude simplista, quero dizer a você professor, que se em sua leitura, você substituir os termos diretor/

---

* Transcrição de videoaula n. 4, Planejamento e Avaliação, do CD 1 da Disciplina Planejamento Educacional e Avaliação na Escola. Curso de Especialização em Gestão Educacional, Secretaria da Educação do Estado de São Paulo, Faculdade de Educação, Unicamp, 2005.

gestor de escola e professor de escola pública, por diretor de faculdade e professor universitário, fazendo as devidas ressalvas, poderá aplicar os resultados desta entrevista ao seu próprio caso.

Vamos, portanto, à transcrição da entrevista na qual o entrevistador é referido como R.P. e o entrevistado por N.B.

R.P.: Professor Balzan, qual é a importância do planejamento para o diretor da escola?

N.B.: Eu tenho certeza de que o diretor da escola tem uma importância fundamental no local em que trabalha e, por extensão, na educação brasileira. Há muitas pesquisas mostrando que as escolas que apresentam os mais altos escores em termos de qualidade são aquelas em que o diretor é muito competente, engajado no trabalho, apesar de os salários serem os mesmos que os demais gestores. Destaco o papel do diretor como planejador, isto é, que tenha a atitude de planejador e mesmo de pesquisador. Claro, não estou me referindo a pesquisas complexas, não estou pensando em prêmio Nobel ou coisas desse tipo. No entanto, como provavelmente veremos ao longo de nossa conversa, percebo o diretor como pesquisador e planejador.

R.P.: Professor Balzan, qual é a diferença entre planejamento e plano?

N.B.: Questão muito relevante, uma vez que há muita confusão a respeito. Quero deixar bem claro: planejamento é entendido como atitude — algo interior da pessoa —, de elaborar mentalmente alguma coisa. Plano é o papel-documento escrito, que os professores geralmente entregam à Coordenação ou Secretaria em fevereiro e agosto referentes a cada um dos semestres. Portanto, um plano bem feito deve corresponder a um planejamento muito bem elaborado. Reforçando: o planejamento, como atitude, é muito mais importante que o plano. Em se tratando de um bom professor, logo após o encaminhamento de seu plano, este já está um pouco defasado. Trata-se de um papel, um documento, que só tem valor na medida em que o professor o mantém sempre consigo, alterando-o na medida em que são necessárias correções em termos de cronograma, de conteúdos, experiências e vivências proporcionadas aos alunos. O planejamento, como já afirmei mais atrás, é acima de tudo uma atitude. Atitude do diretor junto à comunidade escolar, isto é, os professores que aí trabalham e, no caso de ensino médio, podendo contar, também, com a participação dos estudantes.

Tanto o planejamento como o plano foram desgastados a partir de 1970 quando, a serviço da ditadura militar, a Secretaria de Educação do Estado de São Paulo determinou que a partir de 7 de março daquele ano, todas as escolas deveriam fazer planejamento. Se num primeiro momento, os professores sentiram-se entusiasmados, dirigindo-se às escolas para, pela primeira vez, realizarem o planejamento, por falta de apoio e direção pedagógicas, no dia seguinte já não havendo assunto para discutir, estavam jogando palitinhos e batalhas navais. Foi uma semana perdida por falta de material, orientação, discussão entre professores da mesma disciplina e de disciplinas diferentes, de modo a se atingir objetivos gerais e específicos. Antes de 1970, poucas escolas faziam planejamento fundamentado na reflexão individual e em grupos, tendo como referência seus alunos e o contexto sociocultural no qual a escola estava inserida. Essas poucas escolas resumiam-se aos Ginásios Vocacionais e a algumas escolas intituladas como Experimentais.

R.P.: Professor, quem elabora o planejamento da escola?

N.B.: A liderança, em termos de coordenação geral, cabe ao diretor da escola, contando sempre com os coordenadores de áreas, coordenador de ensino fundamental e coordenador de ensino médio. A capacidade do diretor é fundamental em termos de relações humanas, uma vez que o planejamento não é elaborado por ele, mas sim por ele e a comunidade, isto é, o conjunto de professores que ali trabalham. É muito importante que o diretor agregue pessoas de diferentes formações e histórias de vida junto a ele para que, em conjunto, elaborem um planejamento que, repito, resulta de uma reflexão sobre aquilo que se pretende alcançar durante um ano letivo. Mais importante ainda é o fato de eles elaborarem um projeto para a escola ao longo dos próximos quatro ou cinco anos. É importante que tanto o diretor como os professores se perguntem: Quem são os alunos dessa escola? De onde eles vêm? O que eles pretendem? Quais suas expectativas? Onde eles residem? Qual é a renda familiar mensal desse aluno? Qual o lazer ou as formas de lazer das quais ele mais se utiliza? Que revistas ou jornais ele lê? Em suas casas, assina-se algum jornal ou revista? Sua casa conta com computador?

Com isto, quero significar que esse aluno não está solto no espaço. Ele é um ser concreto que vive num determinado espaço, que recebe influências e ao mesmo tempo influencia os espaços vizinhos aos seus. Eu perguntaria então: tomando a escola como centro geográfico, a que distância dela reside a maioria absoluta dos alunos? Outros grupos de menor expressão, onde residem? Contamos com alunos de outras cidades? Com isto quero afirmar que o diretor e coordenação devem realizar uma espécie de recenseamento, de forma a conseguir, junto aos alunos, informações deste tipo para que todos os professores — e também o corpo de funcionários — saibam quem são seus estudantes. Deste levantamento devem participar todos os professores, tabulando os resultados, elaborando gráficos, já na primeira semana dedicada ao planejamento.

Da mesma forma cabe perguntar: Quem são os professores que atuam nessa escola? Que titulação eles têm? De onde vêm? Quais suas expectativas em relação ao trabalho que desenvolverão a seguir?

Todas essas perguntas requerem respostas, cabendo ao diretor e à coordenação, enquanto planejadores e pesquisadores, buscá-las com a participação de todos os sujeitos que compõem a comunidade escolar. Devo fazer uma ressalva, porém: não tenha medo da palavra pesquisador ou pesquisadora, uma vez que você é ou deve ser um pesquisador, pesquisador do dia a dia do cotidiano, de modo a saber cada vez mais sobre sua escola, isto é, *pesquisá-la*. Você deve ser um pesquisador constante e não apenas num determinado momento.

R.P.: Dr. Newton, na sua visão, qual a relação entre planejamento e qualidade total?

N.B.: Nenhuma. Planejamento pode ser feito tendo em vista a *qualidade total*, porém, de acordo com minha visão, um conceito não tem nada a ver com o outro, assim como planejamento não tem nada a ver com as chamadas *competências para ensinar*. Defendo planejamento para a liberdade, planejamento visando um aluno crítico, consciente, responsável, solidário e culto. Essas qualidades não têm relação alguma com a qualidade total e nem com o *mercado*. Vejo a competitividade, o consumismo, a disputa pelo mercado numa outra direção. Privilegio a promoção do indivíduo enquanto pessoa. Aquele aluno que cursa a sétima série do Ensino Fundamental ou a segunda série do Ensino Médio é um ser que está sendo massacrado pela comunicação de massa, pela televisão carregada de propagandas visando a compra daquilo que não precisamos, forçando o consumismo e a competitividade, visando tirar vantagem em tudo, em outra direção, contrária ao planejamento para a liberdade, para a descoberta.

Num sentido amplo, trata-se de um projeto, termo muito importante, rico de significado. *Projetar* o que queremos desta escola ao longo dos próximos anos, onde pretendemos chegar. Atribuo grande significado aos objetivos gerais que no momento estão sendo desprezados, situando-se em primeiro plano os objetivos específicos. Não é necessário especificar objetivos em muitos detalhes. Deixaram-se de lado os grandes objetivos gerais da escola e da universidade, perguntando para onde elas vão, o que elas significam no momento atual. Infelizmente, privilegiaram-se os objetivos específicos os quais poderíamos classificar como *comportamentais*, numa linha skineriana. Em síntese, a elaboração de planejamento como eu a entendo não tem relação alguma com qualidade total e com definições de competências para ensinar.

R.P.: E afinal, o planejamento pode ajudar a mudar a sociedade, professor?

N.B.: Professor José Roberto, nós sabemos que os professores estão ganhando muito mal, perderam *status*, que a situação não é boa, inclusive para o diretor. Basta lembrar que o salário do professor da escola pública no Estado de São Paulo — o mais rico da nação — é menor do que o salário médio da população da grande São Paulo. Menor do que algumas categorias de trabalhadores sem titulação universitária e menor, em início de carreira, do que qualquer outra categoria profissional, com formação universitária. Apesar de haver uma série de fatores trabalhando contra o magistério, o professor, o diretor, os educadores em geral não perderam a capacidade de contribuir para mudar a sociedade. Veja bem, não se trata de uma paranoia do tipo eu vou mudar o mundo, mas sim de uma afirmação: eu quero mudar o mundo. É bom que todos assumam o desejo de mudar o mundo, mesmo que sob a forma de um sonho a ser concretizado num futuro distante. Reforçando: Nós não aceitamos o mundo como ele está, a competitividade e o consumismo desenfreados, o neoliberalismo. Queremos mudar, e a educação tem uma força muito grande para ajudar a mudar o mundo, desde que formemos cidadãos críticos, que leiam jornais, revistas e livros e saibam fazer a crítica àquilo que estão lendo, identificando a ideologia que está por trás dos textos publicados. Recorrer à imprensa sempre, mas indo além da mera leitura, isto é, interpretando aquilo que lê. Em síntese: O poder do diretor e dos professores para contribuir em prol das mudanças sociais continua grande, embora a classe do magistério esteja sofrendo muito ultimamente, sofrendo bastante.

R.P.: O que significa inverter o sinal no momento atual, para o senhor?

N.B.: Volto por um instante ao item anterior. No momento atual, o modelo neoliberal é o vencedor. O mercado está presente em tudo, tudo é mercado, o deus mercado. Inverter o sinal significa trabalhar em direção contrária, não nadar contra a correnteza, na base do oba-oba, na gritaria ou de pensamentos que já não têm mais lugar no momento atual. Inverter o sinal significa fazer exatamente o oposto do que os meios de comunicação de massa, principalmente a publicidade, estão fazendo em cima de vocês, diretores e professores. Trabalhar em sentido contrário: em vez da competitividade, a solidariedade; em vez de levar vantagem em tudo, mais uma vez a solidariedade. Obter seu legítimo lugar ao sol: em lugar da esperteza, a inteligência. Convém lembrar que esperteza não significa inteligência. Pelo contrário, o esperto lança mãos de expedientes os mais diversos possíveis uma vez que não tem a inteligência necessária para juntar-se àqueles comprometidos com os problemas socioculturais e políticos. Então, Dr. José Roberto, implica em os educadores trabalharem em direção contrária àquela para a qual a sociedade atual está apontando. Ela aponta para a morte, para o massacre do Iraque, para os atentados a mão armada, para as bombas explodindo em diferentes lugares do mundo.

Observe o estímulo que os meios de comunicação de massa nos dão o dia todo para que troquemos nossos carros por um carro novo quando o nosso está funcionando muito bem. Veja as propagandas de tênis para os meninos e meninas que os professores têm em suas salas de aulas: compre mais um tênis, compre o tênis mais novo, você está fora de moda, e por aí vai. Inverter o sinal implica trabalhar com questões ligadas a valores, à ética, à valorização da vida — a vida em si — e não a morte, com seus valores supérfluos, descompromissados com os problemas sociais e políticos.

R.P.: Professor Balzan, e onde está esse poder todo da escola? A educação de fato pode tudo? Há um limite? Afinal, qual o alcance do educador?

N.B.: Eu acredito no poder da educação, mas acredito também que nosso espaço é muito limitado, ou seja, temos que ter consciência e aceitar o fato de que o espaço que você, diretor, tem, que você, professor, tem para mudar a sociedade é muito pequeno, é limitado. Isso pode doer um pouco, mas é melhor trabalhar com a realidade do que sonhar muito — embora sonhar não faça mal — como se estivéssemos num tempo passado em que se acreditava que a escola pode mudar a sociedade, que ela tudo pode.

É sua obrigação, é seu dever como profissional, como pessoa, deixar uma marca no mundo atual, fazendo tudo o que for possível para ampliar o espaço disponível, o qual, como já afirmei, é muito pequeno. Somente realizando um trabalho fundamentado na crítica, na leitura de textos, nas comparações entre os textos lidos para que o estudante elabore sua própria conclusão, podemos colaborar, sim, para as mudanças necessárias. No entanto, não basta dizer, por exemplo, que está havendo um massacre no Iraque, mas localizar com os alunos esse país num planisfério e perguntar por que isso acontece, como acontece. Em outros termos: partir do atual, voltar para o passado, explicar o presente e projetar o futuro. Trabalhar com as ciências como, por exemplo, a descoberta de novos planetas, a expansão do universo, fazendo entender como o Prêmio Nobel de Medicina foi alcançado por pesquisadores que trabalharam durante vinte anos com o *H. pylori*, ou seja, constatando que uma bactéria causa úlcera no estômago, ao contrário do que se pensava alguns anos atrás. Essas questões comumente passam em branco para professores e diretores. É necessário ler o jornal diário. A escola deve assinar um dos grandes jornais do Brasil, dois, se possível, assim como uma ou mais das principais revistas tipo *Carta Capital, Piauí, Época*, ou algum outro. Mas, por favor, façam crítica àquilo que leem. Como seus alunos geralmente são pobres e seus pais não assinam jornais e revistas, a escola deve dispor dessas fontes de informações e você deve estar a par do mundo atual, do momento atual, e tendo, já, adquirido uma cultura geral suficientemente ampla, o que não significa se tornar uma enciclopédia ambulante, mas sim conhecer desde seu horizonte mais próximo até o mundo atual, incluindo, obrigatoriamente, a ciência, a literatura e as artes, ampliar os horizontes de seus alunos, estimulando-os a crescer como pessoas cada vez mais. Mas, há um porém aqui: se você não integrar os conhecimentos que vai adquirindo, a famosa *integração* se tornará algo fictício. E os conteúdos das disciplinas continuarão a ficar em gavetas separadas umas das outras. É necessário ter cultura geral para que a escola amplie seus limites cada vez mais. Se, por um lado, ela não tem aquele poder que a ela era atribuído antigamente, por outro lado, ela tem poder sim, e esse poder deve ser ampliado.

R.P.: Com base nas suas pesquisas na sua experiência profissional, o senhor diria que é fácil planejar hoje, no momento atual?

N.B.: Não, não é fácil. Principalmente porque o termo planejar, assim como plano e plano de ensino, foram desgastados desde o momento em que foram introduzidas as atividades de planejamento. Conforme já enfatizei, planejar é uma atitude humana, essencialmente humana, que implica razão em lugar da improvisação. É uma atividade racional que infelizmente foi introduzida nas escolas de cima para baixo no início da década de 1970 sem que professores e diretores estivessem preparados para elaborar planejamentos e redigir seus planos de trabalho. É difícil, Professor José Roberto, porque se trata, agora, de recuperar o sentido de verbos e expressões que foram destituídos de significado, ficaram "desencarnados", por assim dizer. Foram usados visando atendimento ao mercado, ou seja, tudo o que o modelo neoliberal atual pleiteia.

R.P.: Professor Newton Cesar Balzan, estamos encerrando esta videoaula e eu gostaria de agradecer a sua participação e gostaríamos também de ouvi-lo com algumas últimas considerações sobre a nossa temática de planejamento e avaliação.

N.B.: Gostaria que diretores, professores e educadores em geral não se esquecessem nunca de que a escola em que trabalham situa-se num determinado bairro, ou centro de um município, que faz parte de uma região, que, por sua vez, faz parte de um Estado, de um País, que faz parte da América Latina, no Continente Americano, no Mundo atual. É necessário ter presente o contexto sociocultural em que estamos vivendo hoje. Uma pessoa que ignora política, que não sabe o que está acontecendo no Brasil atual, que desconhece o panorama geral do mundo contemporâneo em termos políticos e hegemônicos, uma pessoa que ignora o fato de o Brasil ser um dos países de maior concentração de riquezas do mundo — implicando, claro, a grande disparidade social com a qual nos defrontamos e que só tem atrás de si a Namíbia —, será apenas um agente a mais na manutenção do atual panorama socioeconômico e cultural. Trata-se de uma sociedade injusta e a pessoa que ignora esta questão, e acaba vendo na violência um fato isolado, terá dificuldade para participar da elaboração do planejamento. Desta ignorância resultarão definições de objetivos isolados, inatingíveis ou ingênuos. Claro, estou pressupondo *certa cultura geral* e uma consciência sobre o momento atual em que estamos vivendo. Reforçando: o contexto em que a escola está inserida está dentro da América Latina, que junto à África e o Sudeste da Ásia, são áreas do globo em processo de desenvolvimento, alguns menos e alguns mais.

Finalmente, quero dizer aos educadores que me ouviram, que ficarei à disposição do Programa do Curso de Especialização em Gestão Educacional, na medida em que me for possível. Desejo-lhes um bom trabalho, ressaltando o fato de eu ter atuado durante muitos anos na Universidade e também na Escola Pública. Nesta permaneci durante 22 anos, trabalhando junto a estudantes matriculados em períodos diurno e noturno, em pequenos e grandes municípios. Essa Escola Pública precisa do trabalho de vocês, um trabalho consciente, responsável e, por que não, muito feliz. Obrigado.

Observações (Pós-entrevista)

Não sei se eu teria o direito de acrescentar algo além daquilo que constou da Entrevista, conforme transcrição apresentada. No entanto, arrisco-me a adicionar um lembrete, por considerá-lo fiel ao título do videoaula. Da mesma forma, tomo a liberdade de indicar textos e respectivos autores que considero como os mais relevantes sobre o tema PLANEJAMENTO. Evidentemente, outros poderão ser acrescentados.

1. Percebo tardiamente que deixamos a avaliação de lado. Como suponho que não deva me estender mais, permito-me apenas lembrar aos diretores e professores que ela é parte integrante do planejamento e consequência de como vemos e valorizamos o processo de aprendizagem dos alunos. Se valorizamos somente a memória, estaremos avaliando nossos alunos apenas de acordo com a capacidade de eles memorizarem dados e fatos. E isso não basta, de modo algum. É preciso ir além e valorizar as tarefas do dia a dia e, por ocasião das provas, cobrar interpretação de textos, análises de tabelas e gráficos, elaboração de sínteses a partir de um ou mais textos que lhes são apresentados, estabelecer relações entre os avanços da ciência e da tecnologia. Só assim estaremos contribuindo para a formação de sujeitos pensantes, capazes de darem suas contribuições para a mudança sociocultural desejada. No entanto, mais uma vez: se não vemos as *coisas* em geral — meio ambiente, publicidade deslavada, política, disparidade social etc. etc. —, de modo integrado, isto é, se pensamos por compartimentos, nossas avaliações serão irremediavelmente pobres de significados.

2. Como a transcrição da entrevista foi fiel àquilo que foi falado, não fiz referências a autores que tratam do tema PLANEJAMENTO. Veja, a seguir, alguns dos autores e respectivos textos que poderão contribuir para o aumento de seus conhecimentos sobre este conceito tão importante. As citações não estão apresentadas em ordem alfabética mas, sim, em ordem da importância que atribuí a elas, tanto para suas consultas posteriores, como para a elaboração de meus próprios textos a respeito. Diversas citações são acompanhadas de comentários, cujo objetivo é esclarecê-lo sobre os conteúdos abrangidos por elas e estimulá-lo à leitura dos textos originais. Nos casos em que os textos extrapolam a área educacional, focalizando principalmente problemas socioeconômicos de natureza nacional e internacional, cabe a nós, professores, refletir sobre eles, associando-os às nossas atividades de planejamento.

a. FRIEDMANN, John. Étude e pratique de la planification. *Revue Internationale des Sciences Sociales*, Paris, v. XI, n. 3, p. 337-352, 1959.

É possível haver alguma estranheza diante de um artigo datado de há mais de meio século. No entanto, trata-se do texto mais completo e profundo que já li sobre planejamento. Nele, o autor refere-se a diferentes modos de planejamento em nível de planificação: pensamento objetivo, analítico, interpretativo, projetivo, experimental e utópico. Refere-se, também, à imaginação estética. Destes, o segundo — que pressupõe a análise de todos os dados considerados pertinentes, tendo em vista a tomada de uma determinada decisão; o terceiro, que implica correlacionar permanentemente a situação atual e a futura; o quarto — em que aponta o problema do futuro; e o quinto — que implica avaliações constantes, impedindo soluções rígidas — estiveram e estão praticamente ausentes nas atividades de planejamento que têm lugar tanto na educação básica como nas IES (Instituições de Ensino Superior) que pude presenciar, assim como nos relatórios de atividades realizadas nos períodos de planejamento que me coube analisar.

O texto está disponível na Biblioteca da Faculdade de Educação da USP, São Paulo. Provavelmente poderá ser acessado em bibliotecas de outras IES.

b. MANNHEIM, Karl. *Liberdade, poder e planificação democrática.* São Paulo: Mestre Jou, 1972.

Como na citação anterior, trata-se de *publicação antiga*, datada de mais de quarenta anos atrás. No entanto, acredito ser um tanto raro tomarmos contato com um verdadeiro humanista — termo que emprego em seu sentido amplo — que vê no planejamento uma possibilidade de se alterar a realidade sem a prevalência de aspectos puramente formais sobre os essenciais. Para o autor, trata-se de planejamento voltado para a liberdade, sujeito ao controle democrático. Jamais planejamento que favoreça o monopólio de grupos — tanto de homens de empresa como de associações operárias — mas de planejamento voltado para uma sociedade de pleno emprego, que valorize padrões culturais elevados, que favoreça o progresso, sem a supressão do que existe de valioso na tradição e que possa neutralizar os perigos de uma sociedade de massas. Vale a pena tomar contato direto com esta obra e tantas outras do mesmo autor. Arrisco-me a dizer que se trata de *lições de humanidade*.

c. RATTNER, Henrique. *Planejamento e bem-estar social*. São Paulo: Perspectiva, 1979.

Autor que estuda o planejamento aplicado à educação, à sociedade em geral e, de modo particular, ao meio urbano.

Crítico feroz do caráter ideológico e conservador do funcionalismo — e de seus desdobramentos como a análise de sistemas —, destaca a atenção que deve ser dada às tarefas decorrentes do planejamento, sempre voltadas para aspectos profundos das transformações sociais que privilegiam a qualidade de vida numa sociedade democrática.

d. SPINDEL, Cheywa R.; BERQUÓ, Elza; KOWARICK, Lúcio; REA, Marina; SINGER, Paul. Estratégias do planejamento social no Brasil. *Cadernos Cebrap*, Centro Brasileiro de Análise e Planejamento, São Paulo, n. 2, [19--].

Parte de um projeto mais amplo de pesquisa — Experiências Brasileiras de Planejamento do Brasil, sob a coordenação de Octavio Ianni. Sugiro atenção especial ao Cap. III — "Algumas considerações acerca do conceito de planejamento do desenvolvimento social" (p. 15-27) — em que os autores analisam os principais planos e programas de desenvolvimento propostos por diversos governos, direcionados às áreas de educação, saúde pública, habitação e previdência social, pondo em evidência os desencontros na política econômica do poder público: Plano Salte (1950); Programa de Metas (1958-1963); Plano Trienal de Desenvolvimento Econômico e Social (1963-1965); Programa de Ação Econômica do Governo (1964-1966); Programa Estratégico de Desenvolvimento (1968-1970); Plano Decenal de Desenvolvimento Econômico e Social (final do governo Castelo Branco voltado para a gestão seguinte). São feitas considerações sobre planos das décadas de 1930 e 1940: Estudos realizados sob a orientação do Conselho de Comércio Exterior; Coordenação de Mobilização Econômica; Plano Especial de Obras Públicas; Preparo da Defesa Nacional e Plano de Obras e Equipamentos.

e. COOMBS, Philip H. O que é planejamento educacional? *Cadernos de Pesquisa*, São Paulo, Fundação Carlos Chagas, separata, n. 4, out. 1972.

Trata-se de autor com vasta produção na área do planejamento. Merece destaque sua obra *The world crises in education*: the view from the eighties (1985), em que focaliza o futuro, particularmente no que se refere aos países com baixos níveis de desenvolvimento econômico e social e sugerindo formas de cooperação internacional.

f. COVRE, Maria de Lourdes M. *A fala dos homens*: análise do planejamento tecnocrático, 1954-1981. São Paulo: Brasiliense, 1983. Texto de relevante importância, dado seu forte embasamento histórico e sociológico sobre o Brasil durante quase três décadas, abrangendo parte do período democrático — 1954-1964, e parte dos anos de ditadura — 1964-1981.

g. BALZAN, Newton Cesar. O conceito de planejamento e sua aplicação aos sistemas educacionais e às atividades de ensino: alcance e limites no limiar do século XXI. *Educação brasileira*, revista do Conselho de Reitores das Universidades Brasileiras (CRUB), v. 18, n. 37, p. 151-172, jul./dez. 1996.

Trata-se de transcrição de apresentação oral sob a forma de painel em conferência realizada em Oxford, UK, em 1995: *The concept of planning and its application to educational systems and to teaching activities. Its reach and limits at the treshold of the twenty-first century*. The Third Oxford Conference. Oxford, UK: Sept. 21st to 25th 1995.

O texto contém várias citações dos autores acima citados, permitindo-lhe um contato preliminar com os mesmos.

Capítulo IV

Vamos aprender didática com nossos alunos?

Existe muito conhecimento científico em nossos professores, porém eles pecam na transmissão e no modo de exprimir-se. Enquanto não se instalar cursos de didática para os professores (periódicos e obrigatórios), não se pode pensar em melhoria na qualidade de ensino. (Estudante concluinte, Odontologia)

Todos participavam e queriam saber mais. O professor era "sugado" pelos alunos, em função do interesse que despertava. (Estudante concluinte, Educação Física)

Poucos professores eram professores: a maioria estava como "professor". Sem preocupações, por vezes, de atualizar a matéria e mesmo ensinar. (Estudante-Concluinte, Engenharia Elétrica)

Acho que faltam professores mais interessados, mais "professor" mesmo. (Estudante concluinte, Estatística)

Tinha senso crítico. Fazia com que nós não nos acomodássemos frente a um texto, tentando explorá-lo no que concerne ao seu conteúdo e o porquê de estar sendo produzido daquela forma naquele momento, e o significado disso. (Estudante concluinte, Psicologia)

O curso tem que acabar, para a maioria, em 4 anos, pois é hora de ir ao mercado de trabalho. São, no mínimo, 20 créditos por semestre (5 disciplinas). Cada disciplina dá, em média, 2 leituras por semana. Digamos que para uma boa leitura de textos densos, um período de 4 horas seja necessário. Chega-se, então a 40 horas semanais de leitura (Se a leitura foi malfeita, é necessário retomá-la, o que exige, no mínimo, 20 horas semanais). Temos, portanto, 60 horas semanais dedicadas ao estudo teórico, ou seja, das 8h00 às 24h00. Não é possível fazer um bom curso [...]. Resulta, necessariamente, em um curso malfeito. (Estudante concluinte, Ciências Sociais)

Vou recorrer a uma série de extratos obtidos em sua absoluta maioria junto a estudantes concluintes de graduação e procurar explorá-los ao máximo que me for possível, oferecendo-lhe uma oportunidade para refletir sobre questões de Didática, tema considerado como muito problemático por grande parte dos estudantes de cursos pertencentes a diferentes áreas do conhecimento.

Como as frases têm origem em diferentes Instituições do Brasil — de Belém-PA, a Pelotas-RS — e do exterior — Estados Unidos e Chile[1]—, assim como em diferentes momentos entre os anos 1984 e 2013, fica preservada a identificação de suas origens.

Sem desmerecer livros e textos já publicados sobre este tema, tenho como expectativa oferecer-lhe, de uma maneira um tanto descontraída e, por que não dizer, agradável, um amplo leque de aberturas para que você possa refletir sobre seus próprios procedimentos em sala de aula. Arrisco-me a dizer que, através das expressões que vou reproduzir e de comentários posteriores, você possa se desenvolver quanto a este aspecto e, quem sabe, possa até mesmo, aprender didática.

Vamos, portanto, às transcrições daquilo que os estudantes disseram.

---

1. Refiro-me ao Chile, onde atuei periodicamente junto à Universidade Católica, Campus de Villarrica, entre 1986 e 1990, e aos Estados Unidos, durante meu pós-doutorado (Boston University), onde recolhi respostas de alunos sobre a Didática universitária.

I — Aula expositiva

> Aspecto muito negativo no meu Curso? Ensino muito calcado no sistema: professor na lousa, aluno sentado apenas ouvindo.

A expressão, extraída de um relatório de estudante concluinte de Química, constitui um bom exemplo daquilo que costuma acontecer nas chamadas disciplinas de serviço, aquelas ministradas nos primeiros semestres a alunos de Engenharia, como, por exemplo, Cálculo I e Física II, por docentes lotados em outros Institutos ou Faculdades: de Matemática e Física, nesses casos. O mesmo se aplica a docentes pertencentes às áreas de Ciências Biológicas e Ciências da Saúde lecionando Bioquímica, por exemplo, para estudantes de Medicina, Farmácia e Ciências Biológicas. Há outros exemplos: docentes do Instituto/Faculdade de Química, desenvolvendo atividades junto a alunos de Enfermagem e Fisioterapia.

> Situação de aprendizagem ruim de fato? Aquela em que o professor fala, fala, fala e fala. (Direito)

A expressão reflete principalmente o que em geral acontece em cursos das áreas de Ciências Humanas — História, Pedagogia, Ciências Sociais, por exemplo —, e de Ciências Sociais Aplicadas, como Direito, e os semestres iniciais de Jornalismo, Publicidade e Propaganda, entre outros.

Por que falar tanto e somente ele, o docente, falar?

Se, por um lado, é perfeitamente válido que o professor se expresse principalmente no início das aulas ao propor ou retomar um determinado tema, assim como no final, ao sintetizar aquilo que terá sido discutido *com* e *pelos alunos* durante o espaço de tempo de aproximadamente uma hora e quarenta e cinco minutos, isto é, a chamada aula dupla, por outro lado, não é adequado que só ele use da palavra durante todo o tempo. Claro, há exceções: ao apresentar algo novo, ainda não acessível aos estudantes, mas que poderá alterar crenças e valores tidos até aquele momento como indiscutíveis, sem margem para dúvidas.

> Aulas monótonas e, consequentemente, cansativas e desmotivantes. Em pouquíssimas aulas, posso dizer que realmente 'pensei', que foi explorada minha capacidade de dedução e análise dos alunos. Infelizmente, a maioria dos professores [...] ainda acha que o mais importante é encher lousas e lousas que, na maioria das vezes, nada mais eram do que cópias fiéis de livros. (Engenharia Química)

É comum o fato de docentes não conhecerem os currículos dos cursos em que vão atuar e por isso não terem uma perspectiva suficientemente ampla sobre eles, o que os leva a uma falta de compromisso em relação ao trabalho que realizam. *Dar matéria*, provavelmente é a preocupação da maioria dos docentes das *disciplinas de serviço*, não relacionando seus conteúdos à formação geral e profissional dos estudantes dos cursos em que passam a atuar.

Sem grande envolvimento e consequentemente sem forte ânimo, o trabalho se torna cansativo para os professores e um tanto sonolento para os alunos. São exposições de fórmulas, sem dúvida, importantes, mas geralmente ele, docente, na lousa, e os alunos sentados, ouvindo.

As expressões seguintes também se referem a aulas expositivas, mas certamente você perceberá com bastante clareza a diferença entre elas e as anteriores.

> Nos fazia viajar diante de suas explanações e entender a grandeza dos autores. (Ciências Sociais)

Podemos visualizar, diante do que diz o estudante, um professor que se expressa com clareza e muito entusiasmo sobre o tema abordado, estabelecendo uma verdadeira empatia entre ele e a classe. Penso ser bastante provável que o docente tenha se referido ao contexto histórico-social em que os autores escreveram suas obras e também estabelecido relações entre vários autores de um mesmo período.

> O que para mim foi mais significativo foram as aulas expositivas dos professores que procuravam fazer uma análise profunda e crítica dos textos; poesias e livros que deveríamos ler. Creio que isto valeu muito para mim, principalmente para atiçar o meu espírito analítico enquanto leitora e também em outros momentos da vida. (Letras)

Aqui se trata de análises profundas e críticas sobre um determinado tema, que somente um professor muito bem preparado em termos de conteúdos de sua disciplina, assim como de outras, correlatas, é capaz de fazer.

E, o que me parece extremamente importante, é o fato de ter sido destacado o significado dessas aulas para o desenvolvimento da capacidade crítica e até mesmo para a vida do estudante.

> Gosto particularmente de aulas expositivas, complementadas por leituras de textos. Gosto da aula em que o professor domine bem um assunto e discorra sobre ele com paixão, envolvendo o aluno. (História)

A palavra *paixão*, a meu ver, domina e ilumina todo o cenário, incluindo aquilo que vem antes. Estou certo de que você concordará comigo.

Sim, gostar, amar aquilo que se faz — no caso, envolvimento total com um determinado tema: "Nos fazia viajar diante de suas explanações..." —, é o ponto máximo que um professor poderá atingir.

É importante observar que a afirmação do estudante envolve, assim como na transcrição anterior, leituras de textos, não se esgotando no fato de o docente discorrer sobre o tema com paixão.

Vamos rever, por um momento, a expressão do estudante de Engenharia Química: "Infelizmente, a maioria dos professores [...] ainda acha que o mais importante é encher lousas e lousas que, na maioria das vezes, nada mais eram do que cópias fiéis de livros".

Você certamente estará surpreso diante de aulas dadas desta forma num curso de Engenharia, isto é, curso voltado para a formação científico-acadêmica e profissional do estudante. No entanto, infelizmente, este é o quadro predominante na educação superior, embora possa se apresentar sob outras formas.

Mas, afinal de contas, não se pode dar aulas? De acordo com a Didática atual elas estariam praticamente proibidas?

Você pode falar, transmitir conteúdos, ocupar até mesmo uma aula inteira apenas expondo conteúdos de temas considerados como relevantes.

Suas experiências e vivências, acumuladas durante anos e anos de estudo, docência, trabalho junto a empresas, leituras sobre temas ligados à sua disciplina e a área de conhecimentos em que ela se insere, seus contatos diários com a mídia e, por que não dizer, com o mundo em geral, fazem de você uma pessoa que pode e deve se expressar junto aos estudantes. Você TEM o que transmitir e não tem o direito de se omitir quanto a isso. Se puder dispor de DataShow ou de PowerPoint que possam ilustrar melhor sua exposição, ótimo!

No entanto, tanto melhor será quanto mais você se distanciar do modelo dar aulas e se aproximar de um modelo trabalhar com os alunos.

Lembre-se:

> nada pode ser mais desmotivante para os estudantes do que permanecerem sentados numa aula em que o professor atua de forma monótona, a apresentação em PowerPoint não passa de uma lista previsível de tópicos, além de não ser proporcionado um só momento para que eles participem da aula. [...] Os professores deveriam reconhecer que a aula é para os estudantes e que sua função é ajudá-los a aprender. (Morton, 2009, p. 64)

Em síntese: o que não deve acontecer é agir como na segunda transcrição: "[...] o professor fala, fala, e fala...". Embora o estudante tenha se manifestado por escrito, arrisco-me a dizer que o jeito como ele escreve já revela o tom monótono e cansativo da aula à qual se refere.

Permita-me que me estenda um pouco mais sobre o tema AULA EXPOSITIVA, indo além das expressões dos estudantes e dos meus comentários anteriores. A justificativa para isto é o fato de este procedimento didático continuar sendo o mais comum, do nível fundamental à pós-graduação.

Voltemos a ela, em suas formas mais comuns — magistral, dialogada, com pouco uso de recursos além do quadro negro, hoje predominantemente de cor verde, com pouco ou nenhum espaço para que os alunos falem — e vejamos alguns argumentos a favor e contra o *método* expositivo.

Na aula expositiva a participação do professor é fortemente dominante — senão, exclusiva —, embora ela possa variar quanto à forma: da exposição dogmática à exposição dialogada, da exposição magistral à exposição que permite um pequeno intervalo para que os alunos peçam esclarecimentos a respeito do que foi exposto até um determinado momento.

Tendo um começo, um meio e um fim, a segurança do professor é bastante grande. Ele dificilmente será surpreendido por uma pergunta que não saiba responder, desde que ele siga os passos recomendados pela maioria dos autores que defendem a aula expositiva: elaboração de forma detalhada do plano de aula, incluindo aquilo que deverá ser escrito no quadro-negro ou recurso assemelhado, perguntas aos alunos durante e no final da exposição e quadro sinótico, resumindo, sob forma de esquema, os principais pontos abordados.

Para Beard e Hartley (1984, p. 154),

> apesar das críticas dos estudantes em relação à aula expositiva, quase todos os professores que a utilizam argumentam que é desta forma que conseguem cumprir todo o conteúdo programado, recorrendo muito pouco a outros recursos didáticos para que os conceitos básicos de uma determinada disciplina sejam compreendidos.[...] Além de poderem

compartilhar com os estudantes seu próprio entusiasmo em relação aos conteúdos abordados, nada os impede de fazer referências aos mais recentes avanços numa determinada área de conhecimentos, bem como de indicar caminhos para que os estudantes deem sequência às suas próprias investigações (em tradução livre).

Os mesmos autores, já, há quase trinta anos, assinalavam

a possibilidade de, através de exposições voltadas a temas de elevado nível de interesse, atingir um grande público a partir do uso de microfones e de circuitos internos de televisão [...]. Embora implicando nível elevado de preparação, haveria vantagens em termos de economia. E completam: mesmo sem auxílio de circuitos de TV, as aulas expositivas continuam sendo um método de custo reduzido. (Beard; Hartley, 1984, p. 154)

Os críticos da aula expositiva afirmam que enquanto ela ocorre o aluno deixa de realizar sua própria aprendizagem, na medida em que ele se limita a acompanhar aquilo que é exposto pelo professor, mesmo que este o faça com clareza e aquele preste toda a atenção. O aluno estaria sendo ensinado, mas não aprendendo, se tomarmos por base uma afirmação já bastante difundida no meio educacional e que se tornou uma espécie de chavão: Quanto menos se é ensinado mais se aprende porque ser ensinado é receber informações e aprender é procurá-las.

Na AULA o raciocínio do aluno estaria ausente?

Hans Aebli, que estuda a didática a partir da Psicologia de Jean Piaget, afirma que na aula expositiva as coisas não se passam de modo tão pobre como pode parecer à primeira vista. Segundo este autor, um elevado número de representações surgem na mente do expositor — "conteúdo mental" — que encontra sua expressão através da associação entre o pensamento e as unidades da língua: "O narrador, enquanto fala, constrói, com material da língua, uma armação, uma forma estruturada que corresponde à estrutura do seu pensamento de forma que as unidades de pensamento de cada nível correspondem às unidades de níveis equivalentes" (Aebli, 1971, p. 31).

Enquanto isso, na mente do aluno ou, do ouvinte, estariam ocorrendo

> processos que correspondem àqueles do narrador, somente que em sequência invertida e com as variações exigidas por essa inversão [...] os sinais da língua falada atraem no ouvido os mesmos significados que viviam no narrador ou, no mínimo, deveriam atrair. Se for este o caso, o processo de transmissão foi conseguido, o ouvinte acompanha, realizando-se o processo de decodificação (decoding) em teoria da informação. (Aebli, 1971, p. 32)

Se toda atividade docente-discente pressupõe uma interação ativa e recíproca entre professor e aluno, qual a garantia de que esta interação esteja de fato ocorrendo uma vez que os alunos olham para o professor, não conversam, não se distraem com as mãos? Embora este cenário possa ser o mais comum e mesmo o desejável, não há garantia alguma de que eles estejam de fato *ligados* àquilo que o professor diz.

E então? No que ficamos? Aula expositiva ou não? Aula expositiva apenas através da forma *dialogada*? Aula expositiva quando ela se justifica, conforme algumas observações feitas anteriormente? Aula expositiva somente quando contempla aquilo que o quarto, o quinto e o sexto estudantes expressaram? "[...] aulas expositivas dos professores que procuravam fazer uma análise profunda e crítica dos textos [...] aulas expositivas, complementadas por leituras de textos. [...] aula em que o professor domine bem um assunto e discorra sobre ele com paixão, envolvendo o aluno?"

Uma pergunta que não fará mal a ninguém: Quem não gostaria de voltar à década de 1960 e ouvir novamente — ou senão pela primeira vez —, as aulas e exposições proferidas por Florestan Fernandes (sociólogo) e Mário Schenberg (físico e artista plástico) nas manhãs de sábado, para estudantes e trabalhadores num Teatro no Centro de São Paulo? Quem não gostaria de ouvir de novo — como se isto fosse possível! — as aulas de Darcy Ribeiro (antropólogo, sociólogo e educador), de Aziz Ab'Saber (geógrafo e geomorfólogo brasileiro), de Sérgio Buarque de Holanda (historiador), de Maria Nilde Mascellani (educadora), de Eric Hobsbawm (historiador britânico nascido no Egito)? Alguém, por acaso, deixaria o auditório antes do encerramento dessas aulas/palestras?

É importante lembrar que eles *apenas* falavam!

Quem de nós não gostaria de ouvir, hoje, as falas de Noam Chomsky (linguista, filósofo e ativista político), Jimmy Carter (ativista político), Fábio Konder Comparato (jurista, professor e escritor brasileiro), Edgar Morin (antropólogo, sociólogo e filósofo francês), Alain Touraine (sociólogo francês), Marilena Chaui (filósofa brasileira) ou, ainda, de Zygmunt Bauman (sociólogo polonês radicado no Reino Unido)?

Quem, entre os presentes a essas falas-aulas, não desejaria ouvir mais e mais?

Quero mais! Esta deveria ser, também, a atitude mais comum entre os estudantes no término de nossas aulas e não Chega! Já deu!

Você certamente estará pronto para fazer uma ou mais ressalvas: *acontece que nós somos professores comuns com múltiplas tarefas a executar e não se trata de "apenas" dar aulas para diferentes grupos de estudantes.* E certamente faria referências à *genialidade* dessas pessoas que constituem raras exceções e não um fato comum. Tanto você como eu diríamos que eles falavam — ou falam, nos casos daqueles que felizmente estão vivos —, para pessoas já altamente motivadas para ouvi-los, o que não é bem o nosso caso.

O.k. Concordo com você.

E vou além: encaremos a realidade.

Você e seus colegas que atuam junto a turmas de Engenharia — em suas várias modalidades —, Administração, Jornalismo, Direito, Publicidade e Propaganda, e de tantos outros cursos, normalmente se veem frente a frente com turmas de 70, 80 e até mesmo mais de 100 alunos.

Como agir em situações como estas? É possível não dar aulas expositivas?

Vamos reconhecer: não é fácil lidar com situações como essas. No entanto, há formas bastante satisfatórias de atuar, superando o modelo dador de aulas.

Para seu e meu consolo vejamos dois exemplos inacreditáveis constatados em países africanos há pouco mais de vinte anos. Espero que tenham sido superados, passando a fazer parte somente da história da educação. Em todo caso, acredito que vale pena o registro. Pesquisadores da Unesco constataram a ocorrência no ensino fundamental de um país africano de língua francesa, de classes do ensino fundamental contando com uma média de 160 alunos por classe na primeira série, 150 na segunda série e 240 na terceira. Esta situação, denominada "extrema" no relatório[2] apresentado pelos pesquisadores (Valerien, 1991, p. 10), revela-se ainda mais grave quando é registrado o fato de que há países no mesmo continente, em que apenas 25% das crianças em idade escolar estão de fato, matriculadas. Uma das constatações, já pressupostamente evidente, se refere à metodologia do ensino, baseada exclusivamente em aulas expositivas, apontando a necessidade de os alunos se tornarem menos passivos. Teriam as medidas sugeridas pelos pesquisadores para a melhoria do quadro observado — que cobrem um amplo leque, da metodologia do ensino à solicitação de apoio internacional — sido tomadas e, em caso afirmativo, surtido efeito? É uma questão para a qual não encontrei resposta, uma vez que não consegui acessar dados mais recentes.

Voltemos àquilo que temos diante de nós.

---

2. O relatório não traz os nomes dos países. A partir desses e de outros *achados na pesquisa*, o relatório passa a enumerar uma série de medidas no sentido de melhorar o quadro vigente. As medidas sugeridas dizem respeito a: metodologias de ensino; ajuda aos professores; número de alunos por professores; uso do tempo junto aos estudantes; relações entre professores e gestores; utilização de recursos disponíveis no entorno das escolas; utilização de práticas não formais; procura de ajuda internacional; sistemas de avaliações; treinamento de professores em serviço.

Os docentes mais brilhantes que conheço utilizam-se de microfones, PowerPoint e chegam, até mesmo, a intercalar suas exposições com atividades em grupos. Enquanto três ou mais grupos permanecem na sala, outros grupos ocupam salas vazias, levam suas cadeiras para corredores próximos, reúnem-se em cantinas ou, em dias e noites de clima favorável, nos gramados do campus. Alguns professores, como veremos num capítulo mais adiante, recorrem a uma multiplicidade de recursos oferecidos pela eletrônica e informática.

Minha longa prática como professor que já chegou a ter 118 alunos em sala de aula e como pesquisador que teve a oportunidade de ouvir muitos depoimentos sobre aulas para classes com elevado número de estudantes, me levaram a algumas certezas comprovadas por autores que se debruçaram sobre esta questão: Morton (2009, p. 58-71), Ashcrofft e Foreman-Peck (1995, p. 9-60, 61-82, 137-153), Litwin (2007, p. 193-210), Castanho (2007, p. 75-89), Ashworth e Harvey (1994, p. 97-101).

Vejam as principais certezas:

1ª) No momento atual, embora as atividades já tenham sido iniciadas, os telefones celulares continuam ligados e não poucos estudantes continuam conectados.

Se por um lado isto não deveria acontecer, uma vez que no primeiro encontro com os estudantes algumas regras já deveriam estar estabelecidas, entre elas, a proibição — sim, sinto muito, mas o termo é este mesmo: proibição — de celulares em classe, o melhor a fazer é se posicionar de forma correta: professor em pé, coluna ereta, calado e olhando firme e diretamente para aquele que está se utilizando do aparelho, até que este terminasse a conversa.

Esta medida tem um efeito muito maior do que você certamente poderia estar imaginando.

2ª) Entradas em classe depois que as aulas já tenham iniciado, assim como saídas antes do seu término.

Deve fazer parte de um conjunto de regras estabelecidas entre professores e alunos no primeiro dia do semestre até quantos minutos — dez, seria uma boa ideia — seria tolerado a entrada tardia, assim como a saída antes do tempo previsto para encerramento das atividades.

3ª) Conversas em classe, muitas vezes em voz alta.

Da mesma forma como no item anterior, este fato deve fazer parte de regras pré-estabelecidas entre docente e estudantes. Some-se a isto, a adoção de uma postura sugerida como no primeiro caso: fique parado, postura ereta e não continue até que todos se calem.

4ª) Inquietude por parte de estudantes que se encontram defasados em relação aos conteúdos que estão sendo tratados.

Esta última *certeza* nem sempre é detectada pelos professores sendo sua superação mais difícil do que em relação aos itens anteriores. Lamentavelmente ocorre cada vez com maior frequência, dada à facilidade de ingresso em IES, com amplas aberturas de vagas, inclusive em cursos até recentemente considerados como os mais exigentes em termos de uma base sólida de conteúdos de nível médio, como as engenharias. Hoje, as ofertas de vagas em Engenharia — Civil, Ambiental, Elétrica e outras — são inúmeras, facilitando o ingresso de alunos que não dominam os conceitos básicos de matemática e física.

A superação desta situação não depende exclusivamente do professor e sim de medidas a serem tomadas em nível de gestão, criando *cursos de nivelamento*, a serem obrigatoriamente frequentados por alunos que se encontram defasados em relação aos conteúdos básicos necessários para o acompanhamento dos cursos em que terão ingressado.

Cabe, porém, uma ressalva em relação aos dois parágrafos anteriores: a defasagem assinalada não se restringe aos cursos da área de ciências exatas, ou *hard sciences*.

Senão, como discutir Marx ou Max Weber com estudantes de Ciências Sociais ou Direito cujos conhecimentos de História são praticamente nulos? Como ir em frente com alunos de Geografia que desconhecem a situação reinante no Oriente Médio? Como atuar na área de Letras, numa classe que conta com alunos já fluentes em inglês ao lado de outros que mal dominam um vocabulário mínimo, apesar de já terem tido sete anos de aulas de inglês? *Soft sciences*? Sim, mas não menos problemáticas quando se considera o cada vez mais elevado número de estudantes que ingressam nas IES após três anos de Ensino Médio absolutamente falido.

De qualquer forma, vou um pouco adiante, tentando ajudá-lo ao se ver diante de classes numerosas e recorrer a exposições e considerei relevante reproduzir os resultados de uma pesquisa relatada por Beard e Hartley (1984, p. 155-157) que tomou como sujeitos 400 professores que se utilizavam de aulas expositivas nas universidades de Nottingham e Loughborough, Reino Unido (Brown e Bakthar, 1983).

Foi lhes solicitado que respondessem a seguinte pergunta: Que conselhos você daria a um jovem ingressante na carreira docente que pretendesse priorizar a aula expositiva, incluindo material de apoio?

As respostas fornecidas por 258 participantes foram agrupadas em cinco categorias, envolvendo as áreas de Artes, Ciências Sociais e Ciências Biomédicas. São elas:

1. Fale alto e claro, não murmure, mude o tom, faça pausas, não vá rápido demais.

2. Planeje, prepare e estruture cada aula de forma a dar uma clara, simples e original perspectiva para o assunto que pretende abordar.

3. Torne-o compreensível — explique, dê ênfase, recapitule, repita e faça sumários dos pontos principais. Relacione o tema a exemplos e a diversas formas de aplicações. Não faça confusão com longos e desnecessários comentários, seja claro e simples, esclareça os pontos-chave, enfatize as relações entre o particular e o geral.

4. Observe a reação e o feedback dos participantes, estimule-os para que façam perguntas e, você mesmo, proponha questões, de modo a encorajá-los à participação e ao envolvimento com aquilo que está sendo apresentado.

5. Seja adequado, não tente cobrir todo o tema e dar informações demais sobre fatos. Fale acerca de, no máximo, quatro a cinco pontos referentes ao assunto abordado.
6. Leia muito sobre o tema a partir de diferentes fontes, conheça sua disciplina em profundidade e compreenda o alcance de seu material de apoio.
7. Dê tempo, não corra, não chegue atrasado, não se preocupe de terminar antes do tempo previsto, mas não deixe que isso aconteça em todas as aulas.
8. Olhe para sua audiência, mire nos seus olhos, não fale apenas para a primeira fileira, não fale quando você está escrevendo ou pensando em outras coisas, não se distancie de si mesmo.
9. Disponha, tanto quanto possível, de materiais aos quais os alunos não terão facilidade de acesso, como artigos de revistas especializadas, relatórios de encontros científicos, publicações divulgadas junto a um grupo restrito de pesquisadores etc.
10. Não leia suas anotações, não as dite ou as transcreva.
11. Projete seu entusiasmo para um determinado tópico, não se mostre aborrecido, "curta". Seja interessante e bem-humorado, mas não exagere.
12. Prepare tarefas para seus estudantes.

Uma ideia interessante e que poderia ser concretizada através dos inúmeros recursos atualmente oferecidos pelos meios eletrônicos seria: no final de sua aula você recomendar aos seus alunos que acessassem seu blog onde eles encontrariam um texto contendo os principais conteúdos de sua exposição. Se isto fosse dito no início da aula, você poderia recomendar que eles prestassem bastante atenção ao assunto que seria abordado a seguir, dispensando-os de tomar notas, de modo, muitas vezes, um tanto desesperado.

Há professores que nos surpreendem dada a habilidade com que recorrem aos meios eletrônicos em suas aulas. Sim, são aulas expositivas mas a dinâmica é tanta que não estou certo se podemos, de fato, incluir aquilo que realizam em aulas expositivas. Peço-lhe que me acompanhe no exemplo a seguir (Balzan e Pozzebom, 2013, p. 14).

O prof. dr. Duarcides Ferreira Mariosa é Integrador Acadêmico[3] junto à Faculdade de Serviço Social da PUC-Campinas. Formado em Ciências Sociais pela Unicamp, tem mestrado e doutorado pela mesma universidade.

Além de seu grande envolvimento com o Curso de Serviço Social, atua como docente de Sociologia, em semestres alternados, nos cursos de História, Serviço Social e Ciências Sociais, pertencentes o Centro de Ciências Humanas e Sociais Aplicadas; Geografia — Centro de Ciências Exatas, Ambientais e Tecnologias; Economia e Administração — Centro de Economia e Administração; Relações Públicas — Centro de Linguagem e Comunicação, e Odontologia, Enfermagem, Terapia Ocupacional, Nutrição e Fisioterapia — Centro de Ciências da Vida.

Suas turmas têm de 40 a 70 alunos. No entanto, já atuou junto a classes bem maiores.

Utiliza como recurso de apoio às aulas o AVA — Ambiente Virtual de Aprendizagem. Nas salas virtuais, além de avisos, exercícios de reforço de conteúdo, conversas *on-line* e *e-mail*, há um recurso — Agenda — onde, aula por aula, o aluno toma conhecimento com antecedência sobre o conteúdo que será discutido nos encontros, com indicação das leituras, temas e atividades que serão desenvolvidas. Nas aulas — termo que prefiro substituir por ENCONTROS — retoma o conteúdo já acessado pela classe, discute-os e, a seguir, utilizando-se de apresentações em PowerPoint, Prezi e Pequenos Vídeos, às quais os

---

3. Integradores Acadêmicos em Cursos de Graduação (IAG): são professores da PUC--Campinas que têm titulação mínima de mestre, com jornada de trabalho de 40 horas semanais, 20 das quais dedicadas a atividades docentes e 20 para atividades específicas direcionadas ao desenvolvimento curricular dos cursos de graduação. Selecionados mediante concurso interno, devem contemplar um perfil definido pelo Grupo de Apoio Pedagógico (GAP) e têm, dentre outras atribuições, as seguintes: contribuir para a implementação das Diretrizes da Política de Graduação e melhoria da qualidade do ensino, no que se refere aos componentes curriculares específicos; propor ações que contribuam para integrar o Projeto dos componentes curriculares específicos ao Projeto Pedagógico do Curso. Para maiores informações, consultar: PUC-Campinas, Resolução Normativa PUC n. 023/12.

alunos têm acesso prévio, conforme o tema e o curso, expõe e discute pontos em relação aos quais os alunos têm maior dificuldade.

Procura atender às especificidades dos cursos, utilizando-se, por exemplo, de tabelas e gráficos de ordem demográfica e socioeconômica nas aulas do curso de Relações Públicas, procurando atender ao perfil almejado para os profissionais nesta área. Da mesma forma, em seu primeiro encontro com os estudantes, procura deixar claro porque a Sociologia é importante para a sua formação profissional e como ela dialoga com o curso que escolheu. Aspectos de ordem religiosa e racial são comumente abordados nos vários cursos. Nos encontros, ou aulas, são explicados tópicos de autores com os quais os alunos têm maiores dificuldades: Weber, Marx e Durkheim, por exemplo.

No final de cada aula, os alunos já dispõem de textos para a aula seguinte e exercícios que reforçam o conteúdo já abordado.

Distancia-se do modelo tradicional de provas para fins de avaliação, desmontando a visão comum entre os estudantes, que todos nós já conhecemos, ou seja, no primeiro dia de aula já vão perguntando: Professor, qual será o dia da prova?

Por isso, suas avaliações são formativas, realizadas em até 15 atividades em cada semestre, que os alunos podem realizar no AVA. Assim, com exceção das atividades de leitura de textos realizada em sala de aula, o aluno tem sua nota final como o resultado do acúmulo de pequenas avaliações parciais que ele faz conforme os temas são discutidos no curso.

Ao longo do tempo, foi construindo um banco de dados que facilita muito seu trabalho, embora temporariamente ele o atualize. O banco de questões está configurado para que cada aluno tenha um conjunto de questões diferenciado dos demais, o que incentiva o estudo e atualização constante. Ou sabe, ou não faz.

Seu trabalho inovador se completa com orientações para que os estudantes dos diferentes cursos se dirijam às bibliotecas e acessem textos disponíveis nos serviços de xerox da Universidade. Eles leem muito, afirma o Doutor Duarcides.

Suas palavras, no final da entrevista, expressam aquilo que considero como o ponto mais alto em seu trabalho: *Não é o AVA que dá aulas. Sou eu, professor.*

Se com todos esses comentários e citações eu não fui suficientemente objetivo, deixando ainda pairar a dúvida: aula expositiva ou não?, queira me desculpar, mas fiz isso de propósito. Pense sobre essa questão.

II — Trabalho em grupo

> A atividade desenvolvida durante o curso que me pareceu mais significativa foram as discussões em grupo. Como já disse anteriormente, a maioria das aulas se constituiu de discussões a partir de leituras sugeridas. A maneira como estas discussões foram feitas variou muito de professor para professor e de disciplina para disciplina; às vezes, a discussão se dava em pequenos grupos, outras vezes com a turma toda. Esta prática foi importante em minha formação pessoal, por colocar-me em contato com diferentes pontos de vista e distanciar-me de uma visão simplista dos fenômenos. Este exercício de discussão melhorou minha capacidade de observação, análise, argumentação e exposição verbal, o que acho fundamental. (Linguística)

Parece-me que há pouco a dizer além do que o estudante já disse, de maneira que considero relevante apenas pôr em destaque as suas duas últimas frases: "Esta prática [...] este exercício [...] o que acho fundamental".

Dessa forma, aprende-se a ouvir o outro e a respeitá-lo, as atividades mentais são intensas, na medida em que se é obrigado a relacionar diferentes pontos de vista, elaborando-se a própria opinião, que é expressa verbalmente. Atinge-se, portanto, objetivos que dizem respeito tanto à área intelectual como à área afetiva. Embora o estudante não se tenha pronunciado desta forma, as atividades em grupo proporcionam crescimento àqueles que delas participam.

Sandra Griffiths, pesquisadora de destaque na área educacional do Reino Unido, confirma e vai além destas observações:

> Atuando em pequenos grupos, os estudantes não são apenas aprendizes, mas sim, participantes ativos de seu próprio desenvolvimento pessoal, intelectual e profissional. [...] Além do evidente prazer de atuar ao lado de colegas, a simples participação no grupo, o sentimento de pertencer e de estar de fato envolvido nas atividades, resulta no desenvolvimento de uma atitude da mais alta importância, isto é, a capacidade de estabelecer relações interpessoais. (Griffiths, 2009, p. 74)

Mas, na maioria das atividades em grupos, isso não ocorre. Predomina ainda, infelizmente, um cenário de dispersão em que os grupos não são suficientemente esclarecidos sobre aquilo que devem fazer e no final tudo fica por isso mesmo.

Algumas observações úteis caso você se considere um tanto despreparado para trabalhar em grupo com seus alunos:

1ª) O trabalho em grupo deve ser precedido de leituras de textos ou de outras atividades que envolvem desde um determinado filme a uma peça de teatro, cujos resultados serão objeto de discussão por parte de um pequeno grupo. Lembre-se de que a eletrônica e a informática nos oferecem amplas possibilidades para o ensino e a aprendizagem. Tomo a liberdade de exemplificar a respeito. Se você trabalha na área da Economia, poderia recomendar a um determinado grupo interessado no custo Brasil, que acessasse o *site* que tem o mesmo título e, a seguir, entrasse no *link*, disponibilizado pela Campanha Nacional de Justiça Fiscal. Poderia ir mais adiante, indicando a entrevista com o economista Ilan Goldfain, sobre o problema decorrente dos juros no país. Claro, trata-se de apenas um exemplo. Você disporá de outros, inclusive mais atuais.

2ª) Cada grupo deverá conter quantos componentes? Cinco, no máximo, seis indivíduos. A partir desse número, chega-se a um ponto em que ninguém ouve ninguém.

3ª) A coordenação e supervisão do professor é muito importante. Ele circula entre os grupos, assessorando-os em suas dificuldades, esclarecendo dúvidas.

4ª) A disposição espacial dos alunos é muito importante. Nada de pessoas amontoadas, mas sim distribuídas em círculos de maneira que possam se ver e ouvir sem dificuldade. Da mesma forma, nada de grupos amontoados, de modo que as discussões acabem atrapalhando uns aos outros. Se a sala for pequena para muitos grupos, distribua alguns deles em outras salas ou mesmo nos corredores.

5ª) O trabalho pode ter continuidade numa próxima atividade, caso não haja tempo suficiente para aprofundamento das discussões numa determinada data. Por isso, é importante que todos os membros do grupo — ou um deles, designado para isso — anotem as principais ideias alcançadas durante as discussões. A mesma pessoa ou outra deverá assumir o papel de relator do grupo.

6ª) Terminado o trabalho em grupo, é importante que os relatores apresentem os resultados do trabalho com bastante clareza.

7ª) Mais uma vez, o papel do professor é importante. Caberá a ele — agora com a classe toda — avaliar as atividades realizadas, complementar informações consideradas necessárias e elaborar uma síntese, de preferência com a participação da classe, tendo como referência o tema central proposto.

Os equívocos em torno do trabalho em grupo têm raízes antigas e profundas.

Por se tratar de uma das técnicas das quais mais cedo os educadores lançaram mão, numa tentativa de introduzir modificações no ensino tradicional, ela se encontra amplamente disseminada em todos os níveis da educação escolarizada.

O espaço de tempo, já relativamente longo, ocorrido desde sua implantação nas chamadas classes experimentais, na segunda metade da década de 1950, permite-nos distinguir algumas fases em sua linha evolutiva: introduzida com altas expectativas em torno de seus resultados, mesclados com fortes temores em relação a mudanças de procedimentos já estruturados, foi desenvolvida com certa parcimônia no início dos anos 1960 e alguns anos depois passou a caracterizar um dos modismos vigentes na chamada Educação Renovada.

Lamentavelmente, o trabalho de grupo estruturou-se antes que fosse mais bem fundamentado, questionado e revisto por parte dos educadores. Como resultado, o que nos é dado assistir, com bastante frequência, em classes que cobrem um amplo *continuum* — do ensino fundamental ao superior —, são pseudotrabalhos de grupo, que, por vezes, chegam ao ridículo: o trabalho de Ciências é executado pelo aluno X e os demais elementos do "grupo" o assinam; a tarefa de História é elaborada pela aluna Y, recebendo as assinaturas dos colegas; o trabalho de Teoria Geral da Administração, ou de Computação Gráfica, é distribuído pelos elementos do "grupo", ficando cada um deles responsável por uma das partes, tomando-se o cuidado de não sobrecarregar de atividades aquele que ficará encarregado de "passar a limpo". A seguir, eles são encaminhados aos respectivos professores como sendo resultado da elaboração do grupo.

Se bem que nem sempre se chegue a tais exageros, arrisco-me a dizer que na maioria dos casos, o que se apresenta como sendo produto da reflexão e da ação do grupo, na realidade não passa de resultado da atividade de um único sujeito, ou da soma das partes elaboradas isoladamente por vários indivíduos.

Os indivíduos estão agrupados fisicamente; dir-se-ia que as condições favorecem a existência de um grupo primário ou psicológico, tão necessário para o desenvolvimento da personalidade, uma vez que se constitui como elemento de transição entre o indivíduo isolado e o social. No entanto, descuidos com alguns pontos essenciais ocasionam a perda de todo esse potencial, inerente à técnica. Esquece-se facilmente de que nem sempre um grupo pequeno tem o significado de grupo primário, sendo possível que os indivíduos se mantenham lado a lado uns dos outros, embora conservando total alheamento.

Esquece-se de que o grupo precisa de uma situação-problema, de um roteiro para discussão e de diferentes tipos de estimulação por parte do professor, para que a coesão se torne possível, isto é, a fim de que realmente exista um grupo e não somente indivíduos fisicamente próximos.

Fica claro, portanto, que a realização de trabalho em grupo exige muito mais do professor que o normalmente exigido em situação de aula expositiva. Este fato, básico, parece ser ignorado pela maioria daqueles que se propõem a recorrer a esta forma de atividade. Erroneamente supõem que não é preciso estar tão "por dentro" do conteúdo quanto se fosse expô-lo à classe, mal suspeitando que é exatamente na discussão de pequenos grupos que poderão surgir alguns tipos de questionamentos totalmente imprevisíveis.

Pouca ou nenhuma importância é dada à observação dos diferentes papéis desempenhados na dinâmica do grupo. Daí, por exemplo, assistirmos com muita frequência à permanência de um determinado aluno durante longo tempo desempenhando as funções de líder em várias áreas. Desta forma, uma situação que deveria contribuir para o crescimento do indivíduo — liderança situacional — passa a contribuir para a sua acomodação.

De modo geral, um verdadeiro desafio, que levaria ao trabalho conjunto — de investigação, coleta e troca de informações, elaboração de uma síntese — é substituído por algo não problematizador, fácil demais, que requer pouco ou nenhum esforço. Fica-se em generalidades e superficialidades. Inicialmente, a situação pode até parecer agradável. Rapidamente, porém, ela vai se tornando monótona e absolutamente desestimulante.

A permanência do equívoco, no entanto, parece apresentar suas "vantagens", pois evita que se vá à raiz do problema: o trabalho de grupo exige uma mudança completa por parte do professor tradicional. Não se trata simplesmente de adquirir determinadas habilidades instrucionais e nem mesmo de encontrar um meio-termo entre o tradicional e o moderno, mas de aquisição de uma nova postura em relação ao processo de ensino. Impõe-se como necessário encontrar orientadores que saibam problematizar a realidade e que participem com seriedade na busca de soluções para problemas significativos, levantados com os alunos. Precisa-se, agora, de educadores que tenham atitude de investigação.

III — Seminário

Seminário. Odeio seminário. É a coisa mais improdutiva que possa existir. Se você não leu o texto, o que é normal, a coisa não anda, nem ao menos se arrasta. Tem que ser tirada a saca-rolha. Desestimulante. Desinteressante. Horroroso. Chato. Enfadonho. (Concluinte de História)

Será necessário fazer algum comentário sobre o que o estudante expressou? Parece-me que não, uma vez que o(a) estudante se expressou com tanta raiva que acabou praticamente esgotando seu repertório sobre Seminário.

> O que geralmente acontece nessas discussões é que um grupo acaba dando aula no lugar do professor e a turma escuta, não lê os textos. Sendo assim, cada grupo se especializa no seu assunto, não se chegando a uma noção de conjunto (História).

Na segunda transcrição, se, por um lado, há críticas ao Seminário, a pessoa que "fala", sem tanta revolta, contribui para deixar mais claro aquilo que não deve ser entendido como esse tipo de atividade. Leia-a novamente, separe cada uma de suas partes e depois conecte-as novamente.

Um grupo acaba dando aula no lugar do professor, a turma escuta... É claro que isso passa, na realidade, a ser uma aula expositiva dada por alguns estudantes ao resto da classe.

Repare que exceto o grupo que está apresentando o seminário, o restante da classe, isto é, quase a totalidade, não terá lido os textos. Podemos acreditar que todos os representantes do grupo responsável pelo seminário terão lido os textos previamente, mas infelizmente o mais provável é que cada um deles tenha lido apenas *a sua parte*.

Isso não é seminário, de modo algum.

Seminário pressupõe um determinado tema, que poderíamos chamar de tema central, proposto pelo professor em amplo nível de abrangência e, a seguir, subdividido em subtemas para serem explorados em profundidade pelos diferentes grupos.

Se, por um lado, os alunos que ficarem responsáveis por um dos subtemas devem realizar estudos *em profundidade* sobre ele — recorrendo, para isso, a livros e revistas especializadas, aos recursos que a informática lhes oferece —, por outro lado, os demais estudantes não deverão ser dispensados de leituras de um ou mais textos fornecidos a eles — ou indicados por eles com acesso pela internet — alguns dias antes da apresentação dos resultados obtidos. Ou seja, no momento dedicado àquilo que se convencionou chamar de seminário propriamente dito. Desta forma, toda a classe estará a par do assunto que será apresentado.

A título de exemplo: se o tema central se referisse à crise na zona do Euro, você ou mesmo os estudantes mais diretamente envolvidos com a questão grega, poderiam sugerir aos demais que acessassem o texto do historiador britânico Mark Mazower, "Não há mais espaço para pressionar gregos", indicando-lhes o respectivo *site*.

Claro, trata-se de um tema que me ocorre no momento em que redijo este texto, devendo ser substituído por outro, mais representativo da situação com a qual seus alunos estiverem se defrontando.

Supõe-se que o grupo responsável pela sua parte tenha se reunido previamente tantas vezes quanto necessárias a fim de que os resultados daquilo que terão pesquisado seja discutido, tanto a fim de se alcançar um consenso quanto ao desenvolvimento da apresentação e discussão junto à classe no dia já previsto, como — e principalmente — para aprofundamento e seleção dos conceitos mais relevantes que serão abordados.

A apresentação do grupo poderá ser entremeada por perguntas da classe e do professor ou, se assim optarem, serão feitas no final.

Caberá ao professor assegurar a visão de conjunto sobre aquilo que terá sido apresentado, de modo a não permitir que os conceitos e conteúdos fiquem soltos e que uma ligação clara seja estabelecida com o assunto a ser trabalhado pelo grupo seguinte.

Mas o seminário ainda não se encerrou. Está faltando a avaliação, feita pelo restante da classe e pelo próprio grupo — sob forma de autoavaliação — a partir de estímulos e comentários feitos pelo professor.

Vejamos como outro estudante se expressa em relação a seminário:

> Aponto, como altamente positivos em meu curso, seminários coordenados pelo professor, indagando aleatoriamente cada aluno sobre determinado item, seguido de verificação prática para desenvolver técnicas e sedimentar informações, completando-se com discussão de casos à beira do leito. (Medicina)

Tem-se agora, de fato, um exemplo de seminário bem realizado, embora sua forma de condução seja diferente das observações já feitas por mim.

A partir das palavras do estudante, pode-se supor que o professor tenha proposto um tema bastante específico para a classe, a fim de que o mesmo fosse aprofundado através de leituras individuais de artigos específicos publicados em revistas científicas, ou disponibilizados no blog do próprio professor. O seminário consiste essencialmente na exploração, pelo professor, dos resultados da leitura através da arguição aleatória dos estudantes sobre o conteúdo apreendido.

Não disponho de informações suficientes para poder afirmar algo sobre a continuidade das arguições. Mas gostaria de adiantar dizendo que a forma correta consistiria em ele, professor, ir comentando as respostas dos alunos, aprofundando-as ainda mais e amarrando tudo no final, isto é, não deixando de elaborar, de preferência com a colaboração da classe, uma síntese, no final dessa parte.

O seminário não terminou. Sua continuidade foi assegurada por trabalhos práticos *para* sedimentar as informações ou, em outras palavras, para a fixação da aprendizagem. O trabalho de professor-alunos atinge sua culminância com a discussão de casos à beira do leito.

Seria um bom exemplo de seminário ou, neste caso, as atividades teriam ido além dele? Meu ponto de vista: o professor se estendeu bem além da *discussão em profundidade de um determinado conteúdo* —

o que, por si só, já indicaria um seminário —, chegando a proporcionar condições de *vivência* aos alunos que puderam *ver* — talvez mesmo, *apalpar* — em situação real, um doente que apresentava condições patológicas relacionadas à teoria — leituras prévias e arguição em sala de aula.

Mais que realizar um seminário, penso tratar-se, de fato, de um docente que terá atingido o nível de excelência: pesquisador, conhecedor profundo de sua própria área, capaz de relacionar teoria e prática, de extrair e complementar conteúdos trazidos pelos alunos, coordenando as atividades de modo exemplar. Estou certo de que se trata de um profissional pesquisador com longa prática médica e capaz de atingir aquele nível tão almejado na Universidade, isto é, as relações pesquisa-docência e teoria-prática. É provável que ao pôr os estudantes em contato com um paciente de hospital público, estivesse, já, lançando as bases para a Extensão Universitária. Eis aí, então, o famoso tripé em que se apoia a moderna Universidade: docência-pesquisa-extensão.

Seminário, em nível de graduação e principalmente de pós-graduação, pode ser desenvolvido sob a forma de discussão de um tema bastante específico com base na leitura prévia de textos publicados sob a forma de artigos científicos em revistas especializadas — ou de acesso aos diferentes meios oferecidos via eletrônica: Internet, blog ou *site* do professor.

Claro, o papel do professor é, mais uma vez, essencial, na medida em que cabe a ele coordenar aquilo que é exposto pelos estudantes, assegurando que todos possam se expressar, garantindo que todos ouçam aquele que expõe os resultados de suas leituras, aprofundando e ampliando o tema a partir de suas próprias experiências e proporcionando condições para se alcançar uma síntese no final. Se esta puder contar com a participação da classe, será ótimo.

É por demais evidente o absurdo de se tentar confundir dois procedimentos metodológicos diametralmente opostos: o seminário, que lembra dinamismo, atividade do aluno nas mais diversas situações e a aula expositiva, a forma mais tradicional de ensino.

No entanto, a realidade mostra que tal confusão existe e está presente em nossas escolas, desde o ensino fundamental e médio até a educação superior, e, por que não dizer, nas classes de pós-graduação. Por se tratar de uma forma de trabalho mais adequada às classes de ensino médio e superior, acredito que o equívoco não ocorra junto às classes das primeiras seis séries da escola básica. É a partir da 7ª série que têm lugar os arremedos de seminários.

Parece-me que o equívoco teve origem numa tentativa mal fundamentada de se substituir o monólogo do professor — característica predominante dos métodos tradicionais — por processos mais eficientes de ensino, onde o aluno tivesse plena participação. Caiu-se então, num outro extremo, isto é, o monólogo do aluno, que absolutamente nada tem a ver com o seminário.

Seminário é um termo que tem amplo significado, implicando não apenas uma única forma de atuação por parte do professor e alunos. No entanto, apesar da diversificação de procedimentos que envolvem a sua condução, em todas as definições de seminário estão presentes algumas exigências que permitem individualizá-lo como técnica, impedindo confundi-la com outras, por vezes baseadas em tipos opostos de exigências (Severino, 2004).

Assim, por exemplo, a necessidade de um tema central, objeto de estudo por parte de todos os indivíduos envolvidos no processo — uma classe de universitários, os convencionais que participam de uma grande discussão etc. — e a participação de todos os elementos nas várias etapas do trabalho — planejamento, execução e avaliação — constituindo condições necessárias para a realização efetiva de seminários — bastam para se desmistificar a maioria dos "seminários" que têm lugar não apenas nas escolas, mas também em eventos direcionados a um público com interesse específico numa determinada área do conhecimento.

Senão, por que aceitar como seminário uma situação em que, numa mesma classe, cada grupo pesquisa um determinado assunto, sem ligação entre si e não decorrentes de um tema central? Como chamar de seminário o grotesco da situação em que cada membro de um grupo expõe para a classe parte de um determinado trabalho, deixando patente, através de comentários do tipo "esta era minha parte, agora é o [...] quem vai continuar", a extrema divisão do trabalho, a descontinuidade e, portanto, a ausência de interação? Como não chamar de aula expositiva dada pelos próprios alunos uma situação como esta, em que os demais membros da classe apenas assistem a uma exposição, cujo conteúdo não conhecem, porque estão se preparando para dar outros "seminários", isto é, seus seminários.

IV — Interdisciplinaridade, multidisciplinaridade, pluridisciplinaridade, transdisciplinaridade

Não são poucos os autores que deixam de incluir este tópico em metodologias, ou didática, argumentando que se trata de desdobramentos a partir de projetos, tanto de caráter institucional, como específicos, que focalizam os diferentes cursos de uma determinada instituição.

Ao desenvolver este trabalho optei por incluí-lo em metodologias de ensino, por considerar que se trata de um amplo e atual leque de oferta de alternativas a você, educador, embora não desconsidere que os dados e informações nele contidos só ganhem sentido e sejam mais viáveis de serem postos em prática quando emergem de profunda reflexão por parte de gestores, docentes e pesquisadores sobre seus projetos pedagógicos, institucionais e de cursos.

As poucas referências de concluintes de graduação sobre as diferentes formas de integração de conhecimentos foram extraídas de seus comentários sobre os pontos que consideraram como positivos e negativos em seus cursos e na Universidade, devendo ser objeto de atenção por parte do corpo docente e dos gestores das faculdades. Em geral, são breves e sucintos:

> Ouvi muita falação sobre integração de disciplinas e até mesmo de integração com outros cursos. No entanto, não vi nada disto durante meus quatro anos. (Concluinte, Ciências Sociais)

Só lamento que integração, interdisciplinaridade e outros nomes que são dados às aulas em que matérias semelhantes sejam vistas em várias disciplinas, isto só aconteceu por minha conta, no meu TCC. (Concluinte, Direito)

Conteúdos integrados só existiram nos dois primeiros semestres, e, assim mesmo, não com a participação de todas as disciplinas. (Concluinte, Administração)

De mais positivo no meu curso? O trabalho de campo no Parque do Alto do Ribeira. Entre vales, montanhas e cavernas, várias disciplinas do meu curso estavam ligadas entre si e mesmo com disciplinas de outros cursos: Turismo, História, Geografia, Engenharia Ambiental. (Concluinte, Ciências Biológicas)

As respostas coletadas junto a docentes sobre o mesmo tema não são nada animadoras. A título de exemplo, vejamos o que diz, a respeito, um dos mais conhecidos e respeitados docentes do país, que atua na intercessão das áreas de filosofia e educação:

> A aceitação e a sugestão da prática interdisciplinar, no âmbito da área educacional, são defendidas universalmente por docentes e alunos. Mas é mais uma afirmação teórica imediatamente contraditada pela prática efetiva. Não fui, ao longo dos meus 36 anos de magistério superior, e continuo não sendo atualmente, testemunha concreta de experiências de trabalho interdisciplinar. A pedagogia universitária, na minha percepção, é uma atividade extremamente solitária. O que vejo é cada professor fazer, sim, um grande esforço em apresentar seu ensino sob uma perspectiva interdisciplinar, mas isto é um investimento interno a sua atividade pessoal. Trabalhos interdisciplinares, conduzidos em função de um projeto educacional coletivamente elaborado, assumido e desenvolvido, creio que ainda não fazem parte de nosso cotidiano universitário, até onde pude observar. (Severino, 1998, p. 31-44)

Minha experiência junto a diversas IES me leva a crer que raramente conceitos e conteúdos de diferentes disciplinas são tratados de forma interdisciplinar, termo que me parece indicar aquilo que os estudantes estão chamando de *integração*.

Acontece, porém, que não consigo compreender como o desenvolvimento de conteúdos de diferentes disciplinas possa ser entendido, senão de forma interdisciplinar, embora até mesmo o mercado de trabalho venha priorizando, entre os candidatos a vagas de alto nível nas empresas, aqueles que tenham facilidade em conectar dados e informações de diferentes áreas do conhecimento, além de uma ampla visão de mundo.

O mesmo mercado já não aceita, para o desempenho de funções mais simples, o analfabeto funcional. Passou a exigir capacitação para acessar dados e informações disponíveis nos meios eletrônicos, aplicando-os na solução de problemas presentes nas empresas. Ou, como afirma Pombo (2004, p. 1), de modo mais específico:

> Na gestão de empresas, alguma coisa designada por interdisciplinaridade é usada como processo expedito de gestão e decisão, ou o caso da produção técnica e tecnológica, sobretudo a mais avançada, onde se tende cada vez mais a reunir equipas interdisciplinares para trabalhar na concepção, planificação e produção dos objectos a produzir.

Deixo de lado a multi, ou pluridisciplinaridade — simples "justaposição de duas ou mais disciplinas, com objetivos múltiplos e sem relação entre si, com certeza cooperação, mas sem coordenação num nível superior" (Japiassu e Marcondes, 2001), concentrando-me na interdisciplinaridade e na transdisciplinaridade.

A propósito da primeira — termo que tem origem no latim: *inter,* significando posição intermediária, reciprocidade + *disciplinare,* com o significado de respeitante à disciplina + dade, sufixo formador de substantivos a partir de adjetivos —, nada melhor do que reproduzir as palavras dos mesmos autores citados (2001):

> A interdisciplinaridade, correspondendo a uma nova etapa do desenvolvimento do conhecimento e de sua divisão epistemológica, e exigindo que as disciplinas científicas, em seu processo constante e desejável de interpenetração, fecundem-se cada vez mais reciprocamente [...] método de pesquisa e ensino suscetível de fazer com que duas ou mais

disciplinas interajam entre si. Esta integração pode ir da simples comunicação de ideias até a integração mútua dos conceitos, da epistemologia, da terminologia, da metodologia, dos conceitos, das estruturas e dos axiomas sobre os quais se fundam as diversas práticas científicas. O objetivo utópico do método interdisciplinar, diante do desenvolvimento da especialização sem limite das ciências, é a unidade do saber. Unidade problemática, sem dúvida, mas que parece constituir a meta ideal de todo saber que pretende corresponder às exigências fundamentais do progresso humano.

Já nos anos 1970, Japiassu (1976, p. 82) enfatizava a interdisciplinaridade como

> algo a ser vivido, enquanto atitude de espírito. Atitude feita de curiosidade, de abertura, do senso de aventura e descoberta, exercendo um movimento de conhecimento capaz de intuir relações. É, nesse sentido, uma prática individual. Mas também é prática coletiva, onde se expressa como atitude de abertura ao diálogo com outras disciplinas, que reconhece a necessidade de aprender com outras áreas do conhecimento.

Por que esta visão integrada de cultura está praticamente ausente, não só no ensino superior, mas também no ensino fundamental e médio?

Resposta: exatamente porque é difícil "responder à necessidade de superação da visão fragmentada nos processos de produção e socialização do conhecimento" (Thiesen, 2008, p. 545). Porque "a interdisciplinaridade está sempre situada no campo onde se pensa a possibilidade de superar a fragmentação das ciências e dos conhecimentos produzidos por elas e onde simultaneamente se exprime a resistência por um saber parcelado" (Thiesen, 2008, p. 547). Porque a interdisciplinaridade constitui uma reação à fragmentação das disciplinas e do conhecimento, "expressão das exigências analíticas que caracterizam o programa de desenvolvimento da ciência que vem dos gregos e que foi reforçado no século XVII, principalmente por Galileu e Descartes" (Thiesen, 2008, p. 548). Porque não é fácil superar uma abordagem que, ao tratar o conhecimento, tem raízes bem estruturadas e que marcaram nossa própria formação. "Parece evidente que a responsabilidade pela legitimação social e científica da especialização e da fragmentação do conhecimento recai basicamente sobre o positivismo, a partir do qual fortaleceram o cientificismo, o pragmatismo e o empirismo" (Thiesen, 2008, p. 549). Daí decorre a manutenção de um *modelo tradicional*, que não abre espaço para as aprendizagens mais necessárias para os estudantes neste tempo que tem na complexidade uma de suas características mais marcantes: "integrar o que foi dicotomizado, religar o que foi desconectado, problematizar o que foi dogmatizado e questionar o que foi imposto como verdade absoluta [...] possivelmente as maiores tarefas da escola nesse movimento" (Thiesen, 2008, p. 551).

Porque "a interdisciplinaridade implica alguma reorganização do processo de ensino/aprendizagem e supõe um trabalho continuado de cooperação dos professores envolvidos nas atividades programadas" (Pombo, Levy e Guimarães, 1994, p. 13).

Porque pressupõe a existência de um princípio direcionado ao ensino, à pesquisa e, acima de tudo, à produção de conhecimentos, que implica mudanças mais profundas que as relacionadas a métodos didáticos, isto é, a mudanças em nível de *atitudes*.

> A interdisciplinaridade é algo a ser vivido, enquanto atitude de espírito. Atitude feita de curiosidade, de abertura, do senso de aventura e descoberta, exercendo um movimento de conhecimento capaz de intuir relações. É, nesse sentido, uma prática individual. Mas também é prática coletiva, onde se expressa como atitude de abertura ao diálogo com outras disciplinas, que reconhece a necessidade de aprender com outras áreas do conhecimento. (Japiassu, 1976, p. 82)

Os exemplos exitosos que tenho constatado sobre trabalho interdisciplinar ocorrem em Instituições que atribuem grande importância aos seus Projetos Pedagógicos[4] (Brasil, MEC, 2002), resultantes de

---

4. As releituras e discussões sobre os Projetos Pedagógicos alcançarão resultados tão melhores quanto mais tiverem sido dada atenção, em sua elaboração, da explicitação clara da missão

elaboração coletiva e objeto de leituras, releituras e discussões que contem com a participação de todo o corpo docente e respectivos gestores, pelo menos nos dias dedicados ao planejamento, que antecedem os períodos letivos de cada ano.

Do conhecimento e discussão dos Projetos Pedagógicos decorrem as melhores escolhas dentre as várias metodologias de ensino disponíveis, com destaque a uma abordagem predominantemente interdisciplinar de conceitos e conteúdos nas diferentes áreas do conhecimento.

Outros momentos favoráveis à aquisição de uma visão interdisciplinar da parte do estudante, ocorrem durante a elaboração de seus TCCs (Trabalho de Conclusão de Curso) nos Trabalhos de Campo e durante a realização dos Estágios.

No primeiro caso, o estudante se verá obrigado a recorrer àquilo que lhe foi oferecido ao longo de toda a graduação, com destaque às disciplinas geralmente intituladas como Metodologia da Pesquisa Científica, Metodologia da Pesquisa I, Metodologia da Pesquisa II, Atividades Autônomas, Pesquisa em (nome do curso) a fim de responder a um desafio, isto é, o tema de seu TCC. Realiza uma síntese que integra o conjunto de habilidades, capacidades, experiências e vivências acumuladas durante o curso, assim como suas expectativas em relação à sua futura ocupação profissional.

Pádua (2005, p. 17) considera "como fundamental que se entendam as diferentes propostas à luz da trajetória dos cursos de graduação relativamente à relação ensino-pesquisa-extensão, à qualificação e inserção do docente e à importância acadêmica atribuída ao TCC".

No segundo caso — Trabalhos de Campo — que correspondem aos Estudos do Meio, desenvolvidos nos níveis fundamental e médio, "o aluno toma contato direto com o complexo vivo, com um conjunto

---

e valores da própria IES, de seus objetivos, fundamentação político-filosófico e teórico-metodológica de cada área do conhecimento. Penso que não se justifica o fato de haver professores que, sendo contratados em caráter de emergência ao longo do ano letivo, iniciem suas atividades junto aos estudantes sem que tenham lido e discutido com seus gestores os textos que tratam deste tema.

significativo que é o próprio meio, onde natureza e cultura se interpenetram. O aluno sintetiza, observa, descobre" (Balzan, 1987, p. 123).

Embora o estudante concluinte de Ciências Biológicas ao se expressar sobre Trabalho de Campo não tenha especificado o local onde ele tenha sido realizado, acredito tratar-se do Parque Estadual Turístico Alto do Ribeira, no Sul do Estado de São Paulo, no município de Iporanga.

Se este for realmente o local, de fato o estudante tem toda razão em seu depoimento. Ele oferece uma incrível diversidade de recursos para um Trabalho de Campo que torna fácil a integração de disciplinas não só de seu próprio curso — a maior parte delas sempre presentes —, como de disciplinas de outros cursos de graduação, com os quais provavelmente ele não costuma *conversar*. Senão, vejamos:

Área ocupada no início do século XVI por aventureiros em busca de mineração do ouro (curso de História) e habitada por indígenas desde há 4.000 anos (Pré-História — curso de História; Arqueologia e Etnografia — cursos de Ciências Sociais e Turismo), área de preservação ambiental (cursos de Engenharia Ambiental, Turismo e Direito), com mais de 300 cavernas (Espeleologia — curso de Geologia), formação calcária (Estratigrafia — curso de Geologia) formando cânions (Geomorfologia — cursos de Geografia e Geologia), contando com centenas de espécies de aves, anfíbios, répteis e mamíferos (curso de Ciências Biológicas, núcleo deste trabalho de campo).

É possível que se trate de outros locais, situados na mesma microrregião, também ricos em cavernas e diversificação física e biológica. Neste caso, a maioria das citações de disciplinas e cursos contidas no parágrafo anterior continuam válidas.

Qualquer que seja o local escolhido para o Trabalho de Campo — tratando-se de ensino superior — ou de Estudo do Meio, em níveis anteriores de escolaridade — o papel do professor tem importância fundamental, do planejamento — onde desenvolver a atividade, porque um determinado local e não outro, o que observar, a quem entrevistar e como realizar os contatos pessoais — à coordenação das atividades dos estudantes durante o trabalho ou estudo propriamente dito, à discussão dos resultados em sala de aula e à elaboração e correção do relatório final.

Quando realizado em IES, será solicitado apenas um simples e rotineiro relatório das atividades realizadas ou será solicitado que os estudantes complementem tudo aquilo que foi visto e coletado mediante consulta a textos de periódicos especializados? Qualquer periódico ou, necessariamente de periódicos classificados pelo menos em B1 ou B2?[5]

No terceiro caso — Estágios, que será tratado em tópico específico mais adiante —, a visão interdisciplinar se dá através da observação da vida no dia a dia de uma empresa ou de um centro de pesquisa, bem como dos contatos pessoais com funcionários dos mais diversos escalões mediante entrevistas com roteiros pré-estabelecidos com rigor acadêmico ou de simples conversas informais.

Além desses períodos, que constam dos cronogramas das IES, a interdisciplinaridade e outras formas de aproximação, de troca e de complementação entre as diferentes disciplinas, depende de uma série de fatores: de gestões que deixam muito a desejar, da falta de espaço e tempo para que os professores possam dialogar entre si com certa frequência. Os maiores contratempos encontram-se em nós mesmos, professores.

Pergunto uma vez mais: por que temos tanta dificuldade em trabalhar nossas disciplinas de modo interdisciplinar?

Minha resposta pode lhe parecer muito radical e, até mesmo, agressiva: porque muitos de nós não pensam o mundo de modo integrado. Os horrores do Iraque não nos levam a lembrar, simultaneamente, de que aquele mesmo lugar, hoje em escombros, conhecido como Mesopotâmia, foi o centro de civilizações — dos sumérios e caldeus, entre outras — que marcaram profundamente a história

---

5. Qualis é o sistema da Capes (Coordenação de Aperfeiçoamento de Pessoal de Nível Superior) para avaliação de periódicos. A classificação tem um continuum que vai de A1 — o mais alto nível, que indica indexação internacional — a E2, o mais baixo, passando por A2, B1, B2, C1, C2, D1, D2, e E1. A Capes tem como objetivo principal subsidiar o MEC na formulação de políticas de pós-graduação.

da humanidade? Ou será que aquilo que aprendemos lá atrás, sobre o que ocorreu entre o Tigre e o Eufrates — suas heranças culturais, em campos tão diferenciados como o desenvolvimento da escrita e da astronomia e o primeiro código de leis, não nos significou coisa alguma?

Quantas vezes, esses mesmos horrores nos levam a pensar em crime de lesa-humanidade, em um verdadeiro genocídio praticado pelo mais importante país do mundo, em nome de uma mentira, isto é, do perigo que representava para o Ocidente a posse de armamentos químicos por uma nação considerada como inimiga? Armamentos que nunca existiram e que, se existissem, teriam sido lá colocados pela própria grande potência durante a guerra Irã-Iraque, há cerca de três décadas. O que tudo isso tem a ver com o Partido Republicano dos Estados Unidos, hoje com sua ala mais radical, o Tea Party, que representa, isto sim, uma ameaça à segurança mundial?

Bem, as linhas anteriores são apenas exemplos de como podemos e devemos tratar as informações que recebemos de modo cada vez mais rápido, a partir de uma ampla visão cultural que tem a história como eixo. Você poderá estar pensando: história, aquele amontoado de dados e fatos tão chatos... Se assim for, eu gostaria de acrescentar e completar seu pensamento: Infelizmente, foi assim que "aprendemos": memorização de dados e fatos distribuídos em rigorosa ordem cronológica e não História, uma das *ciências* humanas.

Os conteúdos que aprendemos, desde os primeiros anos de escolaridade até a graduação, estavam distribuídos em gavetas, cada uma das disciplinas ocupando uma delas. E continuamos a mantê-los engavetados. É como se tivéssemos medo de abri-las pois, abertas, o material nelas contidos poderia voar para o espaço, misturando-se com os das demais gavetas e perderíamos o domínio sobre aquilo que pretensamente temos de mais precioso: nossos conceitos e conteúdos.

De modo geral, nos esquecemos de um fato comprovadamente significativo: a aprendizagem somente se dá, de modo efetivo, quando o aprendiz atribui sentido àquilo que lhe é fornecido em termos de informações e dados.

E assim, em geral não existe aquilo que denomino integração horizontal e vertical. Por um lado, os docentes de uma mesma série raramente trocam ideias sobre os conteúdos de suas disciplinas, partindo para a interdisciplinaridade. Por outro lado, os docentes que atuam nas disciplinas iniciais de um determinado curso, raramente olham para cima, associando-as ao perfil almejado para o concluinte. A recíproca é verdadeira, isto é, os docentes dos últimos semestres dificilmente olham para baixo, fazendo ver aos estudantes como foi importante para sua formação as chamadas disciplinas básicas.

Por se tratar de tema que considero como extremamente relevante ao longo de todo o processo educacional — do ensino fundamental à pós-graduação — tomo a liberdade de recordar autores já citados e de acrescentar outros, que também focalizam diretamente a interdisciplinaridade: Aires (2011), Correa (2011), Fazenda (1979, 1994 [1998, p. 11-20], 2000, 2008), Pombo, Guimarães e Levy (1994), Pombo (2004a, 2004b), Severino (1998, p. 31-44), Jantsch e Bianchetti (1997), Lück (2001), Greco (1992).

Se possível, volte por um instante ao Capítulo II — Antigamente havia escolas de melhor qualidade que as melhores escolas de hoje em dia. Embora a palavra interdisciplinaridade não tenha aparecido uma única vez sequer, esta forma de trabalho esteve presente no dia a dia de docentes e estudantes ao longo dos anos em que os vocacionais existiram.

Transdisciplinaridade. Se o tratamento interdisciplinar dos conhecimentos já se constitui uma exceção no processo de ensino e aprendizagem, estamos, agora, diante de algo muito mais difícil de se alcançar e só raramente encontrado.

Aqui há uma fusão unificadora das disciplinas, não mais identificadas como tal, mas sim, formando um todo indissociável. É algo mais integrador que a interdisciplinaridade, uma vez que

> a transdisciplinaridade envolve uma atitude vinculada à complexidade, ou seja, à disposição e à capacidade de posicionar-se ativamente perante os diversos níveis da realidade. Por isso mesmo, a transdisciplinaridade

se sustenta no reconhecimento da existência desses diferentes níveis, onde a lógica da não-contradição pode ser superada em favor da complexidade. (Rocha Filho, 2009, p. 36)

Definida na Carta da Transdisciplinaridade,

elaborada no Primeiro Congresso Mundial de Transdisciplinaridade realizado no Convento de Arrábida, Portugal, 2 a 6/11/1994 (diz em seu) art. 3º: "A transdisciplinaridade é complementar da aproximação disciplinar, ela faz emergir da confrontação das disciplinas novos dados que as articulam entre si e que nos dão uma nova visão da natureza e da realidade". [...]. Pressupõe um pensamento organizador ou, pensamento complexo. Verdadeiro problema não é fazer uma adição de conhecimentos, é organizar todo o conhecimento. (Theophilo, 2011)

Santos (2005, p. 2-3) reforça a ideia de um novo modo de pensar e, consequentemente, de complexidade:

A transdisciplinaridade é uma abordagem científica e cultural, uma nova forma de ver e entender a natureza, a vida e a humanidade. Ela busca a unidade do conhecimento para encontrar um sentido para a existência do universo, da vida e da espécie humana [...] sugere a superação da mentalidade fragmentária, incentivando conexões e criando uma visão contextualizada do conhecimento, da vida e do mundo.

Enfoque pluralista do conhecimento, visando alcançar a unificação do saber, o termo, cujo prefixo *trans* é de origem latina, exprimindo as ideias de "através de" e "além de",

foi criado por Jean Piaget em 1970, no Seminário Internacional sobre interdisciplinaridade, realizado na Universidade de Nice, França, promovido pela Organização da Comunidade Europeia. Usado, a seguir, por Erich Jantsch, em 1972, o termo aparece, pela terceira vez, com Edgar Morin, em 1980. Em 1986, na declaração de Veneza, em evento internacional promovido pela Organização das Nações Unidas para a

Educação, Ciência e Cultura (Unesco), Basarab Nicolescu marca os rumos de uma nova transdisciplinaridade. (Feriotti, 2007, p. 93)

A transdisciplinaridade vem sendo objeto de estudos junto ao Centre International de Recherches et d'Études Transdisciplinaires (Ciret), França, e, efetivamente realizada por Fritjof Capra,[6] na University of California, Berkeley, USA. Seu trabalho, Smart by Nature: Schooling for Sustainability (2010) — em colaboração com Michael, Stone é parte do movimento crescente do chamado K-12 ou, *kay to twelve* ou, ainda, *kay through twelve* — ensino primário e secundário nos Estados Unidos.

Tema difícil de ser posto em prática, há, no entanto, várias instituições e autores que vem se debruçando sobre ele. Entre as primeiras e, a título de exemplos: IEAT (Instituto de Estudos Avançados Transdisciplinares), Universidade Federal de Minas Gerais (UFMG), AMMOM (Associação Ambiental Transdisciplinar Movimento Terceiro Mundo), Fortaleza/CE. Entre os autores: D'Ambrosio (1997), Morin e Nicolescu (1994), Nicolescu (1997, 2000), Sommerman (2006).

Você certamente assistirá com prazer ao vídeo "Entrevista com Edgar Morin (1989)", na qual o grande pensador expõe suas ideias sobre a transdisciplinaridade.

Considero importante sugerir-lhe que tome contato com os seguintes autores, cujos textos constituem leituras indispensáveis para que você possa situar tanto a interdisciplinaridade como a transdisciplinaridade no atual contexto histórico-social: Japiassu (1975), Morin (1996, p. 274-284, 2000, 2005), Pombo (2002, p. 182-227), Santomé (1998).

---

6. Fritjof Capra, autor de publicações de ampla divulgação como *O ponto de mutação, A teia da vida, O tao da física* e a *Ciência de Leonardo da Vinci*, trabalha atualmente no Centro de Ecoalfabetização — Faculty of the Beahrs Environment Lidership Program of the Univerisy of California, Berkeley, USA. É fundador e diretor do Center for Ecoliteracy — The Center Advanced Shooling for Sustainability, Berkely, California. Leciona no Schumacher College, UK, centro internacional direcionado a estudos ecológicos.

V — PBL

O PBL — do inglês, *Problem-based learning* —, ou metodologia de ensino e aprendizagem baseada em problemas —, provoca reações predominantemente negativas dos estudantes que têm participado dos meus estudos junto aos concluintes de graduação e que tiveram a oportunidade de frequentar cursos que oferecem esta modalidade metodológica. Muitos a rejeitam, pelo menos nos moldes em que vem sendo oferecida:

> Não dá certo. Alguns professores parecem perdidos quando se utilizam do PBL. (Concluinte de Administração).

A expressão do estudante não nos deve causar surpresa.

É comum o fato de esta técnica ser adotada sem a devida preparação por parte de gestores e do corpo docente que têm como objetivo introduzi-la nos cursos de graduação.

Também não é estranho o fato de o PBL ser utilizado de modo parcial, distante do modelo originalmente utilizado em escolas médicas do exterior. A expressão a seguir, de um concluinte de Medicina, se constitui como um bom exemplo a respeito desta parcialidade:

> Não deixa de ser interessante e bom. No entanto, a partir do quinto semestre, o PBL desaparece e tudo continua como o curso sempre foi.

Mais uma vez estamos frente a frente com o *não assumir*, de fato, o PBL como parte de um projeto pedagógico que necessariamente deve envolver toda a equipe responsável pelo curso.

Não deve haver esta quebra num programa, já no final do quarto semestre de um curso com 12 semestres de duração.

Minha pergunta é: o PBL foi ou não foi assumido como um projeto — dentro de um projeto mais amplo, isto é, o projeto pedagógico — do curso de Medicina?

E mais: por que restrito aos dois primeiros anos? Teria sido avaliado a partir do final do quarto semestre, chegando-se à conclusão de resultados negativos?

Há outras deturpações no uso do PBL, como você poderá observar no depoimento a mim prestado por um docente de Administração:

> Meu grupo gosta e sente entusiasmo ao trabalhar com PBL. Partimos sempre de um problema que levará os alunos a pesquisas, tanto bibliográficas como na internet, com a duração de três semanas. No entanto, trata-se apenas de professores que lecionam em três disciplinas do 1º do 2º anos do curso.

Embora a expressão possa representar um avanço em termos de metodologia no ensino superior, uma vez que os estudantes estão frente a situações-problemas, desafiando-os para uma série de atividades, ela não pode ser entendida como PBL, algo muito mais amplo e extenso.

Trata-se de técnica relativamente nova, em termos de introdução nas IES brasileiras, devendo ser objeto de intensa preparação por parte de gestores e do corpo docente que têm como objetivo introduzi-la nos cursos de graduação.

O PBL situa os estudantes frente a problemas que lhes são propostos, trabalhando em grupos na busca de soluções. Têm bastante clareza sobre o quê, como e onde acessar as informações que os conduzem à solução do problema. Não tem relação com métodos antigos, especialmente com as aulas expositivas.

Sua implementação depende muito da capacidade dos professores que dele participam de reestruturarem completamente suas maneiras de ensino. Aqui já não tem sentido seguir um programa preestabelecido, cujos conteúdos tenham começo, meio e fim. Não é fácil passar de um *dador de aulas* para uma postura em que os conteúdos se distribuem em função de problemas para cujas soluções eles deverão contribuir. Esta nova postura requer grande mobilidade e flexibilidade de pensamento por parte do docente e também uma posição favorável à integração de conhecimentos e não mais o privilégio dado a conteúdos isolados. Implica mesmo, a meu ver, uma *atitude* que nem todos possuem: atitude de pensar e ver os fatos de modo integrado. Pode parecer simples e evidente demais. Mas, infelizmente, a realidade é que nem todos aqueles que galgaram os mais altos níveis de escolaridade possuem.

Sei que há bons exemplos de PBL no Brasil, de modo especial junto a cursos de Medicina. Por ora, meus conhecimentos a respeito de exemplos bastante favoráveis se restringem à Faculdade de Medicina da Universidade Estadual de Londrina-PR (UEL) e à Faculdade de Medicina de Marília-SP (FAMEMA). Certamente você encontrará outros, tanto em instituições públicas como particulares.

Meu primeiro contato com PBL se deu em meados de 1989 na London University, Ontario, Canadá. Frente a um problema referente a câncer de mama, um grupo de 12 alunos recebia orientação de professores da maior parte das disciplinas do curso de medicina, de fisiologia a clínica médica, só não participando de cirurgias. Na sala vizinha, um outro grupo de 12 estudantes, já em semestre mais avançado, trabalhava com diabetes. O método seria aplicável em níveis anteriores de escolaridade?

A resposta é positiva, embora com ressalvas, uma vez que a prática em escolas australianas junto a estudantes de 9ª e 10ª séries ainda esteja sendo objeto de pesquisa e avaliação.

Considero extremamente interessante destacar como algo equivalente ao PBL, introduzido em cursos de Arquitetura e Urbanismo através da Bauhaus, escola de vanguarda nas Artes Plásticas, Arquitetura e Design. Fundada por Walter Gropius em 1919, na Alemanha, foi extinta pelo nazismo em 1933.

Para melhor entendimento sobre como se dá o encontro desse movimento artístico com a metodologia de ensino, nada melhor do que acompanharmos a "fala" de um especialista no assunto.[7]

---

7. Fábio de Almeida Muzetti, Arquiteto e Mestre em Urbanismo, é docente-pesquisador e atua como integrador acadêmico junto à Faculdade de Arquitetura e Urbanismo (FAU) da PUC-Campinas.

Numa época em que o questionamento da função social das artes e da arquitetura era latente, de mudanças onde o tempo para a formação de profissionais de forma tradicional, como era feito, tornou-se obsoleto rapidamente.

O enfrentamento destes novos problemas (PBL) articulados com o ensino, pelo menos na arquitetura e no urbanismo, apareceram na Bauhaus de maneira inovadora. As relações entre ambos — a Bauhaus e o ensino de Arquitetura — vêm pela própria metodologia de ensino, da produção arquitetônica, do *design* e das artes, em um momento de mudanças sociais, econômicas e culturais, numa Europa que precisava se reconstruir após as guerras, consolidando a produção industrial e a construção da "nova cidade industrial".

Esse modelo mudou o modo de ensinar arquitetura, se difundiu pelo mundo todo. No Brasil, nas décadas de 1950 e 1960, foi utilizado pela FAU-USP e Escola de Belas Artes, do Rio de Janeiro, sendo, posteriormente, adaptado a uma nova realidade.

Se, por um lado, há uma analogia com o PBL aplicado ao ensino médico, por outro lado, alguns procedimentos, empíricos em sua natureza, são menos precisos e implicam análise um tanto subjetiva (estética) no caso do ensino de arquitetura.

É frequente ocorrer um esquecimento por parte dos responsáveis pela administração universitária de que os alunos de arquitetura e urbanismo precisam de um espaço disponível para produzir e estudar, além dos horários de aulas. É comum o fato de eles se verem obrigados a saírem de seus ateliers de trabalho, exatamente quando mais se concentravam em suas atividades, para ceder espaço para aulas de outros cursos da universidade. Poderíamos dizer que espaço e tempo não contam, para os estudantes de arquitetura e urbanismo, da mesma forma como para os estudantes dos demais cursos. (Balzan e Pozzebom, 2013, p. 28)

Na Metodologia do Ensino, principalmente quando voltada ao Ensino Superior, há uma modalidade que também privilegia a problematização e que, dadas suas raízes em Paulo Freire e Dermeval Saviani, entre outros autores, distancia-se dos modelos anteriores, uma vez que tem origem nacional e um viés mais político em seus objetivos.

Trata-se da Metodologia da Problematização, que

> mobiliza o potencial social, político e ético dos profissionais em formação. Proporciona a estes amplas condições de relação teoria-prática, estimula o trabalho junto a outras pessoas da comunidade no local onde os fatos ocorrem; provocam algum tipo de alteração em todos os sujeitos, mesmo durante o processo, além das possibilidades de aplicação das hipóteses de solução. Alunos e professores, juntos, saem dos muros da universidade e aprendem com a realidade concreta. Aumentam as chances de se estimular nos alunos uma postura de cidadãos mais conscientes, críticos e comprometidos com o seu meio. (Berbel, 1995, p. 14)

A Metodologia da Problematização prevê uma série de etapas: observação da realidade; pontos-chave; teorização; hipóteses de solução e aplicação à realidade, esta última

> destinada à prática dos alunos na realidade social, possibilitando o intervir, o exercitar, o manejar soluções associadas à solução do problema. [...] o confronto é com o real acontecendo, em atuação prática, dinâmica, interativa com os componentes do meio, onde o pensado se transforma em prática; onde se aprende a adequar as relação teoria-prática; onde a dialética da ação-reflexão é possibilitada e exercitada. (Idem, p. 16)

VI — Informática

De utilização recente no ensino e aprendizagem, como não poderia deixar de acontecer, vem criando problemas, porém, sempre passíveis de serem contornados. Acredito que o tempo e a prática de professores e alunos — mais dos primeiros que dos segundos — se encarregarão das devidas e necessárias correções.

Aceitemos por ora esta realidade um tanto confusa, já que estamos apenas engatinhando na prática docente que integra conteúdos ministrados em salas de aulas e informática. Tratarei deste tema em maior profundidade noutro texto desta coletânea.

No entanto, alguns pontos já vão ficando claros:

1º) Não adianta jogar o aluno na internet, como nas duas transcrições a seguir, sem orientá-lo com clareza sobre *sites* que ele deve acessar e links que precisa clicar.

> Eles apenas dizem: aqui está a matéria. Agora procurem na internet e completem as informações. Eu me sinto perdida. (Concluinte de História)

> Não adianta querer se modernizar nas aulas, mandando-nos para a internet ou para o Wikipedia sem dizer para onde ir, como ir e o que fazer com aquilo que pudermos achar. Depois eles não cobram nada e fica tudo por isto mesmo. Isto não serve para nada. (Concluinte, Administração)

2º) Os dados e informações que os alunos obtiverem através dos recursos oferecidos pela eletrônica e informática devem ser aproveitados — eu enfatizo, *muito bem aproveitados* — em salas de aulas. O que eles terão considerado como mais relevantes nos textos ou dados obtidos? Por que terão assinalado determinados pontos e não outros? Quais as relações entre aquilo que teriam acessado e o que foi exposto pelo professor? Quais as relações entre os textos utilizados na disciplina e aquilo que conseguiram extrair de um determinado autor via internet? Além do(s) texto(s) acessado(s) os alunos teriam tido interesse em procurar outros textos do mesmo autor ou de outros autores que tratam do mesmo tema? Teriam ido além do que lhes fora solicitado e se atualizado ainda mais do que lhes fora proporcionado em sala de aula?

Felizmente, vamos contando cada vez mais com exemplos em que as apreciações dos estudantes são favoráveis à utilização dos recursos da eletrônica nas atividades docentes e discentes.

Nesses casos, as indicações claras dos professores sobre o que e como acessar têm papel de destaque. Este fato pode ser constatado, a título de exemplos, nas transcrições a seguir.

> As coisas funcionam quando a orientação vem clara. Como exemplo, no meio de uma aula ainda hoje, a professora disse: 'não é possível aqui em classe, ir além disto, desta base. Vocês deverão acrescentar mais dados, mais informações. Vejam na internet' e nos deu o nome do autor, título do texto e o *link*. É claro que, a partir daí, ficará fácil encontrarmos o texto que é de nosso interesse no momento. (Concluinte, Direito)

> Tudo ajuda a dar certo quando o professor detalha para a gente aquilo que deve ser procurado na internet. Quando isto não acontece é melhor deixar pra lá. E tem mais: sou um dos poucos que não têm internet em casa e usar o serviço da informática da faculdade é uma questão de horário: que horas eu vou fazer isto? (Concluinte, Biologia)

É claro: na medida em que a prática se desenvolve — de ambos os lados, professor e aluno — as especificidades serão cada vez menos necessárias.

Embora a grande maioria dos ingressantes e concluintes de graduação nas IES em que atuo disponham de microcomputadores em suas residências e a maioria possa contar com a internet, devemos estar atentos para as exceções, como mostra a transcrição acima. A mesma atenção deve ser dada à questão de horário disponível para o uso das modernas tecnologias por parte daqueles que trabalham, muitos em tempo integral.

VII — Atividades práticas

> As atividades práticas em muitos casos foram realizadas apenas com protocolos onde os resultados já eram apresentados, perdendo o sentido de observação e espírito crítico em relação à metodologia científica. (Ciências Biológicas)

Como sugestão, acho que os roteiros de aulas práticas deveriam ser elaborados visando mais um aspecto científico, fazendo com que os alunos cheguem aos objetivos e conclusões do experimento, e que isto não venha escrita já no roteiro o que torna a aula prática, um trabalho mecânico. (Química)

As atividades práticas nos laboratórios deixavam pouca margem à criatividade e não demonstravam se o aluno entendera ou não a teoria (eram laboratórios dirigidos e os alunos acabavam se acostumando com isso, ficando acomodados). (Engenharia Elétrica)

Em primeiro lugar gostaria de chamar sua atenção para os seguintes destaques extraídos das expressões anteriores, que depõem contra as Atividades Práticas:

Os resultados já eram apresentados antecipadamente; falta de observação e de espírito crítico; trabalho mecânico e consequentemente falta de prática científica; pouca margem à criatividade; acomodação dos alunos frente a laboratórios dirigidos; ausência de relações com a teoria.

As "Atividades Práticas" — as aspas são propositais — que apresentam essas características não levam a nada. Servem apenas para ocupar tempo de professores e estudantes, uma vez que são destituídas daquilo que deve constituir a essência dos seus objetivos: proporcionar situações que estimulem a capacidade de observação, o desenvolvimento da criatividade, o prazer da descoberta, as relações teoria e prática mediante o uso intenso do raciocínio, capaz de provocar até mesmo *Insights*, a redação de relatórios que reflitam breves sínteses elaboradas individualmente ou em pequenos grupos.

Mais uma vez: NÃO, NÃO e NÃO.

Em oposição, veja o que diz um estudante de Engenharia Mecânica, sobre o mesmo tema, isto é, atividades práticas:

Talvez o melhor ponto do curso. Nas aulas de laboratório e durante a manipulação dos dados experimentais para confecção do relatório, o número de informação obtida é muito grande, assim como as discussões que geram as análises dos resultados são muito enriquecedoras.

Vamos pôr em destaque alguns termos extraídos das expressões: manipulação de dados experimentais; confecção de relatórios; informações obtidas; discussões a partir da análise dos resultados; discussões ...enriquecedoras.

Penso que há pouco a acrescentar àquilo que o futuro Engenheiro Mecânico escreveu e que destaquei. Gostaria apenas de lhe sugerir que constatasse o elevado número de experiências — em termos de vida acadêmica — das quais ele participou, realizando experiências num laboratório.

O que de fato importa nas ATIVIDADES PRÁTICAS é que o estudante seja posto frente a um ou mais desafios, tendo que mobilizar suas capacidades intelectuais, afetivas e — neste caso, isto é, em práticas de laboratórios — também psicomotoras.

Nada mais esclarecedor sobre este aspecto — desafios — que o relato de uma estudante concluinte de Geografia ao participar de atividades junto a uma escola de nível médio:

> Como pretendo ser professora, considero que a melhor parte do curso foi a prática que realizei numa escola pública, noturno. No segundo ano médio, a maior parte dos professores segue um assunto central, *Meio Ambiente — população, consumo e recursos naturais*. Em duas aulas duplas, minhas aulas se basearam numa questão que foi: Em breve seremos 7 bilhões. Qual a importância disto? Usei recortes de jornais, vimos que no início do século XIX a população do globo era de apenas 1 bilhão, recorri à Matemática, falando sobre progressão aritmética e geométrica, focalizei a Lei de Malthus, mostrei a queda de fecundidade no Brasil e os alunos realizaram trabalhos em grupos utilizando gráficos com projeções sobre a população mundial durante o século atual. Ao contrário do que eu pensava, os alunos prestaram muita atenção, não percebi a tal de bagunça da qual tanto se fala, eles se entusiasmaram quando respondiam as minhas perguntas e quando trabalhavam em grupos. Sem dúvida, foi muito gratificante e acabei confirmando meu antigo sonho, que é ser professora. (Geografia)

Embora a aluna não tenha se referido a dados obtidos através da informática, é bem provável que ela tenha acessado o Google/Wikipedia, uma vez que a coleta de dados e de informações são recentes, assim como seu relatório, datado de 2012.

Ser desafiado a resolver problemas é o cerne da questão quando se trata de Atividades Práticas, que podem variar de curso para curso. Vejamos algumas possibilidades: estudantes de Direito que atuam no escritório de advocacia anexo à faculdade; alunos de Licenciatura e de Pedagogia realizam atividades que envolvem desde a observação junto a salas de aulas, até a realização da docência em escolas de níveis fundamental e médio; estudantes de Engenharia ao realizar visitas a indústrias, a obras em construção, a um laboratório de ponta no campo da microeletrônica etc.; alunos de Jornalismo quando encarregados de preparar uma edição de determinado periódico com circulação em todo o campus universitário.

Em nenhum desses exemplos — e de uma infinidade de outros que você mesmo poderá criar — eu pressuponho passividade por parte dos estudantes. Não posso imaginar, por exemplo, estudantes observando passivamente a atuação de docentes em escolas públicas ou particulares. Esta "simples" atividade de observação — realizada também por estudantes de diferentes cursos — deve ser precedida por planejamento coordenado por professores, implicando, necessariamente, problemas a serem resolvidos.

Voltemos por um instante ao relatório da aluna de Licenciatura. Integrando-se no tema que vinha sendo desenvolvido por parte do corpo docente — lamentavelmente não por todos — conforme seu relato, a aluna de Licenciatura e os alunos com os quais realizava sua prática docente — tinham um problema a resolver: Em breve seremos 7 bilhões. Qual a importância disto? Desta questão emergiram várias outras envolvendo história, matemática, demografia e até mesmo estatística, que seriam objeto de discussões em grupos. As atividades variaram, abrangendo leituras, trabalhos em grupo, explicações por parte da estagiária, interpretação de gráficos, além de outras. Destaco como muito importante o fato de ela ter vivenciado uma situação real em

Escola Pública. A prova de que isto de fato aconteceu são suas palavras sobre os alunos que indicam algo como uma surpresa de sua parte.

Concluindo: as atividades práticas pressupõem planejamento por parte do docente, requerem intensa mobilização do pensamento por parte do estudante, retomam, confirmam e ampliam aquilo que terá sido visto sob a forma teórica e até mesmo contribuem para a fixação da aprendizagem.

VIII — Iniciação científica

Este é o único segmento da Educação Superior em que não constatei uma só crítica por parte dos alunos, exceto o fato de pleitearem mais tempo do que aquele do qual já dispõem para esta atividade. Penso que isto indica ampla aceitação da Iniciação Científica, que lhes proporciona as primeiras experiências com a pesquisa científica, acompanhados por um professor orientador em atividades de laboratórios ou fora deles.

Com apoio de Agências de Fomento, como o CNPq (Conselho Nacional de Desenvolvimento Científico e Tecnológico), a Fapesp (Fundação de Amparo à Pesquisa do Estado de São Paulo) e outras, recebem bolsas cujo valor lhes permite arcar com parte de suas despesas pessoais, inclusive, claro, com atividades inerentes ao próprio projeto de pesquisa.

Um amplo leque de possibilidades é aberto ao estudante através da Iniciação Científica: participação de eventos onde têm a oportunidade de expor seus trabalhos, elaboração de relatórios desenvolvendo, assim, a redação acadêmica, busca de referenciais teóricos, realização de experiências e atividades que requerem apurado senso de observação.

As observações acima são comprovadas por respostas de estudantes a respeito "daquilo que consideram como o ponto alto da vida universitária".

Não posso deixar de dizer que a iniciação científica que fiz foi bastante importante, pois foi onde consegui aplicar na prática muito do que aprendi na teoria, e também foi onde pela primeira vez senti que o que havia aprendido poderia ser utilizado para criar e produzir novas coisas. (Ciências Biológicas)

"O mais positivo? A possibilidade de participar de um grupo de iniciação científica e realizar pesquisas, participar de congressos na condição de alguém que realizou um trabalho e ter a oportunidade de compartilhar o que descobriu com pessoas que possuem os mesmos interesses." (Matemática)

O melhor que me proporcionou foi o incentivo à pesquisa e ao estudo autônomo do aluno, infraestrutura dos grupos de estudo e pesquisa, ampliação da Iniciação Científica. (Filosofia)

Destaco antes de mais nada o incentivo à pesquisa como forma de aprendizado. (Psicologia)

São comprovadas também, pelo seu contrário, isto é, reclamações pela falta da Iniciação Científica:

Falhas? Creio que apenas em relação à falta de Iniciação Científica em minha área, mesmo quando muitos de meus professores tentavam implantar atividades como esta. (Direito)

Entendo também que deve haver uma linha de Iniciação Científica para o Direito. (Direito)

IX — Projetos

PROJETO sempre merece destaque especial por parte dos estudantes e acredito que se constitua numa excelente situação de ensino e aprendizagem.

O termo tem origem no latim *projectu*, particípio passado de *projicere*, tendo vários significados, sendo os de "descrição escrita e detalhada de tarefa a ser feita" e "esboço ou desenho de trabalho ou construção a se realizar" (Houaiss, 2009) os mais indicados para este capítulo, voltado para a didática ou metodologia do ensino. "Projeto e futuro são fruto de uma simbiose natural, uma permanente interação. O primeiro gera decisões cujas consequências ocorrem no futuro, o qual baliza e orienta o processo decisório do projeto." (Távora, 2001, p. 59)

Ao elaborar um Projeto, um grupo de alunos se propõe a realizar algo concreto, que envolve desde o planejamento até a avaliação, passando por todas as fases de sua realização.

Vejamos, a título de exemplos, algumas possibilidades a explorar.

1ª) Estudantes de *Ciências Sociais* se propõem a estudar o nível socioeconômico da população residente no Bairro do Município onde uma Escola Pública de Nível Fundamental está localizada.

Para isso, terão que delimitar a área a ser pesquisada, procurar a melhor escala para determinação do nível socioeconômico de população, decidir sobre o universo a ser pesquisado — se todas as residências ou por amostragem — e optando por este último critério, como determinar a amostra de modo tal que ela seja significativa em termos estatísticos, elaborar formulário para entrevistas junto aos moradores e dividir o grupo responsável pelo projeto de tal forma que todos desempenhem as tarefas de modo tão equitativo quanto possível.

A seguir, iriam desenvolver a parte prática, ou seja, realizar as entrevistas, o que comumente implica retornar mais de uma vez a um determinado local já que nem sempre as pessoas a serem entrevistadas se encontram presentes numa primeira tentativa de abordagem.

Trabalhar com os dados coletados envolve uma série de tarefas que vão muito além de simples cálculos aritméticos. Implica computar os dados quantitativos, tabulando-os e representando-os em gráficos, analisar as informações descritivas, isto é, respostas às perguntas que terão exigido frases ou "falas" dos sujeitos da pesquisa, escolhendo para isso a técnica que lhes parecer a mais adequada para o seu estudo — Análise de Conteúdo? Análise de Discurso? — implica estabelecer comparações entre as respostas coletadas, classificando-as em categorias ou em grupos cujos títulos não foram predeterminados mas, sim, extraídos a partir do próprio processo de análise. Se possível, alcançar categorias mais amplas, que se aproximem de "um todo", algo que exige alto grau de abstração.

Como redigir o Relatório da Pesquisa de modo que o mesmo tenha, também, assegurado sua característica de trabalho coletivo? Como apresentar os resultados do projeto a toda a classe, também de modo participativo? São apenas duas questões que o grupo encarregado do projeto terá que responder.

2ª) Estudantes de Enfermagem se propõem a realizar um estudo tomando como referência os projetos aprovados e não aprovados encaminhados pelos professores do curso ao Comitê de Ética da Universidade durante os últimos três anos.

3ª) Alunos de Ciências Econômicas desenvolvem um projeto que tem como núcleo o estudo da inflação no Brasil ao longo da segunda metade do século XX.

4ª) Estudantes de Ciências Biológicas têm como projeto as condições favoráveis ao desenvolvimento de patologias associadas aos serviços básicos de saúde oferecidos pela prefeitura municipal numa área de periferia distante alguns quilômetros do centro da cidade.

5ª) Acadêmicos de Direito desenvolvem um projeto direcionado ao conhecimento, por parte da população, de seus direitos básicos como cidadãos brasileiros.

6ª) Estudantes de Letras têm uma questão como proposta de projeto: Quantos e quais os livros não didáticos os alunos da 2ª série de Nível Médio dos períodos diurno e noturno de uma Escola Pública situada nas proximidades da faculdade terão lido durante os últimos dois anos?

7ª) Estudantes de Física têm como projeto o conhecimento de temas atuais pelos professores desta disciplina em escolas públicas e particulares de nível médio escolhidas aleatoriamente. Exemplos: os Neutrinos e a provável superação da velocidade da luz; a busca pelo Bóson de Higgs; LHC ou seja, o Grande Colisor de Hádrons; o Cern, isto é, o acrônimo para Conseil Européen pour la Recherche Nucléaire.

Muitos outros exemplos poderiam ser dados. No entanto, estou certo de que você saberá escolher os melhores deles junto aos seus alunos.

Os Projetos são sempre muito lembrados pelos ex-alunos como experiências altamente gratificantes pelas quais passaram ao longo da graduação. Por que seria diferente se é ao desenvolvê-los que eles põem as mãos na massa, unindo, agora, os conhecimentos teóricos à prática, não só experimentando, mas vivenciando todo um conjunto de situações que implicam interdisciplinaridade, relações interpessoais, descoberta de dados e fatos, aplicação de conhecimentos adquiridos em anos anteriores, criatividade e muito provavelmente possa lhes proporcionar verdadeiros *insights*?

X — Estágios

> A atividade mais significativa em termos de formação pessoal e profissional foi, sem dúvida, o período de estágio. Nele sim foi possível o aprendizado prático, o conhecimento do mundo real, a transição da condição de estudante para a de engenheiro, processo esse que poderia ser iniciado na própria universidade, caso houvesse cursos de preparação, palestras com engenheiros formados etc. (Engenharia Elétrica)

> Estágios e prática na clínica. Nos estágios, o aluno trabalha em ambiente diferente da escola e tem condições de avaliar a realidade, porque a atividade na clínica não condiz com a realidade bucal da população. (Odontologia)

Não há dúvida sobre a importância e o significado dos ESTÁGIOS para a formação do estudante. O contato com a chamada REALIDADE, que então lhe é assegurado, permite constatar *in loco* muito daquilo que foi aprendido apenas em termos teóricos e mesmo em atividades práticas, como trabalhos de campo ou laboratórios.

Nos estágios, os estudantes têm oportunidade não apenas de VER máquinas, construções, aparelhos diversos em funcionamento, mas também o contato lhes é assegurado com aquele que desempenha desde atividades classificadas como serviços gerais ao engenheiro chefe; do trabalhador encarregado da limpeza do escritório de uma agência de publicidade ao CEO da mesma empresa.

Nos estágios, eles podem observar a vida do dia a dia dentro de uma empresa estatal, paraestatal ou particular, incluindo-se aqui tarefas as mais diversas: entrevistas com gerentes de RH, diálogos sobre as dificuldades enfrentadas por empresas de um determinado setor de produção e até mesmo a coleta de informações sobre o estado atual da economia do país, focalizando principalmente a importação e exportação de determinados produtos.

Da mesma forma, é agora, nos estágios, que o aluno de licenciatura entra em contato com a complexidade de uma escola pública de nível fundamental e com o elevado nível de desistências no nível médio. Desafios e mais desafios lhes são apontados para a carreira de magistério, compara as atividades desenvolvidas em estabelecimentos particulares considerados como de alto nível com a realidade vigente em escolas públicas situadas nos centros e nas periferias das cidades, vê o dia a dia de gestores das redes pública e particular.

É nos estágios que, como diz o estudante de Odontologia, "o aluno trabalha em ambiente diferente da escola e tem condições de avaliar a realidade, porque a atividade na clínica não condiz com a realidade bucal da população". É claro que esta afirmação poderia ter sido feita — apenas alterando-se os termos realidade bucal — por estudantes de diferentes cursos, como Medicina, Fisioterapia, Terapia Ocupacional e tantos outros.

No entanto, ao supervalorizar os estágios e frequentemente justapor essas atividades àquilo que veio antes — conteúdos de ordem teórica, atividades práticas e outras — desconsiderando seu significado no currículo, o estudante está sendo injusto ou, pelo menos, deixando de ter uma visão suficientemente abrangente do seu próprio curso. A questão que se nos apresenta é: o que seria dos estágios sem todo o arcabouço teórico-prático que veio antes, das disciplinas básicas às profissionalizantes? Certamente o estágio seria muito pobre ou mesmo sem sentido.

Como em situações de aprendizagem abordadas anteriormente, o papel do professor é fundamental, podendo significar apenas uma atividade a mais a ser realizada pelo estudante ou um novo desafio a ser enfrentado por ele quando o momento da conclusão de seu curso já se aproxima.

O estágio terá sido precedido de um planejamento — onde, por que e como realizar os estágios em determinados locais e não em outros? Os estudantes de uma mesma turma, tendo realizado atividades em diferentes locais, trocarão suas experiências em encontros — aulas — posteriores aos estágios? Em que medida os estágios terão contribuído para sua formação profissional e/ou acadêmica? Os professores lerão, farão correções e observações sobre os relatórios apresentados?

Espero que as respostas a essas questões sejam todas positivas.

XI — Avaliação

Com raríssimas exceções, sempre que fui solicitado a desenvolver um curso de curta duração sobre Metodologia do Ensino, o interesse principal se concentrava na AVALIAÇÃO. Como avaliar de modo correto nossos alunos? Como fazer para melhorar nossas formas de avaliação?

A insatisfação, sob este aspecto, é mais ou menos geral. Por que será tão difícil avaliar de modo satisfatório nossos alunos?

Talvez em nenhuma outra situação de ensino e aprendizagem o professor se exponha tanto sobre como ele vê e pensa o fenômeno educativo do que quando avalia seus estudantes. Nessas ocasiões ele se mostra como um ardoroso defensor da memorização de conhecimentos — seu objetivo principal embora não explicitado — ou como quem valoriza níveis superiores em termos intelectuais: capacidade de o aluno estabelecer relações entre dados e fatos ou entre um texto e outro; saber aplicar conhecimentos adquiridos numa determinada situação a outros contextos; ter domínio sobre a elaboração de pequenas sínteses etc. Solicita integração de conhecimentos ou na verdade ele não pede que o aluno demonstre esta capacidade simplesmente porque ele próprio não costuma ver e pensar o mundo de forma integrada?

De fato, a avaliação se situa num dos extremos de um *continuum* que tem, no outro extremo, o planejamento. Ambos constituem atividades complexas, uma vez que implicam a elaboração de sínteses. E, como você sabe, isso não é fácil.

Vamos interromper por hora essas considerações sobre avaliação, retomando-as mais adiante, depois de estabelecermos contatos com algumas formas segundo as quais ela se dá, a partir de depoimentos de alunos às vésperas de concluir a graduação.

> Os processos de avaliação são os tradicionais, a meu ver, nada bons. Nós, alunos, acabamos estudando em função da prova. O verdadeiro sentido do "aprender" é esquecido. E os professores, quase todos, nada fazem para mudar isto. As provas chegam a levar os alunos ao desespero. Isto é muito prejudicial à aprendizagem, acabando por comprometer o interesse dos alunos pelo fundamental, que é 'aprender' e não apenas ser aprovado. (Engenharia Civil)

Que bela aula de didática nos proporcionou este concluinte de Engenharia Civil, não é mesmo?

> Nós, alunos, acabamos estudando em função da prova.

Infelizmente a realidade é esta para pouco mais de um quarto dos estudantes universitários brasileiros: estudam somente em ocasiões de provas. O ESTUDO, atividade que deveria ser o coração de todo o processo de escolaridade, fica em segundo ou terceiro plano. Não se estuda por prazer, para aprender, mas para "passar" nas provas. Melhor que minhas palavras é voltar por um instante ao que afirma o estudante: "O verdadeiro sentido do 'aprender' é esquecido [...] acabando por comprometer o interesse dos alunos pelo fundamental, que é 'aprender' e não apenas ser aprovado". Se esta afirmação se aplica a todos os cursos e disciplinas, ela deve se constituir como uma espécie de Declaração de Princípios daqueles que atuam nos cursos de Pedagogia e nas disciplinas de Didática — ou Metodologia do Ensino — e Práticas de Ensino junto aos cursos de Licenciatura.

A transcrição seguinte é parte da voz de um concluinte de Química. Incluo-o em Avaliação embora, como no caso anterior, se trate de algo mais amplo, abrangendo grande parte da didática:

> A melhor situação de aprendizagem pela qual passei em todo curso foi a adotada pela matéria 2G 761, onde as aulas eram informais, onde o professor expunha a matéria de modo como se fosse uma conversa e cada parte desta era dada por professores que lidavam e trabalhavam com aquilo, passando para a gente também suas impressões de anos de experiência. A prova era feita em casa, o que não passava de um "trabalho" bibliográfico, discussão em grupo das questões, elaboração da redação individual, com as nossas próprias opiniões, e se alguma parte da prova não estava boa, esta nos era apontada e nós a reescrevíamos novamente. Apesar do tempo relativamente grande, ocupado para se fazer a prova, este era compensado pela melhor aprendizagem, pois não havia uma hora específica que você deveria ficar com 100% de capacidade intelectual para fazê-la (é o 2º dia da prova).

É muito provável que seu Curso não disponha de condições para realizar um trabalho como esse. Em todo caso, fica um exemplo que envolve as aulas, as experiências dos professores que lidavam com aquilo (ou, em outros termos, que pesquisavam), a bibliografia fornecida aos alunos e uma forma de avaliação que faz parte integrante do processo de aprendizagem.

O exemplo seguinte mostra concepções divergentes sobre a avaliação: uma, do próprio estudante, ampla, rica — avaliação integral —, e outra estreita — decorar livros —, de seus professores.

Você poderá achar estranho e se perguntar: pode o aluno, de fato, entender mais que seus professores sobre um determinado aspecto do ensino superior?

Minha resposta: sim. Pode.

> O curso médico exige uma avaliação integral do aluno (da relação aluno-paciente; suas responsabilidades perante o paciente; seus conhecimentos intelectuais sobre as moléstias). Entretanto, são aplicadas provas que visam apenas a parte intelectual (decorar livros). (Medicina)

Claro, você terá constatado a incongruência entre aquilo que é de fato exigido para a formação médica e aquilo que o estudante de Medicina *precisa saber* para ser considerado aprovado.

O texto sugere, mais uma vez, que o aluno parece entender mais que seus professores sobre o que é essencial cobrar dele, isto é, sobre aquilo que aprendeu ou deixou de aprender.

A transcrição a seguir certamente o levará a se perguntar, da mesma forma como ocorreu comigo: como é possível privilegiar "decorebas" num curso que, sem dúvida alguma, tem a CIÊNCIA como alvo e prática?

> Avaliações tradicionais que obrigam 'decorebas' de matérias, que pela forma que são cobradas e, por conseguinte, estudadas, não resultam em nada positivo e são logo esquecidas e estão longe da realidade profissional. (Química)

Esta não foi minha primeira constatação sobre *decorebas* em cursos de Ciências Básicas pertencentes às chamadas *hard sciences*. Por que docentes-pesquisadores que atuam nesses cursos privilegiam a cobrança da memorização de conhecimentos em lugar do desenvolvimento de atitudes inerentes a um futuro cientista? Talvez eu tenha exagerado no termo — cientista — mas, apesar de a maioria desses estudantes provavelmente não pretender dedicar suas vidas à Ciência, o fato é que parte deles irá desenvolver atividades docentes, quer no ensino médio, quer no ensino superior e talvez venham a reproduzir esta forma de atuação: incentivar seus futuros estudantes a gravar dados e fórmulas em vez de focalizar, em primeiro lugar, a formação de atitudes.

Passou todos com nota 7. (Matemática)

Infelizmente, isso é mais comum do que você poderá supor. Ocorre também, por exemplo, com certa frequência no Internato Médico, quando todos os alunos são aprovados com as mesmas notas. No entanto, antes de acusar os professores, é necessário ouvi-los, assim como os estudantes. Podemos, então, pelo menos levantar a hipótese de que a razão desta ocorrência esteja na grade curricular:

> Avaliamos um aluno no Internato para ver se este está preparado para ser médico. É difícil avaliar no dia a dia... Não me sinto à vontade... Difícil, muito complicado julgar atitudes, por exemplo, os alunos não são iguais, e pra piorar, a gente passa cada vez menos tempo com eles... Às vezes estou começando a conhecer o menino e na semana seguinte... pronto, ele já some e começa um outro grupo. Este tipo de avaliação é muito ingrato... não temos mais tempo para observar o aluno nas suas atividades de atendimento como tínhamos antes [...] é muito ruim isso, me sinto inseguro e pouco confortável como avaliador... Tenho mais chances de cometer injustiças. [Obs.: Extrato de entrevista junto a professores de Medicina.] (Baffa, 2008, p. 55)

> Só que tem uma coisa, tem programa que tem 10, 12 professores e alguns passam comigo só 2 horas por semana. Tudo bem, concordo com você que a avaliação tem que ser contínua, mas na hora de dar a nota, de preencher aquela folhinha cretina com comportamento, pontualidade, relacionamento médico-paciente e sei lá o que mais, ele dá a mesma nota pra todo mundo. E sabe por quê? Porque ele nem sabe o meu nome. [Obs.: Extrato de entrevista junto a estudante de Medicina.] (Baffa, 2008, p. 52)

Vejamos um caso em que o estudante, embora valorizando as provas e avaliações, não deixa de ser crítico em relação àquilo que é pedido ao já quase médico.

> Hoje, no 6º ano, vejo que as provas e avaliações são necessárias. Não sei se, com a minha mentalidade anterior, teria estudado tanto se não me fosse cobrado. E vejo também, que muito do que estudei para provas ficou arraigado na minha formação embora tenha esquecido muita coisa. Só saliento que o método de avaliação é que muitas vezes deixou a desejar, sendo muito arbitrários. Acho que deve ser cobrado o que foi dado, com bom senso e o que realmente é importante, e não rodapés de livro. (Medicina)

Seria necessário estender meus comentários sobre esta transcrição ou, em parte de sua apreciação, o estudante apenas repete mais uma vez, agora de forma mais radical — cobranças de rodapés de livros — aquilo que seus colegas já disseram?

Preste atenção nesta parte: muito do que estudei para provas ficou arraigado na minha formação embora tenha esquecido muita coisa.

Se ficou arraigado em sua formação é ótimo! Se esqueceu muita coisa, é provável que isso chegue a ser até bom, uma vez que acabou sendo incorporado em sua formação. A propósito, pense numa frase, que considero sensacional, proferida há muitos anos pelo filósofo, jurista e escritor Alceu Amoroso Lima — mais conhecido pelo seu pseudônimo, Tristão de Ataíde: Cultura é aquilo que se esquece daquilo que se aprende.

Avaliar de forma correta dá trabalho, muito trabalho. Especialmente quando o professor não se restringe a provas e incorpora, no seu processo de avaliação, a participação do estudante, ao longo do semestre, no conjunto de atividades proporcionadas pela disciplina: atividades de laboratórios, participação em seminários, presença em aulas, atuação junto a segmentos os mais diversos que fazem parte da Instituição: a Clínica Odontológica, o Escritório de Advocacia, o Museu de Artes e tantos outros.

Mesmo ao avaliar exclusivamente através de provas, a tarefa do professor não é simples. Propor questões que desafiem a inteligência do estudante é complicado, ao contrário da proposta de questões que solicitem apenas a memorização de conteúdos ou, mais grave, lembranças de notas de rodapés. Propor questões que permitam ao aluno consultas a livros, revistas e anotações pessoais durante a prova exige muito mais do professor do que aplicar provas que não permitam este tipo de acesso.

Provas são de fato importantes como parte do processo de avaliação? Vejamos como se expressa, a respeito, um estudante de Ciências Sociais:

> Creio que se criou um bom consenso, de que a prova não é o melhor meio, mas isso, às vezes, pode ser utilizado na direção populista, na qual um trabalho infame serve para lacrar um curso totalmente solto.

Populismo pedagógico: uma verdadeira praga infelizmente mais comum nas Áreas de Ciências Humanas e Ciências Sociais Aplicadas. Para não se correr o risco de criar divergências com os alunos ou, em outras palavras, a fim de que fique tudo bem, não se recorre a provas, restringindo-se a avaliação à presença dos alunos em aulas e a trabalhos escritos que não são lidos com a devida atenção.

Desejo encerrar este tópico — AVALIAÇÃO — narrando duas situações das quais participei e que me foram marcantes.

A primeira se deu num Evento Universitário dedicado especialmente à Avaliação.

Um professor de Matemática encontrou-se uns dias antes desse Evento, com sua ex-aluna, naquele momento, cursando o 3º ano de Engenharia Elétrica. Descreveu a jovem como rachadeira, que só tirava nota dez. Perguntou-lhe como estava se saindo depois de mais de dois anos que não se viam e ela lhe respondeu: "Mal... Não vou bem. Agora mesmo, saí de uma prova em que me parece ter acertado apenas metade das questões." Ele então pediu-lhe para ver as questões da prova, centrada em Antenas. Leu as questões e disse: "Você viu

toda a base disto na minha disciplina! Como pode ter se saído mal?".
Sua resposta: "Eu não me lembro de nada...".

Criei coragem e perguntei a ele: "Ela só tirou nota dez... mas você acha que ela aprendeu, de fato?"

Sua resposta: "Não, ela não aprendeu."

Este caso não contradiz minha observação mais atrás, recorrendo a Tristão de Ataíde, uma vez que aqui se trata de aplicar a uma nova situação conhecimentos adquiridos apenas dois anos antes.

A segunda ocorreu num almoço, logo após a reunião da Comissão da Câmara Curricular de uma Universidade em que eu era docente-pesquisador.

Nossa colega, professora de uma das disciplinas básicas do Curso de Medicina, lamenta o fato de seus alunos lhe parecerem cada vez piores.

Eu me manifestei, dizendo que isso me parecia muito estranho, uma vez que se tratava de estudantes que haviam sido selecionados nos Vestibulares entre milhares de outros que concorreram ao mesmo curso, perdendo, em termos de notas, apenas para os alunos de Engenharia Elétrica.

Ela concordou comigo, mas reafirmou que estavam cada vez piores.

Perguntei-lhe, então, que notas eles estavam obtendo.

Sua resposta: — "Aí é que está... eles vão bem."

— "Qual a média da classe?"

— "Em torno de oito."

Estranhando mais ainda, pedi-lhe para ver uma das provas que aplicava. Retirou um maço de sua pasta e puxou uma delas ao acaso.

Foi fácil constatar seus pontos fracos: todas as questões eram do tipo escolha múltipla com cinco alternativas, a última delas com a clássica redação nenhuma das anteriores. Constatei também que todas elas solicitavam memorização de conhecimentos e que embora não pertencesse à área, eu seria capaz de acertar algumas delas, a partir do raciocínio lógico.

Perguntei a ela: — "Como médica, qual a importância que você atribui à memória, quero dizer, à memorização dos conteúdos?".

Exagerando na dose, ela disse: — "Nenhuma".

Pondo as coisas nos devidos lugares, isto é, mostrando a importância da memória para a vida do dia a dia, assim como sua importância relativa para o avanço da ciência e da civilização, perguntei-lhe:

— "Um médico pode consultar revistas e compêndios sobre a área em que atua"?

—"Pode, não! Deve!"

— "Pode recorrer a um colega para obter mais certeza sobre um determinado paciente?"

— "Claro! Faz parte..."

Diante de suas respostas, perguntei-lhe:

— "Se você pensa assim, por que só avalia seus alunos sobre quanto de sua disciplina eles foram capazes de memorizar?"

Não me lembro bem de sua resposta, uma vez que o que me impressionou, de fato, foi ela ter vivido um *insight*. Seu ar de espanto e sua mudança de postura — corpo imediatamente mais ereto, braços para a frente, bem esticados, segurando uma das provas — me permitem afirmar ter havido este *insight* que, como você sabe, aponta para uma mudança de atitude. me permitem afirmar ter havido este *insight* que, como você sabe, aponta para uma mudança de atitude.

Acredito que tenha mudado.

Mais algumas considerações sobre AVALIAÇÃO.

1ª) Em geral, confunde-se mensuração com avaliação e os estudantes acabam não sendo, de fato, avaliados.

Caso você precise de um exemplo sobre as diferenças entre um processo e outro, passo-lhe, a seguir, um deles, muito citado em aulas sobre avaliação.

Duas jovens subiram numa balança a fim de se pesarem.

A primeira delas constatou 65 quilos e a segunda, 67 quilos.

A segunda expressou alegria, enquanto a primeira, grande descontentamento.

Por que essas diferenças?

Simplesmente porque elas se avaliaram, indo além da mensuração em quilos. A primeira delas, media 1,56 m de altura enquanto a segunda, 1,75m.

2ª) Avaliar de modo correto implica muito mais que aplicar uma ou mais provas semestrais. Como deixar de incorporar na AVALIAÇÃO aquilo que foi realizado durante o semestre e que terá envolvido trabalhos escritos, seminários, atividades em grupo, além de outras situações de ensino e aprendizagem?

Provavelmente você dirá: "Como eu poderei realizar tudo isso considerando que eu tenho turmas de 70 alunos? Cadê o tempo para isso tudo?".

Respondo: Entendo perfeitamente, inclusive porque, como já afirmei em capítulo anterior, já tive turma com 118 alunos!

E os estudantes também entendem:

É desumano obrigar o professor a controlar uma sala com 80 alunos e ainda exigir que ele consiga ministrar uma aula excelente, aplicar provas e corrigir tudo. A troca de informações não é possível. O professor, ao tentar realizar uma atividade diferente, perde o controle da turma, o que obriga a tornar a disciplina quase que exclusivamente expositiva. (Concluinte de Jornalismo)

Minha sugestão: faça o essencial, mas faça bem feito.

a) Aplique apenas uma prova semestral com poucas questões — 3, 4 no máximo — todas dissertativas e que de fato desafiem a inteligência de seus alunos; b) Corrija-as e devolva-as aos estudantes, discutindo com eles cada uma das questões propostas; c) Não fique encabulado se precisar, a pedido deles, rever as notas atribuídas; d) Utilize outros critérios além das provas, para avaliar seus alunos, de preferência através da autoavaliação.

Como promover a autoavaliação? Minha resposta:

Elabore, COM seus alunos, uma ficha, planilha ou tabela contendo, por exemplo, os seguintes itens: i) presença; ii) trabalhos escritos; iii) atividades em grupo; iv) atividades práticas; v) outras atividades realizadas ao longo do semestre. Atribua, mais uma vez COM eles, pesos a cada um dos itens, organizando e, se necessário, reorganizando a ficha ou tabela, de modo que a soma dos pesos seja igual a 10,0. A seguir, solicite a eles que reflitam sobre seus próprios desempenhos em cada uma destas ou outras atividades, atribuindo notas de 1,0 a 10,0, isto é, ao longo de um *continuum* em que 1,0 corresponda a sofrível e 10,0 a excelente. Uma observação: geralmente eles costumam atribuir pesos muito baixos (1 ou 2) para presença e bem maiores para trabalhos escritos (4 ou 5).

Quanto valerá a nota obtida na prova e quanto valerá a totalidade de pontos atribuída por eles mesmos aos seus próprios desempenhos? É apenas mais uma questão de ambos — professor e alunos — chegarem a um consenso.

Considerar a AUTOAVALIAÇÃO como parte integrante da avaliação geral pressupõe, claro, um voto de confiança nos estudantes. Estou certo de que eles o respeitarão mais ainda a partir daí.

Didática — Palavras e citações finais

Muito do que foi exposto vem dos estudantes. Eles estarão expressando a verdade?

Minha resposta: Se, por um lado, os discursos dos estudantes não contêm *a* verdade, por outro lado, eles contêm verdades que somente lendo-os e relendo-os ou fazendo uma verdadeira "garimpagem" em tudo aquilo que eles trazem, é possível compreendê-los e valorizá-los em suas reais dimensões.

No entanto, melhor do que minha opinião é constatar o que diz Kourganoff (1990, p. 260) a respeito: "A indiferença ou o descontentamento dos estudantes jamais estão desprovidos de significação, por mais infundados que possam parecer ao professor. Ninguém melhor que o próprio estudante pode explicar seu entusiasmo ou suas dificuldades".

Como explicar tantas falhas na educação superior?

Se não é possível explicar a maioria delas, é possível e necessário aceitá-las. Isso não significa concordar com o fato de elas continuarem a existir, ou que não devamos superá-las o quanto antes.

Superá-las o quanto antes soa um tanto esquisito quando se constata que a falta de preparo do professor universitário para o exercício de sua profissão já faz parte da História da Educação Superior, podendo mesmo, entrar para o folclore pedagógico.

Estarei sendo muito duro?

Provavelmente não, uma vez que do relatório final da conferência realizada em 1949 pelo American Council on Education esta questão já era destacada:

> O professor universitário é o único profissional de nível superior que entra para uma carreira sem que passe por qualquer julgamento de pré-requisitos em termos de competência e de experiência prévia no domínio das habilidades de sua profissão. (Blegen e Cooper, 1950, p. 123)

Pois é. O que foi constatado nos Estados Unidos há mais de sessenta anos, continua válido até hoje, pelo menos em nosso país: o docente universitário, na absoluta maioria dos casos, é simplesmente improvisado.

A velha discussão sobre docência e pesquisa

Analisemos a seguinte expressão de um estudante de Física:

> O curso deixa a desejar porque ainda que se consiga estudar tudo sozinho, é necessário, para alguém que aprende ciências, um contacto com quem produz ciência. E isso nos cursos regulares poucas vezes acontece. Se 'aprende' muito mais em uma iniciação científica a resolver problemas e a pesquisar, que nos cursos.

É possível ser um excelente docente embora não se dedicando à pesquisa?

O que você acha?

A mim parece que sim, embora faça uma ressalva que considero muito importante: aceito que ele não se dedique à pesquisa, mas não aceito que ele deixe de ser um consumidor de pesquisas. Em outros termos: é legítimo que um elevado contingente de professores universitários não sejam talhados para a pesquisa e que tenham verdadeira paixão para ensinar. No entanto, esses docentes têm a obrigação de acompanhar aquilo que, em suas áreas específicas, esteja ocorrendo no mundo e no momento atual. Como um docente de Física pode deixar de acompanhar as grandes questões que hoje têm lugar nesta ciência, envolvendo desde as partículas elementares até a expansão do universo? Não é possível que um professor de Direito, por melhores que possam parecer suas aulas, ignore o clamor por justiça na sociedade brasileira, a repulsa pela impunidade diante dos grandes crimes dos "colarinhos brancos". Como se pode ignorar a necessidade de pesquisas no campo do Direito, dada a lerdeza do Judiciário e, sobretudo o fato de *o Direito estar torto?* Como é possível ser bom professor nas diferentes subáreas de Ciências Humanas, deixando de se atualizar sobre as incertezas que têm lugar na União Europeia, ou sobre as tendências à aceitação do mercado como regulador das relações socioeconômicas?

Você achará outros exemplos, certamente melhores que estes.

É claro que o inverso também é válido, isto é, os docentes apaixonados por pesquisas têm obrigação de procurar as melhores formas de atuar nas relações ensino e aprendizagem. Se não nutrem paixão por ensinar, que pelo menos aceitem o fato de esta ação ser parte integrante da vida universitária e que ela é extremamente importante para os estudantes (Combs, 1979, p. 201-206). Um *contraexemplo*, extraído do relato de um estudante concluinte de Estatística, não deixa de ser sugestivo: "Na maioria dos cursos feitos por mim a didática foi péssima, salvo algumas exceções. Os professores conhecem bastante o assunto que estão ensinando (inclusive em discussões fora de aula o entendimento é melhor), mas não conseguem transmiti-lo no mesmo grau deste conhecimento". (Estudante concluinte, Estatística)

Você acha necessário algo mais?

Sim? Então leia o comentário a seguir, redigido por uma estudante concluinte de Ciências Econômicas:

> Percebo que hoje sou uma pessoa melhor do que quando entrei na universidade. Uma melhor cidadã, filha, profissional, amiga, e aluna. (Ciências Econômicas)

Isto basta, não é mesmo?

Referências

AEBLI, H. *Didática psicológica*. São Paulo: Editora Nacional/Edusp, 1971.

AIRES, Joanez Aparecida. *Integração curricular e interdisciplinar: sinônimos?* Brasília: CNPq, Ministério da Educação/Ministério de Ciência e Tecnologia, 2011. Disponível em: <www.seer.ufrgs.br/educacaoerealidade/article/view/9930>. Acesso em: 18 nov. 2013.

ASHCROFFT, Kate; FOREMAN-PECK, Kate. *The lecture's guide quality and standards in colleges and universities*. London: The Palmer Press, 1995.

ASHWORTH, Allan; HARVEY, Roger. *Assessing quality in furter and higher education*. London: Jessica Kingsley Publishers, 1994.

BAFFA, Andréa Mendes. *Internato Médico: desafios da avaliação da aprendizagem em serviço*. Dissertação (Mestrado) — Pontifícia Universidade Católica, Campinas, 2008.

BALZAN, Newton Cesar. Estudo do Meio. In: PARRA, Nélio (Org.). *Didática para a escola de 1º e 2º graus*. 9. ed. São Paulo: Pioneira, 1987.

_____. *Práticas interdisciplinares*: análise dos obstáculos didáticos e epistemológicos nas áreas de Ciências Humanas, Ciências Sociais Aplicadas e Artes. Relatório de pesquisa — A questão da qualidade do ensino superior numa sociedade em processo de mudança acelerada: significado, revisão crítica, pressupostos para seu desenvolvimento. Programa de Pós-graduação em Educação, Faculdade de Educação, Pontifícia Universidade Católica, Campinas, 2004. 22 p.

BALZAN, Newton Cesar; POZZEBOM, Paulo Moacir de Godoy. *A qualidade do ensino de graduação segundo seus gestores e/ou docentes integradores curriculares*. Relatório de Pesquisa, Pró-Reitoria de Graduação, Pontifícia Universidade Católica, Campinas, 2013. 32 p.

BEARD, Ruth; HARTLEY, James. *Teaching and learning in higher education*. London: Harper and Row, 1984.

BERBEL, Neusei Aparecida Navas. Metodologia da problematização: uma alternativa metodológica apropriada para o ensino superior. *Semina*, revista cultural e científica da Universidade Estadual de Londrina. Londrina, edição especial, v. 16, n. 2, p. 9-19, out. 1995.

BLEGEN, Theodore C.; COOPER, Russel M. (Eds.). The preparation of teachers. Washington, DC, American Council on Education, *Repport*, p. 123, 1950.

BRASIL. Ministério da Educação (MEC)/Inep. Os projetos pedagógicos dos cursos de graduação são exigências do MEC, constantes das Diretrizes Curriculares Nacionais, conforme pareceres CES/CNE n. 146/2002, de 30/4/2002: "As instituições de ensino superior deverão, na composição de seus projetos pedagógicos, definir, com clareza, os elementos que lastreiam a própria concepção do curso, o seu currículo pleno e sua operacionalização".

BROWN, G. A.; BAKTHAR, M. (Eds.). *Styles of learning*. University of Loughborough, UK: ASTD Publications, 1983.

CAPRA, Fritjof; STONE, Michael. Smart by nature: schooling for sustainability. *The Journal of Sustainability Education*, p. 3-4, 25 maio 2010. Disponível em: <www.jsedimensions.org/wordpress/content/trial-author_2010_05>. Acesso em: 20 ago. 2012.

CASTANHO, Maria Eugênia L. M. A criatividade na sala de aula universitária. In: _____. *Pedagogia universitária*: a aula em foco. Campinas: Papirus, 2007.

COMBS, Arthur. *Miths in education*. Boston, MA: Allyn and Bacon, Inc., 1979.

CORREA, Márcia M. Interdisciplinaridade na integração curricular das disciplinas e como instrumento de ação pedagógica. *Sumaré*, revista eletrônica, Faculdade Sumaré, 2011. Disponível em: <www.sumare.edu.br/Arquivos/1/raes/03/raesed03_artigo06.pdf>. Acesso em: nov. 2013.

D'AMBRÓSIO, Ubiratan. *Transdisciplinaridade*. São Paulo: Palas Athena, 1997.

ENTREVISTA A EDGAR MORIN. Canal Encuentro Programa "Grandes pensadores del século XX". realizada em 1989, publicada em 18/4/2012. Disponível em: <http://www.youtube.com/watch?v=ZwF.R8aUzFg>. Acesso em: 13 set. 2013.

FAZENDA, Ivani C. A. *Integração e interdisciplinaridade no ensino brasileiro*: efetividade ou ideologia. São Paulo: Loyola, 1979.

_____. *Interdisciplinaridade*: história, teoria e pesquisa. Campinas: Papirus, 1994.

_____ (Org.). *Didática e interdisciplinaridade*. Campinas: Papirus, 1998.

_____ (Org.). *Interdisciplinaridade*: dicionário em construção. São Paulo: Cortez, 2000.

_____ (Org.). *A aquisição de uma formação interdisciplinar de professores*. 13. ed. Campinas: Papirus, 2008.

FERIOTTI, Maria de Lourdes. *Universidade, formação de professores e movimentos sociais*: a colcha de retalhos como metáfora das relações interdisciplinares e transdisciplinares. Dissertação (Mestrado) — Programa de Pós-graduação em Educação, Faculdade de Educação, Pontifícia Universidade Católica, Campinas, 2007.

GRECO, Milton. *Interdisciplinaridade e revolução do cérebro*. Bragança Paulista: Ed. da Universidade São Francisco, 1992.

GRIFFITHS, Sandra. Teaching and learning in small groups. In: FRY, Heather; KETTERIDGE, Steve; MARSHALL, Stephanie (Eds.). *A handbook for teaching and learning in higher education*. London: Routledge, 2009

HOUAISS, Antônio; VILLAR, Mauro de Salles; FRANCO, Francisco Manuel de Mello. *Minidicionário Houaiss da língua portuguesa*. Rio de Janeiro: Objetiva, 2009.

JANTSCH, Ari P.; BIANCHETTI, Lucindo (Orgs.). *Interdisciplinaridade*: para além da filosofia do sujeito. Petrópolis: Vozes, 1997.

JAPIASSU, Hilton. *O mito da neutralidade científica*. Rio de Janeiro: Imago, 1975.

_____. *Interdisciplinaridade e patologia do saber*. Rio de Janeiro: Imago, 1976.

JAPIASSU, Hilton; MARCONDES, Danilo. *Dicionário básico de filosofia*. 3. ed. Rio de Janeiro: Jorge Zahar, 2001.

KOURGANOFF, Wladimir. *A face oculta da universidade*. São Paulo: Ed. da Unesp, 1990.

LITWIN, Edith. Variações sobre a arte de narrar. In: _____. *Pedagogia universitária*: a aula em foco. Campinas: Papirus, 2007.

LÜCK, Heloísa. *Pedagogia da interdisciplinaridade*: fundamentos teórico-metodológicos. Petrópolis: Vozes, 2001.

MAZOWER, Mark. *Não há mais espaço para pressionar gregos*. Disponível em: <www.folha.com/no1058068>. Acesso em: 15 ago. 2012.

MILLS, Charles Wright. *A nova classe média*. Rio de Janeiro: Zahar, 1976.

MORIN, Edgar. *Os 7 saberes necessários à educação do futuro*. 2. ed. São Paulo: Cortez/Unesco, 2000.

_____. *A cabeça bem feita*: repensar a reforma. Reformar o pensamento. Rio de Janeiro: Bertrand Brasil, 2000.

_____. Epistemologia da complexidade. In: SCHNITMAN, D. (Org.). *Novos paradigmas, cultura e subjetividade*. Porto Alegre: Artes Médicas, 1996.

_____. *Educação e complexidade, os sete saberes e outros ensaios*. São Paulo: Cortez, 2005.

MORIN, Edgar; NICOLESCU, Basarab. Carta da transdisciplinaridade. In: CONGRESSO MUNDIAL DA TRANSDISCIPLINARIDADE, 1., Lisboa, 6 nov. 1994. Disponível em: <http://caosmose.net/candido/unisinos/textos/textos/carta.f>. Acesso em: 12 nov. 2013

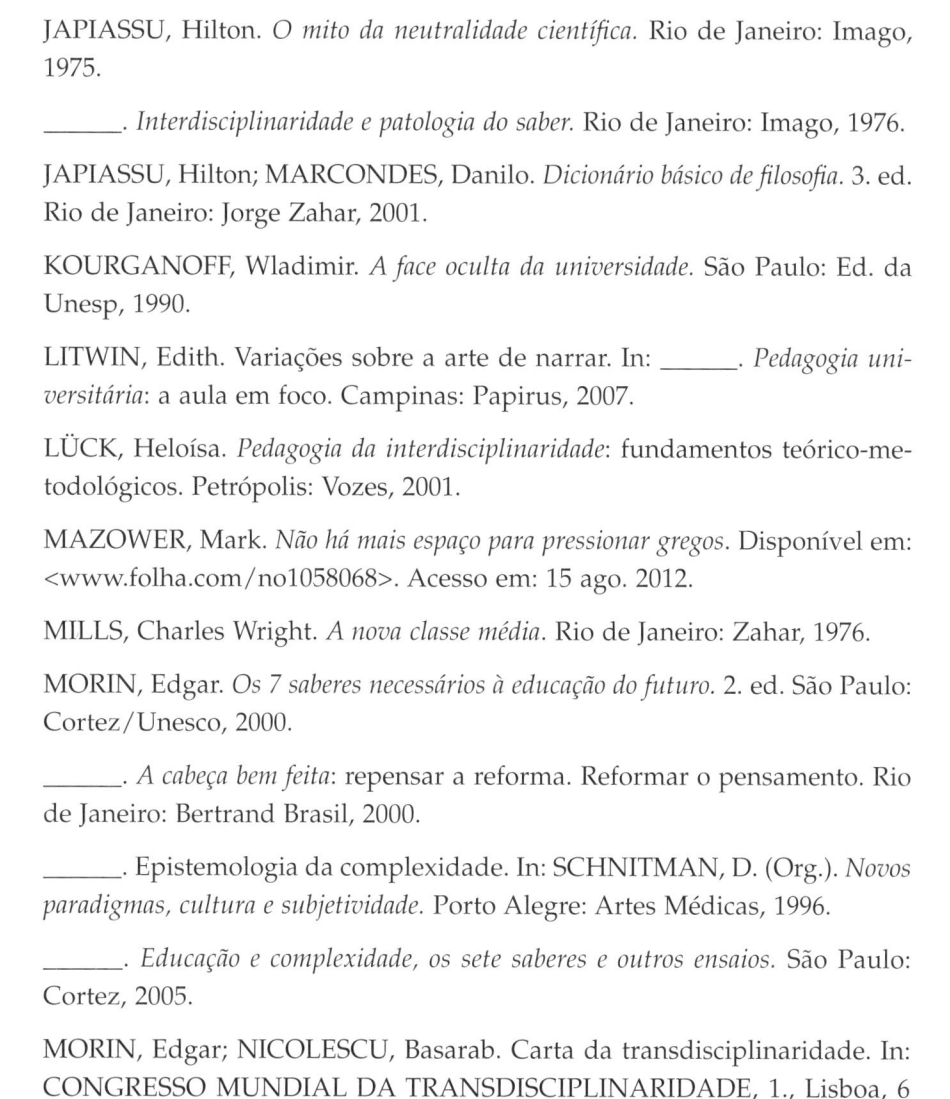

MORTON, Ann. Lecturing to large groups. In: FRY, Heather; KETTERIDGE, Steve; MARSHALL, Stephanie. *A handbook for teaching and lerning in higher education*: enhancing academic practice. 3. ed. New York: Routledge, 2009.

NICOLESCU, Basarab. A evolução da transdisciplinaridade na universidade, condições para o desenvolvimento sustentável. Responsabilidade das universidades para com a sociedade. In: INTERNATIONAL ASSOCIATION OF UNIVERSITIES, 4., Chulalongkorn University, Tailândia, 12 a 14 nov. 1997. Disponível em: <http://www.sociologia.org.br/tex/ap.40.htm>.

NICOLESCU, Basarab. Rumo a uma educação transdisciplinar. In: COLÓQUIO INTERNACIONAL DA AFIRSE, 9., Rennes, França, jun. 2000. Disponível em: <www.ppgcsa.com.br>. Acesso em: 4 nov. 2013.

PÁDUA, Elisabete M. M. de. Trabalho de conclusão de curso: elementos para a construção de um projeto integrado de desenvolvimento curricular. *Série Acadêmica*, Pontifícia Universidade Católica, Campinas, n. 19, p. 33-52, jan./dez. 2005.

POMBO, Olga. Comunicação e construção do conhecimento científico. In: _____. *A escola, a recta e o círculo*. Lisboa: Relógio d'Água, 2002.

_____. *Interdisciplinaridade*: ambições e limites. Lisboa: Relógio d'Água, 2004.

_____. Interdisciplinaridade e integração dos saberes. CONGRESSO LUSO-BRASILEIRO SOBRE EPISTEMOLOGIA E INTERDISCIPLINARIDADE NA PÓS-GRADUAÇÃO. Pontifícia Universidade Católica, Porto Alegre, 15 p., 21-23 jun. 2004.

_____; LEVY, Teresa; GUIMARÃES, Henrique. *Interdisciplinaridade*: reflexão e experiência. 2. ed. Lisboa: Editora Texto, 1994.

ROCHA FILHO, João Bernardes da. *Transdisciplinaridade*: a natureza íntima da educação científica. Porto Alegre: Edipucrs, 2009.

SANTOMÉ, Jurjo Torres. *Globalização e interdisciplinaridade*: o currículo integrado. Porto Alegre: Artes Médicas, 1998.

SANTOS, Akiko. O que é transdisciplinaridade. *Rural Semanal*, Universidade Federal Rural do Rio de Janeiro, I Parte, semana 22/28-8-2005; II Parte: semana 29-8/4-9-2005.

SEVERINO, Antônio J. O conhecimento pedagógico e a interdisciplinaridade: o saber como intencionalização da prática. In: FAZENDA, Ivani C. A. (Org.). *Didática e interdisciplinaridade*. Campinas: Papirus, 1998. p. 31-44.

_____. *Metodologia do trabalho científico*. 22. ed. São Paulo: Cortez, 2004.

SOMMERMAN, Américo. *Inter ou transdisciplinaridade?* São Paulo: Paulus, 2006.

TÁVORA, Maria Josefa de Souza. *Projeto político-pedagógico no Brasil*: o estado da arte. Tese (Doutorado) — Universidade Estadual Paulista, Marília, 2001.

THEOPHILO, Roque. *A transdisciplinaridade e a modernidade*: as novas eras. Disponível em: <http://www.sociologia.org.br/tex/ap40.htm>. Acesso em: 20 set. 2013.

THIESEN, Juares da Silva. A interdisciplinaridade como um movimento articulador no processo ensino-aprendizagem. *Revista Brasileira de Educação*, v. 13, n. 39, p. 545-554, set./dez. 2008.

VALÉRIEN, Jean. *Innovations for Large Classes*: a guide for teachers and administrators. Paris: Unesco, n. 56, 1991.

Capítulo V

Não faça isso!

Certamente você, pesquisador/docente universitário, já deve ter presenciado uma ou mais das situações que irei descrever. Vi e vivenciei todas elas ao longo dos anos: passagens por bancas examinadoras, primeiras aulas de um ano letivo, uso inadequado de técnicas modernas de ensino e outras mais.

São fatos reais e como ocorreram em diferentes anos e instituições, não corro o risco de que os participantes de uma ou mais das situações descritas possam ser identificados.

Por favor, não entenda esta mensagem como uma espécie de autoajuda.

Primeira situação — Defesa de tese

É chegado o momento da defesa de uma tese de doutorado.[1]

---

1. A situação se aplica também à defesa de mestrado. Para isso seria necessário reduzir o número de participantes da banca: além do orientador, dois professores doutores, sendo pelo

A banca, composta por cinco professores — a orientadora, dois docentes da própria universidade e dois pertencentes a Instituições externas — exceto um deles que participará através de videoconferência, já se acomodou em cadeiras e mesa dispostas numa posição correta, isto é, de onde é possível ver de modo bem claro o candidato e também a plateia. A presidente da banca, isto é, a orientadora, ocupando a cadeira do meio, diz, sem empolgação, que vai ter início a sessão de defesa do aluno X. Sem mais comentários, passa a palavra ao candidato a fim de que ele apresente um resumo de seu trabalho.

Ele cumprimenta a plateia e dá início à sua apresentação.

Utilizando-se de DataShow, projeta uma série de *slides* contendo longos trechos de seu trabalho, lendo palavra por palavra o texto na tela. Em seguida, passa a outro *slide*, depois a outro, atingindo o quarto deles, lendo e tomando o cuidado de voltar-se para a banca e os ouvintes de vez em quando.

Enquanto isso, os membros da banca, que já leram e releram o trabalho, manuseiam a tese, tomam notas de outras coisas, fazem anotações em agendas, elaboram esquemas para a aula do dia seguinte etc. Em resumo, não estão interessados em ver e ouvir as mesmas coisas.

A plateia, que no começo demonstrara interesse em acompanhar a exposição, dá ares de cansaço ou saturação. A partir do meio da exposição provavelmente nenhum dos presentes — a não ser os parentes mais próximos do candidato — estará prestando atenção àquilo que está sendo dito.

Terminada a exposição, a orientadora dá a palavra a cada um dos examinadores.

O primeiro deles prefere fazer um comentário geral e a seguir propor uma série de questões ao candidato. Este responde com clareza a cada uma delas, às vezes se alongando a fim de acrescentar novos dados, porém sem dispersão.

---

menos um deles pertencente a uma instituição externa. Não difere também, em essência, de defesas de teses de livre-docência e de professor titular.

O segundo examinador age sob a forma que se convencionou chamar de pingue-pongue, isto é, propondo questões — uma por uma — ao candidato, para que ele as responda em seguida. Responde a todas, pedindo maiores esclarecimentos sobre duas delas.

Como já transcorreram duas horas desde o início da sessão, a presidente/orientadora propõe uma breve interrupção a fim de que todos relaxem um pouco, solicitando que retornem dentro de dez minutos.

Não dez, mas quase vinte minutos já se passaram quando a maioria do pessoal retorna. Maioria e não todos, uma vez que alguns dos participantes já foram embora.

Convidado pela presidente a se pronunciar, o terceiro participante diz que prefere arguir por último.

A palavra é dada, então, àquele que seria o quarto examinador.

Participando através de videoconferência, ela já está presente, embora esteja, fisicamente, a mais de mil quilômetros de distância.

A plateia pode vê-la com clareza. Dá um alô para a orientadora e, a seguir cumprimenta o candidato e a todos os presentes.

Faz uma apreciação geral sobre o trabalho, expressa sua satisfação em relação à qualidade do mesmo, reforçando as contribuições que o candidato está trazendo para o desenvolvimento científico da área.

Abre uma a uma as páginas que já selecionou através de suas leituras e que considerou como as mais relevantes para fazer comentários positivos, apontar termos e tópicos que devem ser revistos e para propor questões ao candidato.

Fala com muita clareza e ouve com atenção as respostas do doutorando. Algumas vezes acrescenta novos comentários àquilo que foi respondido.

Termina fazendo uma síntese sobre todo o trabalho, incluindo o que se passou durante a defesa e arguição até aquele momento.

Aquele que preferiu arguir em último lugar aproveita as deixas dos que o precederam, faz um comentário geral não acrescentando nada além do que já foi falado e propõe três questões que sintetizam outras, já feitas, isoladamente. Mas ressalta que o candidato não precisará respondê-las ou poderá, se quiser, tecer algum comentário sobre aquilo que ele expôs. Este agradece pelas palavras proferidas e apenas reforça dois aspectos, acrescentando novas informações.

Terminada a arguição, a presidente solicita que todos deixem a sala a fim de a banca se reunir para decidir sobre a avaliação do trabalho apresentado.

Alguns minutos depois, candidato e parte da plateia retornam para conhecer a decisão da banca.

Todos os elementos da banca, agora em pé, ouvem as palavras da presidente que anuncia, sem empolgação — como no início —, que o candidato foi aprovado e que a partir daquele instante é declarado doutor.

Todos batem palmas, os membros da família batem fotos e mais fotos, o primeiro abraço é dado no candidato, agora doutor, pela orientadora — que normalmente não deixa de escapar algumas lágrimas e... tudo termina.

O que você achou disso?

Minha observação: NÃO, NÃO e NÃO. Está tudo errado, não é assim que se faz. Senão, vejamos.

A presidente/orientadora foi um verdadeiro fracasso. Para começar eu lhe diria: ponha EMPOLGAÇÃO nisto, minha colega! Trata-se de um momento muito importante para quem está defendendo sua tese. Foram quatro ou cinco anos de trabalho, muitas vezes tendo enfrentado grandes dificuldades — sujeitos da pesquisa que não responderam as questões que lhes foram enviadas, adiamento de entrevistas que tiveram de ser remarcadas duas ou mais vezes e outros desencontros — que acabaram atrasando todo o trabalho. Ele merece bem mais do que palavras destituídas de qualquer sentimento de satisfação — e mesmo de insatisfação, se for o caso de um trabalho que não terá chegado ao ponto desejável. Ela se omitiu quanto aos participantes da banca, não os apresentando ao candidato e à plateia. Isso tem como agravante o fato de dois deles, como já assinalado, pertencerem a instituições externas. Nada sobre o que cada um deles faz em termos de docência e pesquisa, nada sobre suas titulações. Não valorizou o fato de que estão ali atendendo à sua solicitação para participarem da banca, o que implicou leituras detalhadas, exclusão de outras atividades que teriam para aquele mesmo dia.

Poderia até mesmo — contando com uma plateia não muito numerosa — ter solicitado que cada um dos presentes se apresentasse, mas isto já seria exigir muito de alguém tão inexpressivo.

Deixo em aberta a questão sobre se ela deveria, de fato, ter dado o intervalo. Teria sido, de fato, necessário? Teria contribuído para dispersar o pessoal?

O candidato parece não ter tido qualquer "desconfiômetro". Por que não projetar apenas um esquema geral da tese e expor à plateia — e mesmo à banca, a fim de que seus componentes relembrassem dos tópicos principais do trabalho — com palavras simples e sob forma de síntese? Por que não enfatizar seu problema de pesquisa, seus principais achados e suas expectativas em relação às possíveis contribuições do trabalho para a área? Em outros termos: por que apelar pela modernidade recorrendo a equipamentos eletrônicos sem saber aproveitá-los?

A banca, como não poderia deixar de ser, diante de tanta falta de empolgação por parte da orientadora e de leitura tão cansativa feita pelo candidato, esteve, na maior parte do tempo, dispersa em termos de atenção. Tudo faz crer que um elemento não estava interessado no que o outro dizia sob forma de arguição ou explanação, exceto aquele que participou através de teleconferência. No caso do último componente da banca, o fato de ter demonstrado que não leu — ou que terá feito apenas uma leitura breve e superficial do trabalho — é bastante grave. Revela desrespeito em relação à orientadora e ao candidato e não é assim que se constrói a vida universitária.

Dois dias depois encontro-me com o novo doutor, dou-lhe parabéns e pergunto-lhe como se sente. Com certo ar de desânimo, diz que "esperava um pouco mais". — O que você quer dizer com isto? — Mais cobrança, mais aperto... Não me senti valorizado como esperava... Não quero dizer com isso, que meu trabalho fosse espetacular, mas que eu trabalhei, que eu pesquisei, somente minha família e meus colegas sabem quanto! Se não fosse pela professora que participou de Brasília...

De fato ele se dedicou muito à sua tese, tendo que contornar uma série de pontos que nem sempre dão certo: os sujeitos da pesquisa que adiaram por várias vezes as entrevistas já agendadas, os respondentes de questionários que precisaram ser lembrados e relembrados várias vezes da necessidade de suas respostas, a literatura mais recente, ainda não publicada no Brasil e que teve de ser acessada mediante importação de livros escritos em outras línguas, os dados quantitativos da tese que passaram por processos estatísticos bastante complexos, as respostas discursivas que dependeram de cursos extras que ele acabou fazendo em outra área que não a sua, isto é, em linguística, e assim por diante.

Embora eu esteja retratando algo sucedido em Ciências Humanas, nada nos impede de supor que muitos imprevistos também normalmente ocorrem nas Ciências Biológicas e Exatas: os sais que não chegaram, um ou mais equipamento necessário para o desenvolvimento da pesquisa e que dependeu de guia de importação e de procedimentos burocráticos implicando perda de tempo e atraso na pesquisa.

Segunda situação — Primeira aula

Novo ano, metade da primeira semana de aulas.

Classe numerosa, cerca de 60 alunos de um Curso de Ciências Administrativas.

O professor entra na classe a fim de dar sua primeira aula.[2]

---

2. Uso o termo aula para fins de sua melhor compreensão. Prefiro o termo atividade, uma vez que a palavra aula vem normalmente precedida do termo dar lembrando passar conteúdos aos alunos, à doação de informações, de dados e fatos a uma classe composta por estudantes passivos.

Poucos alunos notam sua presença. Estão conversando, um tanto amontoados em cadeiras de braços.

Ele começa a falar e os alunos continuam conversando. Vários deles utilizam-se de celulares.

Aguarda por cerca de 20 ou 30 segundos e resolve chamar a atenção da turma:

— Posso começar?

Mais da metade resolve prestar atenção enquanto parte da turma continua falando, falando.

Agora ele já não pede que prestem atenção e entra no assunto da aula.

Escreve no quadro o título do tema que será desenvolvido e passa a expor suas partes, desenvolvendo, a seguir, uma exposição sobre o assunto. Recorre a termos desconhecidos que escreve no quadro e a gráficos que projeta através de DataShow.

Assim caminha a aula, poucos — a não ser os que estão sentados mais à frente — ouvem com clareza o que ele fala.

Continua expondo e no final propõe uma leitura de texto que deixou reservado para os alunos no serviço de xerox da Faculdade. Sugere que completem as informações contidas no texto recorrendo à internet e para isto indica o que e como acessá-las.

Diz boa-noite à turma e poucos respondem.

Você certamente já presenciou ou ouviu referências a fatos ocorridos desta forma.

O que achou? Como lhe parece?

Minhas observações:

1ª) Pronto! Curso e professor já estão liquidados no primeiro dia de aula. Semestre já garantidamente perdido.

Vejamos por quê.

Nunca — jamais — ele poderia expor qualquer coisa enquanto todos os estudantes não estivessem calados. Não precisaria perder a paciência — como, de fato, não perdeu — mas deveria, em tom simpático e até mesmo brincando, dizer algo do tipo: "Como é, pessoal, quando poderei começar?" Caso não obtivesse o silêncio desejado, poderia dizer: "Por favor, me avisem quando eu puder começar minha aula". E permanecer parado — sim, completamente parado — até que o silêncio total ocorresse. Só então começar a falar.

Começar por onde?

Apresentando-se, claro: "Sou o professor... É um prazer estar aqui com vocês". E acrescentar algo sobre sua formação, por exemplo: que terá passado pelo mesmo curso, que trabalhou em empresas, que fez pós-graduação, devendo se doutorar em breve etc. etc. APRESENTAR-SE, PORTANTO. Poderia dizer algo mais: "espero realizar o melhor com vocês... isto não significa que eu não possa cometer erro algum... quero recorrer às próprias experiências que vocês trazem..." não se estendendo além disso.

Em seguida, poderia solicitar que os alunos fizessem a mesma coisa, dizendo seus nomes e citando suas atividades profissionais.

Começo agradável, simpático, que embora ocupasse um certo tempo de sua aula, daria, como ganho, uma receptividade prévia por parte dos alunos.

2ª) Por que aceitar a distribuição dos alunos da forma como os encontrou, isto é, amontoados, espaços vazios na sala, ao lado de outros, com os alunos quase se encostando uns nos outros?

Se solicitasse que os alunos se distribuíssem de forma melhor, provavelmente eles alterariam a posição para a forma mais tradicional e negativa: enfileirados, posição que se agrava quando, em lugar de cadeiras de braços, a sala contém mesinhas e cadeiras.

Mais uma vez, NÃO.

Sugeriria que organizasse os alunos em forma de semicírculo, com ele ocupando uma posição central. Sendo grande o número de alunos, poderia haver dois ou três grupos, ocupando o mesmo número de semicírculos.

Por quê? Porque esta é a melhor forma de comunicação. Olhares diretos, professor e estudantes, ampla visibilidade, maior facilidade para troca de ideias, menos informalidade. Em outros termos: nada que lembre a forma tradicional: professor com sua cadeira e mesa num espaço mais alto que os alunos e estes enfileirados.

Você certamente terá notado que ele não orientou sobre o que fazer com o texto disponível no xerox, além de lê-lo. Quantos lerão? Para que e por quê?

Terceira situação — Uso e abuso de recursos potencialmente úteis para as atividades didáticas

Como na primeira situação descrita, agora é o professor que recorre a DataShow, *power point* e outros equipamentos, não modificando nada, em essência, daquilo que normalmente ocorre numa aula tradicional. De forma piorada, provavelmente.

Em lugar de projetar esquemas para comentários, de projetar dados e gráficos, o professor projeta textos longos, fazendo leituras dos mesmos. Sempre há a agravante de a maioria da classe não poder visualizar com clareza aquilo que está sendo projetado e lido.

Não, não proceda desta forma. Se você é um bom professor tradicional e se os alunos gostam de suas aulas, continue tradicional, sem medo. É muito melhor do que misturar as coisas, pretendendo ser moderno e atualizado, mas se mantendo tradicional na condução de sua aula.

Se até há pouco tempo os serviços de xerox funcionavam quase ininterruptamente permitindo que as turmas da frente, que anotavam tudo que os professores diziam em classe, passassem aos demais suas anotações, atualmente a moda é recorrer acriticamente aos meios digitais: YouTube, Linkedin, Wikipedia, Facebook, blogs e outros mais.

Se por um lado esses meios podem nos oferecer amplas possibilidades para a implementação do ensino e aprendizagem, libertando-nos de certas atividades rotineiras e proporcionando-nos mais tempo para que cuidemos daquilo que realmente importa — desafiar continuamente os estudantes através de situações-problemas, aprofundar conteúdos e esclarecer dúvidas, por exemplo —, por outro lado, tem sido muito frequente o uso inadequado destes mesmos meios. É sobre isso que pretendo chamar sua atenção.

É provável que você precise de alguns esclarecimentos e mesmo de um certo incentivo ao tratarmos deste tema. Ele será tratado de modo especifico no capítulo Você na era da informática.

É claro que você pode incentivar seus alunos a recorrerem à internet. Mas, lembre-se:

a) como disse um expert em informática numa palestra proferida há alguns meses: tomem cuidado, pois a internet aceita tudo;

b) seja específico ao indicar algo para seus alunos através da internet. A título de exemplos: se você atua em Direito, está abordando a questão dos direitos humanos e pretende que seus alunos leiam um texto específico de determinado autor, não diga apenas, por exemplo, leiam um texto do professor Fábio Comparato, editado em 1997, mas sim, acessem o Google e ao preencher o retângulo "buscar", escrevam Fábio Konder Comparato[3] e a seguir entrem no *link* Fundamentos dos Direitos Humanos. Aí vocês encontrarão o texto. Você poderá acrescentar uma observação do tipo: Leiam-no, extraiam as ideias que lhes parecerem as mais significativas e anotem-nas. Preparem-se para discutirmos o conteúdo do texto na próxima aula.

Se você trabalha na pós-graduação e a discussão se faz em torno do ensino público e privado, seja claro ao indicar um *site* aos seus alunos. Exemplo: vocês deverão ler o artigo do professor Otaviano Helene[4] sobre este tema, acessando o *site* Envolverde *Jornalismo & Sustentabilidade* <http://envolverde.com.br> e a seguir o *link* <educação/ensino-superior/privatização-do-ensino-superior:problemas>.

---

3. Fábio Konder Comparato é formado em Direito pela Universidade de São Paulo (USP), advogado, jurista, professor e escritor.

4. Otaviano Helene é professor do Instituto de Física da Universidade de São Paulo (USP) e ex-presidente do Instituto Nacional de Estudos e Pesquisas Educacionais Anísio Teixeira.

Evidentemente, quanto mais seus alunos já tiverem domínio sobre os meios eletrônicos hoje disponíveis, menor será a necessidade de você lhes fornecer informações tão detalhadas.

Se você tem um blog, poderá deixar seus textos incluindo orientação para estudo aos seus alunos. Mais uma vez, seja claro e específico, não dizendo apenas: vejam no meu blog... Atualmente já dispomos do Tumblr, exemplo de plataforma para criação de blogs personalizados.

Adiantando aquilo que veremos com maiores detalhes no capítulo específico sobre a informática, considero relevante destacar aqui o seguinte: as chamadas redes sociais podem ser muito úteis desde que você fique atento a certas exigências e limites. No caso do Facebook, use-o, desde que você seja cadastrado, para passar avisos rápidos aos seus alunos ou para outros fins, como, por exemplo, para que seus estudantes assistam uma palestra ou um vídeo seu. Acredito que dificilmente você recorrerá ao Tweeter, aplicativo também chamado microblog, para divulgar informações e/ou mensagens instantâneas, uma vez que ele tem um limite de até 140 letras. Quanto ao Linkedin, observo que mais frequentemente do que eu esperava, costuma ser indicado para alunos indistintamente.

Não faça isso!

Reserve este aplicativo para recomendá-lo aos seus alunos que estejam na fase final de seus cursos, uma vez que esta rede social tem suas especificidades: banco de currículos para contatos e divulgação profissional, utilizado por empresas que buscam profissionais com determinadas competências a fim de serem contatados e/ou contratados.

— "Pretendo passar meu e-mail aos meus alunos".

Não, não faça isso!

De posse do seu e-mail, eles o deixarão ocupado não apenas logo depois de suas aulas, mas, inclusive, nos finais de semana. E você acabará fazendo horas extras sem ser pago para isso!

Mas você poderá usar o AVA (Ambiente Virtual de Aprendizagem), *site* do qual as instituições dispõem hoje, de modo geral. É fechado, ao contrário do blog.

Lembre-se de que muitos de seus alunos possuem hoje Iphone e tablets — IPad, por exemplo —, podendo, através desses recursos — "computadores" —, acessar *sites* e respectivos aplicativos.

Você poderá incentivar seus estudantes a acessarem a Wikipedia, enciclopédia digital, publicada pela internet. Há uma ressalva, porém, à qual você deverá estar atento: como ela é construída de forma colaborativa, nem sempre seus conteúdos passaram pela devida revisão, podendo conter informações erradas ou desatualizadas. Oriente-os a acessar outras fontes também e nunca como a única fonte de pesquisa.

Quarta situação — Piadinhas

A fim de descontrair-se e descontrair a classe, o docente recorre, na maioria das aulas, a várias piadinhas.

Poucos alunos riem. Na verdade, a maioria da classe revela insatisfação e impaciência.

NÃO, não faça isso!

Em todos os estudos que realizei junto a alunos de graduação, estes demonstraram detestar piadinhas de professor.

Por quê? Porque geralmente elas não têm graça e nada têm a ver com bom humor, qualidade altamente desejada no professor, seja de que nível de escolaridade for.

Acredito, mesmo, que, por falta de senso de humor — natural, latente ou adquirido — recorre-se a piadinhas.

Quinta situação. Provas — ameaças, terrorismo e falta de significado

O momento de realização das provas teve um antecedente. Ao longo do semestre, o professor se referiu várias vezes às provas que a classe iria fazer no final do bimestre, alertando sobre sua importância e desencadeando situações de estresse por antecipação, uma vez que suas palavras não escondiam um tom ameaçador, enfatizando possíveis reprovações. Já havia destacado várias vezes que as notas obtidas na prova teriam maior peso que os trabalhos realizados ao longo do semestre.

Separa os alunos de modo a garantir razoável distância entre eles, evitando possíveis cópias uns dos outros.

Diz que terão um tempo limitado, que não será estendido de modo algum, para responderem as questões propostas.

Metade dos itens propostos requer respostas dissertativas e a outra parte é constituída por frases às quais os estudantes deverão atribuir V ou F, isto é, verdadeiro ou falso.

Com bastante frequência, lembra sobre o tempo já transcorrido e de quanto tempo ainda disporão para a entrega das provas. Em tom de brincadeira, mas que na realidade incomoda os alunos, diz mais de uma vez que a temperatura da sala está subindo, subindo.

Silêncio total.

Tempo esgotado. Poucos alunos haviam entregado as provas antes disso.

O professor recolhe aquilo que já está sobre sua mesa e sai junto com o grupo que fez a entrega nos últimos segundos finais.

Como se trata da última aula do semestre, os alunos só conhecerão os resultados obtidos quando estes forem publicados num mural destinado a este fim.

Como tudo isto lhe pareceu? O quê você terá notado como pontos positivos e como pontos negativos ao longo da situação descrita?

Minhas observações.

Mais uma vez NÃO, NÃO e NÃO.

Por que atribuir maior peso a uma prova do que a todas as atividades realizadas durante o semestre? Será que ele não teria solicitado trabalhos escritos durante o semestre, corrigindo-os e atribuído pontos a eles? Seus alunos não teriam consultado livros, periódicos especializados e textos isolados ao longo de quase cinco meses? Em caso afirmativo, este fato não teria importância alguma?

Por que provocar estresse nos alunos, gratuitamente, desde os primeiros dias de aulas? A não ser que se trate de um indivíduo portador de alguma síndrome que o leve a torturar as pessoas — o que não era o caso — as ameaças constantes, certamente decorrem de sua insegurança: é provável que ele tivesse dúvida em relação à importância de sua disciplina para o curso; medo — infundado, claro — de não dominar toda a matéria e ser surpreendido com uma ou mais questões apresentadas pelos alunos, cujas respostas ele não conheceria.

Se, por um lado, ele agiu de modo correto, impedindo cópias entre os alunos e mantendo a classe em silêncio, por que não permitir consultas a livros, revistas especializadas e a anotações feitas pelos estudantes durante as aulas, uma vez que a prova continha uma parte composta por itens dissertativos? Se a prova tivesse sido elaborada de forma inteligente, isto é, exigindo muito mais que memorização de dados, fórmulas e fatos, em que a consulta ao material disponível — do próprio aluno —, prejudicaria a avaliação daquilo que ele de fato soubesse?

Por que o mau gosto de propor questões tipo V (verdadeiro) ou F (falso) para uma classe de nível universitário?

Por que a realização de uma prova no último dia de aula de sua disciplina?

Claro, não houve tempo para devolver aos alunos a prova que fizeram, com comentários sobre acertos e erros, discutindo com a classe os pontos mais relevantes e mesmo aproveitando a oportunidade para acrescentar novas informações. Com isso pretendo enfatizar que os resultados não foram explorados.

A prova, desta forma, não terá acrescentado nada aos alunos em termos de desenvolvimento de capacidades que implicam aquisição de conhecimentos e atitudes indispensáveis para a sua formação cultural e profissional.

Tudo leva a crer que o professor estaria entendendo avaliação como sinônimo de mensuração e não como algo muito mais complexo e que exige do docente mais do que simplesmente medir quanto foi adquirido, em termos de conhecimentos, durante o semestre.

Concluindo.

Apenas para fechar o assunto:

1º) Se você não consegue ter empolgação em relação ao seu trabalho, seja ele qual for, procure outro emprego e até mesmo outra ocupação. Isto se agrava nos casos de ocupações que implicam contatos permanentes com outras pessoas. Exemplo: ser professor, ser orientador de dissertações e teses, assim como de trabalhos de Iniciação Científica.

2º) Se você não consegue se envolver com as pesquisas de seus orientandos — e até mesmo criar uma certa empatia em relações a eles — desista da pós-graduação e deixe de lado propostas de iniciação científica.

3º) A primeira aula de um curso — do ensino fundamental à pós-graduação — é extremamente importante. Você estará revelando quem você é: uma pessoa alegre, simpática, organizada, clara, objetiva ou — desculpe-me pelo uso da expressão — um banana, desorganizado, inexpressivo, que aceita um ambiente dispersivo e de falação em celulares e encaminhamento de mensagens por equipamentos eletrônicos enquanto você trabalha.

4º) Se você não se sente capacitado a lidar com os modernos meios eletrônicos ao dar suas aulas — melhor dizendo, ao trabalhar com seus alunos — procure se capacitar antes de entrar neste novo mundo. Ou então continue sendo um bom professor tradicional.

5º) Lembre-e: há uma grande diferença entre um professor bem-humorado — excelente qualidade — e aquele que volta e meia conta piadinhas. Estas, simplesmente, não têm graça.

6º) Se necessário, procure se desenvolver quanto às alternativas possíveis para avaliar seus alunos. Sugiro que volte ao tópico sobre este tema no capítulo "Vamos aprender didática com nossos alunos?" Se por um lado, limitar-se a provas para fins de avaliação não é uma boa solução, por outro lado, intimidar seus alunos com ameaças de reprovações revela insegurança de sua parte.

Capítulo VI

Você assume uma posição crítica frente à inovação educacional?*

Certamente porque não é fácil compreender certas questões, as pessoas tendem a aceitar algumas afirmações como verdades indiscutíveis e até mesmo a irritar-se quando alguém insiste em discuti-las. É natural que isso aconteça, quando mais não seja porque as certezas nos dão segurança e tranquilidade. Pô-las em questão equivale a tirar o chão de sob nossos pés. (Gullar, 2012)

Se você não assume uma postura crítica frente à inovação educacional, procure assumir, uma vez que em Educação tudo tende a virar moda muito rapidamente. Descobertas científicas e iniciativas positivas que poderiam resultar em grandes benefícios à Educação logo se transformam em modismos. Estes têm o enorme poder de

---

* Revisão e atualização de textos: i) originalmente publicados com o mesmo título na revista *Educação & Sociedade*, v. 1. p. 118-139, 1980; e *Inovação Educacional no Brasil* — problemas e perspectivas, São Paulo, Cortez, 3. ed., v. 1, p. 265-285, 1989, sob o título "Sete Asserções inaceitáveis sobre a inovação educacional"; ii) publicado com o título "Cinco teses equivocadas sobre a competência para ensinar". In: *Competência e competências*: contribuição crítica ao debate. 1. ed. São Paulo: Cortez, 2010. p. 126-148.

esvaziar o conteúdo de propostas, às vezes bastante válidas, destituindo-as de seu sentido original. Modismos, assim como *slogans* e jargões, são manifestações explícitas de crenças e valores destituídos de bases em critérios de racionalidade.

A inovação pedagógica se transformou num novo modismo, inútil e vazio. A palavra de ordem é inovar, sem se perguntar em função de que e a serviço de quem.

Inovar, o que muitas vezes nos remete à aceitação implícita de modelos que vêm de fora e que se revelaram satisfatórios em países cujos contextos socioculturais estão distantes de nós?

Ou inovar a partir de uma realidade concreta, sem perder de vista a situação de nosso país num mundo globalizado? Inovar porque agora é o empreendedorismo que garante sucesso? Inovar para alcançar as pontuações máximas definidas pela Capes,[1] apesar dos custos que isto implica para docentes e alunos de pós-graduação, dentre os quais um estado geral e permanente de estresse é bastante frequente? Ou para que alcancemos níveis mais altos no Pisa,[2] no Enade[3] e nos *rankings*[4] que classificam as universidades em ordem de importância, mediante critérios que por vezes diferem bastante entre si?

---

1. Capes. A Coordenação de Aperfeiçoamento de Pessoal de Nível Superior visa a melhoria da pós-graduação brasileira através de avaliação, divulgação, formação de recursos e promoção da cooperação científica internacional. Disponível em: <www.capes.gov.br>.

2. Pisa/OECD Programme for Institutional Student Assessment. Este programa visa avaliar a capacidade dos jovens de 15 anos no uso dos seus conhecimentos, de forma a enfrentarem os desafios da vida real, em vez de simplesmente avaliar o domínio que detêm sobre os conteúdos do seu currículo escolar específico. O estudo foi lançado pela OCDE (Organização para o Desenvolvimento e Cooperação Econômica) em 1997. Os resultados obtidos neste estudo permitem monitorizar, de forma regular, os sistemas educativos em termos de desempenho dos alunos no contexto de um enquadramento conceptual aceito internacionalmente. Disponível em: <www.pisa.oecd.org/>. Acesso em: 29 abr. 2012.

3. Enade (Exame Nacional do Desempenho de Estudantes), que integra o Sistema Nacional de Avaliação da Educação Superior (Sinaes), tendo objetivo de aferir o rendimento dos alunos dos cursos de graduação em relação aos conteúdos programáticos, suas habilidades e competências. Disponível em: <www.portal.inep.gov.br/>. Acesso em: 27 abr. 2012.

4. *Rankings* das universidades: relação entre um conjunto de itens voltados para avaliar as universidades do mundo todo, apresentando-as à imprensa, em ordem decrescente. Há diversos tipos de Rankings Universitários, originários dos Estados Unidos, Reino Unido, China e de

Penso que é preciso desfazermos a enorme confusão ora reinante e ao mesmo tempo começarmos a agir de modo a transformar de fato a realidade educacional vigente em nosso país. Uma triste realidade da qual não escapam as escolas de níveis fundamental e médio rotuladas como excelentes e, menos ainda, cursos universitários que nascem e se reproduzem de modo cada vez mais acelerado. Se, por um lado, é necessário darmos continuidade — e mesmo acentuarmos a crítica em relação a tudo aquilo que nos é apresentado como a última palavra sobre ensino e aprendizagem —, por outro lado, já é chegado o momento de pormos em prática a maior parte do acervo produzido nas últimas quatro décadas em nossos cursos de pós-graduação.

Acredito não haver mais motivos para que a aprendizagem de Matemática — por exemplo — continue lamentável apesar de um número não desprezível de pesquisas desenvolvidas em mestrados e doutorados já ter deixado claro como é perfeitamente possível trabalhar nesta disciplina de modo criativo, agradável, interessante e, até mesmo, fácil.

As afirmações a seguir indicam algumas das que, embora já devessem ter sido rechaçadas, continuam, não só alimentando o imaginário, como também orientando a conduta de muitos educadores. Chamei-as asserções e julguei-as inaceitáveis.

Leia-as e, caso não se apliquem diretamente ao seu caso, procure fazer uma reflexão sobre elas, transpondo-as para o nível e para as disciplinas que mais lhe dizem respeito.

Primeira asserção

Atualmente se exige menos de nós, professores, do que há alguns anos atrás, uma vez que, dado o extraordinário avanço da eletrônica e da informática, nossos alunos têm acesso fácil ao conhecimento.

---

outros países. Em geral Harvard, MIT (Massachusetts Institute of Technology), Princeton, Caltec (California Institute of Technology) e Stanford. Todas dos Estados Unidos, além de Oxford e Cambridge, no Reino Unido, vêm ocupando os primeiros lugares.

Não, não é verdade. Hoje, além de ter forte domínio sobre sua própria disciplina e disciplinas correlatas, é necessário que o docente tenha adquirido — e continue adquirindo — um alto nível de cultura geral.

Se até há alguns anos o professor era, na maioria dos casos, o único — senão o principal — agente para a divulgação de conhecimentos, hoje ele é apenas um dos agentes, dada a multiplicidade de meios disponíveis para o acesso às informações. Este fato lhe traz sempre novos desafios, uma vez que constantemente ele se vê frente a frente com questões sobre as quais ainda não tivera acesso. Aqui não importa o nível em que esteja atuando, do ensino fundamental à pós-graduação.

A situação reinante até bem pouco tempo era muito diferente e lhe proporcionava um alto grau de segurança. Ele dava os pontos, isto é, explicava um determinado tópico de sua disciplina, sabendo de antemão onde começar e até onde ir. O máximo esperado de integração professor-aluno ocorria a partir do momento em que ele perguntava: há alguma dúvida? Se algum aluno levantasse a mão e lhe fizesse uma pergunta, a resposta não iria além do que já havia sido dito. Em outras palavras, estava tudo dentro do ponto daquele dia.

Que ponto o professor de português deu hoje? Quantos pontos entrarão para a prova de Direito Penal? Sorteei exatamente o ponto que não sabia... São apenas reproduções de falas dos alunos que não se restringiam ao ensino fundamental, atingindo o nível médio e também o superior.

O cenário atual é outro e tende a mudar cada vez mais rapidamente, exigindo muito mais de nós, professores. Já não temos pontos para dar aos alunos e embora tenhamos em mãos nossos planos de trabalho, não temos certeza alguma sobre aquilo que será levantado por nossos estudantes.

Permita-me que deixe, por uns instantes, considerações teóricas de lado, e passe a uma situação — ou exemplo — real e atual.

Procure associá-la ao seu curso ou disciplina, na medida do possível. Dê asas à sua imaginação, vá ao Ensino Médio e à Educação Superior.

Tenho em meu escritório, próximo a mim, um pequeno grupo de pré-adolescentes que prepara um trabalho integrado, de Geografia e Ciências, que deverá ser apresentado à classe dentro de quinze dias. No caso deles, o tema se refere à Araucária.

Continuo desenvolvendo meu próprio trabalho, mas não resisto à tentação de observá-los, embora me mantenha calado.

Com extrema facilidade recorrem à internet e logo dispõem de textos sobre o assunto. Escolhem um deles, que consideram como o melhor, e o imprimem. Numa rapidez incrível acessam mapas do Brasil e do mundo sobre vegetação de modo geral. Examinam os mapas, voltam ao texto e, num instante, já dispõem de um mapa do Brasil onde podem ver as florestas de araucárias. Como encontrar este tipo de vegetação no mapa-múndi?

Vacilam durante alguns minutos, uma vez que isto não é encontrado. Conversam e voltam ao texto, de uma página e meia. Lá está: Sul do Brasil, Austrália, Tasmânia e outras áreas.

Como pôr exemplos desses mapas no mapa-múndi? Para eles, nenhum problema: acessam fotos de araucárias, fazem algumas "mágicas" e em seguida lá estão figuras representando as araucárias exatamente nos lugares apontados no texto.

Examinam aquilo que já fizeram e decidem colocar mais exemplos da mata na Tasmânia.

Tudo certo? Todos de acordo?

Sim.

Mas, e agora? Como preparar um bom mapa, em tamanho grande que possa ser visto pela classe toda?

Mais uma vez a agilidade de que dispõem me deixa um tanto abismado e não posso deixar de me sentir um tanto ignorante. Não sobre o tema, mas sim em relação à facilidade com que operam o computador, entrando e saindo de um para outro *site*, copiando, salvando, fazendo acertos e combinando sobre o melhor modo de imprimir tudo isto em cores.

Novamente, não vem problema. Passam um *e-mail* para uma firma especializada em extração de cópias, anexando os mapas. Logo depois recebem uma mensagem da firma pedindo-lhes que esclareçam alguns detalhes e avisando que o serviço estará pronto a partir das 9 horas da noite. Respondem a mensagem, esclarecem as dúvidas e terminam digitando OK.

O que acontecerá no momento em que apresentarem este trabalho para o restante da classe? Será que já, no ensino fundamental, estarão realizando algo próximo de *seminário* da mesma maneira como critico em outro texto deste volume?

O que se espera dos professores a partir daquilo que for comunicado?

Espera-se que eles estimulem o desejo de aprender mais e mais não somente sobre o assunto exposto, mas sim, sobre Ciências e Geografia, abrindo-lhes perspectivas para a Biogeografia, Botânica e, mais importante, aguçando a curiosidade científica de toda a classe.

Embora o exemplo se refira ao ensino fundamental, por que desperdiçar o momento, deixando de fazer associações a cursos e profissões que virão mais à frente? Ciências Biológicas, Geografia, Ecologia, Agronomia e Engenharia Ambiental, por exemplo.

Onde estará a Tasmânia, país em que vocês apontaram como um deles em que esta mata se encontra? Uma observação: claro, espera-se que o professor destaque o fato de, neste caso, a vegetação pertencer a um gênero diferente. Que tipo de país é este? Estas perguntas poderão ser respondidas na próxima aula, mas o professor tem que deixar claro que não aceitará respostas apenas transcritas do Google. O raciocínio das crianças precisa ser mais explorado, indo da simples descrição de algo — um país, no caso —, a comparações com o Brasil, por exemplo: da situação geográfica dos dois países, às línguas neles faladas, dos índices de alfabetização às expectativas de vida das populações pertencentes a cada um deles.

Poderá fazer perguntas que possam ser respondidas pelos alunos de modo um tanto simples e tornando a aula mais dinâmica:

As Araucárias poderiam se desenvolver num local situado a 60° sul? Por quê? Poderiam se desenvolver na faixa equatorial do Brasil? Por quê?

Se esta mata se destaca nos estados do sul, como é possível haver amplas manchas dela na área de Campos do Jordão, já dentro da faixa intertropical?

O professor poderia informar mais sobre o tema e a partir daí pôr novas questões em discussão:

(a) Dos milhares de hectares originalmente cobertos por esta mata no Brasil, hoje restam apenas 2%. Qual o significado disso para o país? Por que ela foi tão abatida ao longo dos anos? Em que tipo de solo ela se desenvolve? Como se originou esse solo? É propício para o desenvolvimento da agricultura?

(b) Que tipo de alimento ela oferece e quais as consequências das festas anuais em determinados municípios — como em Lages/SC — onde se come muito das suas sementes?

(c) Em que era geológica terá surgido esta vegetação?

(d) Trata-se de algo uniforme ou existem várias espécies de araucária? Espécie... Já entramos em Botânica e daí em suas subáreas — fisiologia vegetal, por exemplo — e na área de conhecimento mais amplo à qual pertence, Biologia.

Poderá acrescentar mais algumas terminologias, mas, com cuidado e parcimônia, não entupindo as crianças com termos complicados e desnecessários, logo esquecidos. Basta dizer, por exemplo, que esta vegetação pertence à ordem das coníferas e perguntar que figura geométrica este termo faz lembrar. Nada de floresta ambrófila, araucária angustifólia, plantas gimnospermas,

Se tema equivalente fosse abordado no Ensino Médio ou até mesmo mais adiante, o professor poderia pôr em discussão o seguinte: como foi possível que um deputado federal pertencente ao PCdoB fosse o autor da proposta do Código Florestal tão louvado pela representação ruralista no Congresso Nacional? E... deixar que a discussão fluísse.

Eu dei apenas um exemplo de como — e quanto — o professor precisa estar preparado num momento em que seu papel não corresponde mais ao de antigamente. É claro que isto nada tem a ver com a pretensão de transformá-lo numa enciclopédia ambulante. Além do preparo intelectual necessário, exige-se dele uma nova qualidade: a coragem de dizer que não sabe responder a determinadas questões e no caso de elas serem de fato significativas, propor que procurem juntos a solução.

Segunda asserção

Temos que ter respostas prontas para as questões trazidas por nossos estudantes.

Não, não é verdade. Na realidade, é impossível aceitar tal asserção.

Veja este exemplo, bastante elucidativo:

"Caí do cavalo...", disse um doutorando em Engenharia Mecânica durante um Encontro realizado no PECD (Programa Estágio Capacitação Docente).[5]

"O que você quer dizer com isto?", perguntei.

"—Um aluno me fez uma pergunta e eu não soube responder."

"— E você acha que deve ter repostas prontas para todas as perguntas de seus alunos?"

"— Não sei... fico na dúvida".

"— A questão levantada lhe parecia 'boba', isto é, era apenas para 'pegar no seu pé,' ou tinha relevância?"

"— Não... ela era interessante. E o pior é que eu perdi o jeito".

"— Isto sim parece ser o problema. Permitam-me que esclareça melhor a questão. Frente a uma pergunta para a qual você não tem

---

5. Refiro-me ao Programa Estágio Capacitação Docente, ou PECD, como era mais conhecido, desenvolvido na Unicamp pelas Pró-Reitorias de Graduação e de Pós-Graduação, nos últimos anos da década de 1990 e início da década posterior. Mais de 600 doutorandos participaram do programa. A riqueza oferecida pelo ambiente, em que doutorandos em História Social constatavam aquilo que nunca haviam esperado: que seus problemas, dúvidas, acertos e desacertos, eram muitas vezes idênticos aos constatados por doutorandos em Bioquímica, por exemplo. O programa foi suficientemente analisado e avaliado em dissertações de mestrado. Deu certo. Foi extinto.

resposta, não se acanhe. Você não é obrigado a ter repostas para todas as perguntas referentes à sua disciplina e menos ainda para todas as perguntas que lhe são apresentadas."

Continuei meu comentário:

"— A solução, a meu ver é simples e, ao mesmo tempo, pode abrir um leque para novas inquirições por parte dos estudantes. Você poderia dizer: 'Puxa... questão interessante. Realmente não tenho resposta. Por favor, repita a pergunta'. Deixando mais clara a questão, você poderia emendar:

'Pessoal, temos uma questão para resolver. Todos nós: ele, vocês e eu. Vamos pesquisar a respeito e trazer a resposta no próximo encontro? Que tal?'

Não, você não caiu do cavalo. Apenas deixou de transformar uma questão relevante, para a qual não temos resposta, numa proposta para investigação. Não seria esta uma de nossas funções, despertar o aluno para a investigação, científica, no caso? Não, não precisa perder o jeito e, menos ainda, se sentir diminuído, incompetente. Não e não!"

Você já deve ter percebido que esta asserção nada mais é do que uma extensão da anterior. Mas, como o fato se deu na educação superior e — mais ainda — junto a uma turma de doutorandos de várias áreas que participavam de um programa direcionado à capacitação docente de futuros professores universitários, não quis deixar de incluí-la neste capítulo.

Se no passado o professor já não era obrigado a responder sobre tudo, agora, com o tremendo e rápido avanço das informações disponíveis para o público em geral, e para nós, acadêmicos, de modo especial, é de fato impossível não só dominar todos os conteúdos de nossas próprias disciplinas, quanto mais de assuntos correlatos ou mais abrangentes.

Não, você não precisa perder o jeito! Assuma o fato real de você não ter resposta.

E aproveite o momento — que pode ser até mesmo precioso, para realizar aquilo que se espera de você, futuro docente e pesquisador na educação superior: estimular a consciência da necessidade de precisar conhecer mais. Sobre questões relevantes de sua própria área e, por que não dizer, sobre a Ciência... sobre o mundo.

Terceira asserção

O conteúdo tem pouca importância numa perspectiva segundo a qual o que importa é aprender a aprender.

Quando uma asserção é parcialmente correta, ela se torna perigosamente enganosa. No presente caso, trata-se não apenas da importância atribuída ao aprender a aprender (Faure, 1974), isto é, à ênfase na aprendizagem dos métodos de aquisição de conhecimentos, em lugar da simples acumulação dos mesmos, que implica o fato de o aluno estar permanentemente ativo, atuando como agente de sua própria aprendizagem (Unesco, 1973)

Trata-se também de se relativizar a importância do conteúdo numa época em que os conhecimentos se acumulam com incrível rapidez, tornando rapidamente obsoletos e inoperantes um sem-número de conceitos que num dado momento se apresentam como tendo indiscutível validade. Por isso, torna-se necessário que você questione a asserção acima em sua totalidade. E fazendo-o, verificará desde logo que ela se apoia sobre um falso pressuposto, qual seja, de que a situação ensino-aprendizagem se dá no etéreo, no vazio, bastando objetivos bem explicitados e excelentes estratégias para a ação, a fim de se garantir a ocorrência de novas atitudes e comportamentos.

Esquecem-se os defensores dessa asserção de que o conteúdo se constitui na matéria-prima que tornará efetivamente atingíveis os objetivos propostos e viáveis as estratégias disponíveis.

Por incrível que hoje possa parecer, houve num passado não tão distante quem chegasse a afirmar ser preferível, numa perspectiva de método ativo, que o professor não fosse muito culto!

Nas décadas de 1970 e 1980 radicalismos deste tipo eram aceitos, chegando mesmo a serem considerados como "chiques".

Seriam escapes diante do fechamento das instituições numa época de ditadura? Ou tratar-se-ia de uma denúncia à famosa erudição, marca de uma cultura descomprometida com a realidade, característica dos chamados bons professores, no sentido tradicional, os quais, presos a uma excessiva verbalização, revelavam-se incapazes de estimular a ação dos alunos em sala de aula? É provável que as respostas às duas perguntas não sejam mutuamente excludentes.

Mas felizmente os tempos mudaram e hoje sabe-se que

> a aprendizagem ocorre de uma maneira planejada e organizada quando põe em movimento vários processos de desenvolvimento de habilidades e competências, impossível de acontecerem espontaneamente, e necessárias à consolidação do perfil profissional do estudante. Aprendizagem é um movimento do estudante que, vindo de um modo de consciência não profissional, se esforça para atingir um modo de consciência mais profissional (Almeida Junior, 2002, p. 88).

Voltemos à asserção.

É importante destacar que ela encontra ecos no momento atual. Um deles, acredito, situa-se nos mal estruturados cursos de licenciatura, em que o conteúdo específico, não sendo desenvolvido em profundidade satisfatória, pode dar origem a uma indesejável inversão do processo tradicional: o licenciando corre o risco de terminar o curso sabendo como trabalhar com as técnicas didáticas modernas, mas fraco quanto ao conteúdo. O fato, se não fosse dramático, pela influência negativa que teria sobre os alunos do ensino fundamental e médio, seria bastante cômico.

Ao contrário do que afirmam os defensores desta asserção, o professor deve ter não apenas conhecimentos gerais sobre os conteúdos de sua disciplina ou área de estudos, como necessita dominá-los em extensão e profundidade, de maneira a poder selecionar, dentre eles, os mais significativos para uma determinada situação de ensino-aprendizagem. Ora, o docente não terá esta capacidade de mobilização, isto é, de jogar com vários itens de conteúdos adaptando-os à realidade concreta em que trabalha, se seu conhecimento for restrito em relação à sua própria disciplina.

Diria mais: é muito importante que o professor tenha grande bagagem cultural, abrangendo obrigatoriamente seu campo específico, pois somente desta forma ele poderá se dar ao luxo de abrir mão do conteúdo como um fim em si mesmo, utilizando-o como meio, objeto de reflexão e de crítica, através do qual, com as cada vez mais disponíveis técnicas de ensino, mobilizar as chamadas capacidades intelectuais superiores: a compreensão dos fenômenos físicos, biológicos e humanos, a análise desses fenômenos, a aplicação a novas situações, a síntese, o julgamento, enfim.

Quarta asserção

A proposição correta de objetivos instrucionais é condição necessária e suficiente para se atingir os objetivos educacionais.

A asserção certamente é consequência de um dos modismos — já nem tanto priorizado — em educação, isto é, o uso indiscriminado de taxonomias de objetivos educacionais — e constitui parte de um equívoco mais amplo, isto é, a suposição de que as taxonomias possam fornecer a fórmula mágica, a partir da qual serão sanados todos os males responsáveis pelo baixo nível de rendimento escolar, geralmente observados. Esmerando-se na linguagem, procurando-se os verbos que mais adequadamente expressam um determinado comportamento final desejado, a mudança de atitudes e de comportamentos estaria garantida.

Os excessos e desvirtuamentos cometidos neste e em outros setores têm sido objeto de críticas, por vezes bastante contundentes, por parte de determinados autores. Dentre estes, convém lembrar Eisner (1976, p. 250-276) para quem

> um professor, ao trabalhar com sete unidades de conteúdo numa classe subdividida em três grupos de habilidades, teria que lidar com 4.200 objetivos comportamentais durante um ano escolar — [...] se o professor

tiver que redigir tantos objetivos, com todas as especificações exigidas, é de se supor que a maior parte de sua energia será canalizada para essa tarefa, sobrando-lhe, consequentemente, pouco tempo para ensinar.

A asserção, se aceita, poderia ser apenas um novo exemplo a constar do folclore pedagógico terminologia empregada por Goldemberg (1975) — caso não envolvesse outras variáveis. As conotações que a envolvem são bem mais sérias que aquelas presentes nas asserções anteriores. A prioridade dada aos objetivos instrucionais está associada à ideia de um esvaziamento do termo educação e sua eventual substituição pelo termo instrução.

Não por acaso, há mais de trinta anos Combs (1979, p. 47-53) já incluía os objetivos comportamentais como um dos mitos, ou crenças, que impedem o progresso na área educacional. E há quase vinte anos, reforçando a crítica ao prestígio dado aos objetivos instrucionais, Goodlad (1995) os classificava como uma das heresias — parte do pedagogismo — presentes nas discussões sobre a qualidade no ensino superior.

Ponto chave: deixa-se de lado a discussão de objetivos mais amplos, perdendo-se de vista a relação entre os fins da educação e a realidade sociocultural em que ela está inserida. E assim, a educação do próprio professor vai sendo substituída pelo seu adestramento.

Na realidade, não basta conhecer tipos e classificações de objetivos. É insuficiente você saber, por exemplo, que, de acordo com Bloom (1972) a classe Análise comporta três categorias e citar corretamente exemplos para cada uma delas. Limitando-se a falar sobre taxonomias, mais uma vez, aquilo que seria um excelente meio transforma-se num fim em si mesmo.

É necessário ir além deste mero conhecimento a fim de que, no trabalho junto ao aluno, não nos limitemos às tarefas que correspondam aos degraus mais baixos do domínio cognitivo: a simples evocação de conhecimentos, por exemplo.

Estou certo de que somente a partir de uma constante reflexão sobre os objetivos gerais, que definem as coordenadas mais amplas da própria escola, situada num determinado contexto social, político e econômico, se justifique a atenção — com muita parcimônia — para com os objetivos instrucionais. Operacionalizar os objetivos, aceita esta ressalva, se justifica na medida em que o professor, tendo sempre presente os objetivos mais amplos, não perca de vista a situação concreta em que deve atuar.

É possível que a proposição correta de alguns poucos objetivos instrucionais seja condição necessária para se atingir os objetivos educacionais. No entanto, não se constitui como condição suficiente.

Quinta asserção

Conhecer métodos inovadores de ensino e aprendizagem garante um desempenho docente eficiente.

Se por conhecer, entendermos falar sobre — falar sobre as diferentes técnicas didáticas, falar sobre as taxonomias de objetivos educacionais, falar sobre integração etc. a asserção acima é, sem dúvida, inaceitável. E o fato de nossa educação ter comumente oscilado entre dois extremos — o absoluto predomínio do verbalismo e o ativismo irrefletido, em lugar do processo dialético ação-reflexão-ação — levou grande parte dos educadores a acreditar que este conhecer refere-se predominantemente a algo meramente intelectual e, mais grave ainda, a informações acumuladas, limitadas a dados e fatos apenas.

Ora, não há garantia alguma de que o fato de alguém ter ouvido uma série de discursos sobre as vantagens da inovação educacional, ou de haver acumulado muitas leituras sobre esse mesmo assunto, cuja memorização tenha sido comprovada por provas de escolaridade, geralmente constituídas de questões através das quais se procura verificar se de fato o indivíduo retém as informações que lhes foram prestadas — não há qualquer garantia de que este indivíduo possa vir a ter realmente um desempenho docente coerente com as normas e preceitos contidos nestes discursos.

Estamos diante de um equívoco, que tem relação com vários dos anteriores e que diz respeito à própria estrutura de nossa educação, especialmente de sua parte formal, a qual, como já assinalei anteriormente, caracteriza-se pelo dissertar sobre.., em lugar de experienciar a realidade. A aceitação da presente asserção constitui o alicerce inconsistente e frágil sobre o qual se apoiam algumas das asserções anteriores.

Sem deixar de lado a evidência, segundo a qual o fenômeno ocorre desde a escola básica, é nos cursos mais diretamente voltados para a formação de profissional em educação, porém, que o equívoco se manifesta de modo mais explícito. Como exemplo, temos desde as aulas (!) de didática, onde os indivíduos se informam sobre tudo, mas não elaboram coisa alguma, até os estágios supervisionados/práticas de ensino, que se caracterizam, em geral, pela passividade, pelo cumprimento de normas pré-estabelecidas, pela ausência de problematização. Como ignorar, ainda, a desarticulação entre os conteúdos das chamadas disciplinas específicas e aqueles das disciplinas pedagógicas?

Sem integração e sem problematização, sem um questionamento sobre o próprio sentido da inovação — a que vem e a quem serve — esta e seu correlato, a didática, acaba se limitando a um mero receituário, sem consequência alguma de fato significativa.

Conhecimentos assim acumulados e repetidos, que tão bem caracterizam a chamada educação bancária, objeto de crítica por parte de Paulo Freire, somente poderiam implicar melhor desempenho, mais alto padrão de eficiência etc., desde que seus resultados fossem avaliados tendo como referencial determinadas teorias subjacentes à economia da educação: Educação como Investimento, Teoria do Capital humano e outras mais, tão a gosto de uma tecnoburocracia que há alguns anos julgou ser possível enquadrar toda a problemática social (e humana!) em fórmulas matemáticas, aplicando modelos das Ciências Exatas às Ciências Humanas, onde o objeto de estudo, isto é, o homem, caracteriza-se, antes de mais nada, pelo fato de se apresentar sempre difuso. Junte-se a isto uma interpretação simplista e acrítica dos textos de Bourdieux e Passeron, principalmente A reprodução e, com perdão das palavras, já nos encontrávamos diante de uma salada mista de gosto muito esquisito.

Vou um pouco além do que já afirmei e sendo bem franco, gostaria de submeter à sua apreciação o seguinte: a presente asserção decorre, também, de uma espécie de currículo oculto, vigente na maioria das disciplinas de caráter pedagógico dos cursos de Licenciatura e dos cursos de Pedagogia. De modo geral, em ambos os casos, os estudantes se mostram insatisfeitos, considerando seus professores como estando fora da realidade.

Infelizmente, apesar de tantos eventos já realizados — conferências, seminários, simpósios e congressos — direcionados à formação de professores e especificamente à didática e à prática de ensino, pouco mudou até hoje. Muitos estudos foram realizados sobre estes temas, tanto em nível de mestrado como de doutorado.

Pergunto: Onde estão os resultados disso tudo? Por que eles não circulam? Seria a própria formação e prática de nossos professores da área pedagógica tão profundamente arraigada em modelos que já deveriam ter sido descartados há muito tempo e que privilegiam sempre o falar sobre — sobre a Educação, sobre a metodologia de ensino, sobre a prática em sala de aula —, que os impede de executar uma mudança radical, realizando de fato aquilo que em nível verbal sabem muito bem, isto é, a realização do ensino com pesquisa?

Não adianta escaparmos pela tangente. As faculdades de educação — com raras exceções, é claro — são as maiores responsáveis por este quadro que até hoje perdura, isto é, pela aceitação da presente asserção.

Onde estão os resultados das Conferências, Simpósios, Seminários e eventos similares direcionados à educação, da escola básica à pós-graduação, que contaram com a participação de personalidades de alto nível, tanto do Brasil como do exterior?

Apenas na tentativa de relembrar alguns deles, embora correndo o risco de deixar de lado nomes da mesma importância: do exterior, Antônio Novoa, José Gimeno Sacristán, José Felix A. Rasco, Alberto Pérez Gómes, da Península Ibérica; Philippe Perrenoud, da França;

Michael Apple e Henry Giroux, dos Estados Unidos; Maurice Tardif, do Canadá.

É importante destacar a presença recente no Brasil do professor John Elliott, da East Anglia University (Inglaterra) e cujas falas foram transmitidas em tempo real da Unicamp para mais de 40 instituições através de videoconferências.

Do Brasil, embora mais uma vez correndo o risco de parecer injusto pela ausência de alguns nomes de tão alto significado como estes que me vêm à memória neste momento, cuja presença em nosso cenário tem sido constante: Menga Lüdke, Marilena Chaui, Luiz Antônio Cunha, Maria Isabel da Cunha, Marli André, Terezinha A. Rios, Mara Regina Lemes De Sordi, Antônio Joaquim Severino, Waldemar Sguissardi, José Dias Sobrinho, Denise B. Cavalheiro Leite, Dilvo I. Ristoff, Pedro L. Gergen, Cleiton de Oliveira, João Cardoso Palma Filho, Carlos R. Jamil Cury, Robert E. Verhine, Afrânio Mendes Catani, Ana Maria Freire de Almeida, Antônio Carlos Caruso Ronca, Silke Weber, Léa Depresbiteris, Elisabete M. de Aguiar Pereira, Isaura Belloni, Ivani C. A. Fazenda e tantos e tantos outros.

Quando e onde foram discutidos textos de verdadeiros sábios — o termo pode parecer um tanto fora de época — felizmente ainda vivos, como Noam Chomsky, Eric Hobsbawm e Edgar Morin? Sem eles, como pensar o mundo? Sem pensar o mundo, como tratar do fenômeno educativo?

Arrisco uma resposta: ficaram entre nós, professores e estudantes de pós-graduação, não atingindo a grande massa de educadores responsáveis pela escola básica. E não poderia ter sido de outra forma dado o estado deplorável em que se encontra a Educação em nosso país, atingindo em cheio o estado de ânimo de seus mais importantes agentes: os professores. Seria um exagero esperar deles um forte interesse e, mais ainda, o mesmo deslumbramento que sentimos diante de muitos desses autores, quando se sabe dos sentimentos de frustração, de perda de identidade e, o que é pior, de um certo niilismo que deles se apossou sem que tivessem qualquer culpa por este fato.

Sexta asserção

Optando pela Inovação Educacional, o profissional atuará, consequentemente, como agente de mudança.

A asserção acima, aceita por considerável parcela de nossos educadores, revela a grande ingenuidade da qual os mesmos estão imbuídos, acerca do papel que cabe à educação no contexto social. Possuídos por uma espécie de miopia que os impede de vê-la como parte de um todo mais amplo, atribuem-lhe um papel que de fato ela não tem e acabam acreditando poder realizar um trabalho realmente progressista, a partir da introdução de inovações — quase sempre de caráter exclusivamente didático — em organismos frequentemente velhos. Na realidade, porém, como já lembrava Werebe há mais de quarenta anos, "a simples adoção de modernas técnicas de ensino pode determinar apenas uma aparente transformação de educação, sem implicar alteração da vida da escola e das atitudes dos educadores e, muito menos, em mudanças educacionais substanciais" (Werebe, 1969, p. 43). Desta maneira, o sentimento de grandeza acaba sempre cedendo lugar à sensação de fracasso, de impotência, no momento em que, inevitavelmente, a ilusão se desfaz. Ou, conforme palavras dessa mesma autora, "[...] quando (os professores) tomam consciência das contradições inerentes ao seu trabalho e que comprometem qualquer renovação verdadeiramente eficaz" (Werebe, 1969, p. 33).

Por mais paradoxal que à primeira vista possa parecer, esta visão de elevado poder, só pode acarretar, de fato, duas crenças, aparentemente contraditórias: tudo poder e nada poder fazer. Por quê? Porque ela parte de uma ótica limitada, que identifica a educação como algo isolado, que se faz no vazio e que impede a percepção do fenômeno educacional como parte de um contexto mais amplo: social, político e econômico.

Quais os fatores responsáveis por esta visão estreita, que leva a tentativas de resolução dos problemas quase sempre em nível de sala de aula e mesmo em nível individual? Que se recusa a aceitar a ideia de que os problemas com os quais os professores vêm se defrontando, embora manifestos em salas de aulas, não poderão jamais ser resolvidos a partir da simples inovação, uma vez que suas raízes não estão no ensino e nem mesmo na educação?

São muitos, todos presentes num equívoco mais amplo, que consiste na aceitação desta asserção. Vejamos alguns deles.

Em primeiro lugar, cumpre denunciar a crença comumente aceita de que a educação é predominantemente um fator de mudança, em lugar de entendê-la como um processo bipolar, responsável tanto pela transmissão e preservação da continuidade da cultura, como pela modificação de patrimônio cultural adquirido ao longo da História. E mais: embora historicamente seu papel tenha oscilado entre esses dois extremos, é fácil identificá-la predominantemente como fator de conservação e não de mudança. Somente a partir da aceitação desta realidade poder-se-á assumir a possibilidade de ela ser, também, fator de mudança

> se não transforma a sociedade, por si só, não pode, porém, negligenciá-la. Precisa se ajustar às suas imposições e necessidades, bem como levar em conta o futuro social dos educandos. (Werebe, 1969, p. 46)

Esta visão parcial de um fenômeno bem mais amplo, provavelmente terá contribuído para gerar um outro equívoco, que consistiu na exagerada ênfase atribuída à Psicologia no trato dos problemas educacionais. Daí a uma nova hipertrofia, ou seja, ao psicologismo, foi apenas um passo. Como se não bastasse a forte dose de ingenuidade, inerente à pretensão de tudo poder se explicar e mesmo resolver (!) a partir de recursos tomados à Psicologia, é interessante lembrar que a atribuição de um valor tão grande a esta Ciência não conduziu obrigatoriamente à aquisição de sólidos conhecimentos sobre ela por parte dos educadores, capacitando-os a recorrerem eficientemente aos recursos que ela lhes oferecia no tratamento dos problemas com os quais se defrontavam no dia a dia.

Certamente, isto se fez em detrimento de uma visão sociológica, absolutamente necessária, sem a qual teríamos continuado na base de esforços esporádicos que caracterizam a ingenuidade pedagógica. Com isso, pretendo significar uma ampliação de visão do educador a fim de que possa melhor identificar os meandros e ligações dos problemas com os quais se defronta a sociedade, na qual o fenômeno educativo se realiza. Lembro desde já, porém, a necessidade de estarmos atentos, a fim de não incidirmos em outro extremo também indesejável: o sociologismo.

Quanto mais ampla e profunda for sua visão sobre o contexto em que vive — meio imediato no qual realiza suas atividades do dia a dia, a região em que trabalha, seu país, a problemática do mundo contemporâneo, enfim — quanto melhor você entender a História como um processo e portanto mais integralmente puder visualizar o momento atual, com maior clareza você acabará enxergando os liames que ligam os vários setores da cultura, um dos quais, sem dúvida, é a educação.

Em se tratando da educação superior, é necessário termos presente suas especificidades: a crise que a afeta ocorre num momento em que as próprias instituições se encontram em crise frente a um mundo globalizado, onde tudo ocorre com uma rapidez nunca antes imaginada.

A universidade pública brasileira está em crise, havendo um processo de sucateamento dessas instituições que, tendo início no período militar, continuou nos governos Sarney e Collor, assim prosseguindo ao longo dos oito anos do governo Fernando Henrique Cardoso, permanecendo inalterável durante grande parte do governo Lula. A partir de 2012, já no governo Dilma Rousseff, vários campi foram criados, fazendo parte das universidades federais já instaladas e novas IES tiveram início convênios com empresas particulares são implementados de modo a favorecer o capital e esvaziar a universidade de seu conteúdo político e crítico, fenômeno que fica claro quando se tem presente o desprestígio crescente das humanidades na instituição universitária e a ascensão das ciências exatas e da área tecnológica.

Enquanto isso, algumas instituições privadas tiveram taxas de crescimento nunca antes imaginadas. Mas a crise de identidade as atingiu da mesma forma que as públicas ou, até mesmo, mais diretamente. No entanto, em vez de enfrentar os problemas tais quais eles se apresentavam, as opções se deram em função de caminhos mais fáceis e, por que não dizer, dos mais lucrativos. É o que veremos a seguir.

Sétima asserção

Definições claras de competências para ensinar garantem a formação plena do profissional almejado pela Instituição.

Desde o início dos anos 2000 muitas de nossas IES vêm adotando um novo processo de gestão universitária, calcado diretamente no modelo empresarial, em que as planilhas substituem os textos, o termo professor é substituído por prestador de serviços e o termo estudante, por cliente. Evidentemente não se trata apenas de uma questão de vocabulário. É importante que se tenha presente o fato de as palavras terem muita importância, podendo deixar claro ou não aquilo que um determinado discurso expressa ou deixa de expressar. No caso deste novo modismo, o que está explícito é um modelo empresarial de administração universitária, que não abre espaço para a discussão de problemas básicos e relevantes, como as relações entre a universidade e o processo de globalização, entre a universidade e o neoliberalismo que ganhou corpo nos anos 1990 e que parece ter se implantado por um longo período a se julgar pelo que vem ocorrendo desde o início da primeira década deste milênio.

A terceirização do trabalho, além da precariedade dos contratos, cada vez mais comum no mercado de trabalho, já se faz sentir no ensino superior, gerando uma situação de instabilidade em relação à manutenção ou não do emprego no ano seguinte e até mesmo no semestre seguinte.

A voz do mercado vem falando mais alto que a voz dos atores envolvidos diretamente no futuro profissional. Docentes, docentes-pesquisadores e estudantes também são afetados pela modificação na divisão do trabalho e com a substituição do pleno emprego para o desemprego estrutural a partir da automatização e robotização da produção e dos serviços. Ambas provocadas pelas três revoluções técnico-científicas: microeletrônica, microbiologia e energia nuclear (Almeida Junior, 2004). A primeira delas, responsável por um fenômeno novo, o *outsourcing*, ou seja, a transferência para outras empresas, no próprio país ou no exterior, o chamado *off shoring*, fornecendo pela internet serviços que englobam desde centros de atendimentos por telefone até atividades de consultoria e elaboração de programas de *software*.

Neste quadro amplo e complexo, é evidente a insegurança de professores e gestores que procuram saídas urgentes para os impasses e desafios com os quais se veem envolvidos.

Consequência: Surgem sempre novas soluções que se apresentam como salvadoras e prontas para serem aplicadas. Acenam com resultados promissores e rápidos. Dispensam reflexões em profundidade sobre a educação neste início de século e, principalmente, sobre sua inserção no contexto sociocultural nacional e global contemporâneos, do qual, queiramos ou não, a educação é parte integrante.

Dentre as recentes propostas para enfrentar e resolver os presentes desafios, se destacam as chamadas competências para ensinar (Rovai, 2010).[6] Prometendo soluções para quem não tem outra alternativa senão continuar incidindo nos mesmos erros registrados há longo tempo, são adotadas sem criticidade e como as melhores saídas possíveis (Balzan, 2004). Exemplo: a recente adoção das competências aplicadas para fins de avaliação do período de internato nos cursos médicos.

As competências para ensinar constituem uma nova versão de propostas inovadoras que ganharam lugar de destaque na década de 1970 e início da década seguinte. São tributárias das inovações

---

6. Recomendo que você leia diretamente na fonte original, não apenas o meu texto mas, todos os demais que constam da publicação de Rovai, Esméria (Org.). *Competência e competências*: contribuição crítica ao debate. São Paulo: Cortez, 2002.

ocorridas nas últimas quatro décadas do século XIX e princípios do século XX. Estavam direcionadas, em suas origens, à formação de técnicos e, pouco mais tarde, ao êxito na formação de engenheiros. Foram assimiladas pela administração e, em seguida, acolhidas com entusiasmo pela área educacional.

Suponhamos, por hipótese, que fosse possível atingir, ao longo de um determinado tempo, todas as competências correspondentes à formação de um determinado profissional.

Pergunto: O que resultaria disso?

Um profissional, sim, mas de que qualidade? Estamos, na verdade, diante de um aparente paradoxo: a totalidade é maior que a soma das partes.

Ou, em outros termos: as qualidades que definem um bom profissional são maiores do que a soma das competências definidas detalhadamente para a formação desse mesmo profissional.

As conotações que envolvem a prioridade dada à especificação de competências são bem mais sérias do que podem parecer à primeira vista, uma vez que as competências estão associadas à ideia de esvaziamento do termo educação e sua eventual (?) substituição pelo termo instrução. Repete-se aqui aquilo que já foi assinalado anteriormente sobre a excessiva valorização dos objetivos específicos ou instrucionais.

As competências para ensinar poderão ter utilidade quando forem empregadas com muita parcimônia a partir de um determinado Projeto Político-Pedagógico, com objetivos gerais e de longo alcance claramente explicitados, embasados em pressupostos filosóficos, sociológicos e políticos, de cuja definição participem a direção e o corpo docente da instituição, assim como os coordenadores e professores de cada um dos cursos por ela oferecidos.

É a ideia de projeto, entendido como um conjunto de princípios orientadores do planejamento pedagógico e, como decorrência, do dia a dia do professor (Távora, 2001), que garante a adesão de toda a comunidade acadêmica ao conjunto de atividades que envolvem do trabalho em sala de aula à avaliação da aprendizagem; das reuniões em que se discutem os resultados de uma determinada unidade desenvolvida de forma integrada até as reuniões em que o próprio Projeto é avaliado e reavaliado.

As competências para ensinar, além de não suprirem esta ausência, vêm agravá-la, na medida em que tanto os gestores como o corpo docente, diante desta *novidade*, tendem a não perceber que estão atuando com detalhes e miudezas e que é preciso pensar grande, tendo presente o Projeto da Escola ou Universidade.

Oitava asserção

As universidades corporativas complementam e até mesmo substituem as IES (instituições de ensino superior).

Desde o início da primeira década deste século, várias de nossas IES vêm adotando um novo processo de gestão universitária, calcada diretamente no modelo empresarial, em que as planilhas substituem os textos, o termo *professor* é substituído por *prestador de serviços* e o termo *estudante* por *cliente*. Evidentemente não se trata apenas de uma questão de vocabulário. É importante que se tenha presente o fato de as palavras terem muita importância, podendo deixar claro ou não aquilo que um determinado discurso expressa ou deixa de expressar. No caso deste novo modismo, o que está explícito é um modelo empresarial de administração universitária, que não abre espaço para a discussão de problemas básicos e relevantes, como as relações entre a universidade e o processo de globalização, entre a universidade e neoliberalismo que ganhou corpo nos anos 1990 e que parece ter se implantado por um longo período a se julgar que pelo que vem ocorrendo nesta segunda década dos anos 2000.

Este novo modismo tem um nome — universidades corporativas — e são compatíveis com as competências para ensinar.

Convênios com empresas particulares são implementados de modo a favorecer o capital e esvaziar a universidade de seu conteúdo político e crítico, fenômeno que fica claro quando se tem presente o desprestígio crescente das humanidades na instituição universitária e a ascensão das ciências exatas e da área tecnológica.

Enquanto as instituições públicas continuam se debatendo em busca de soluções racionais para a crise que as atingem, muitas das particulares já estavam prontas para aderir a um novo modelo que rapidamente se transformou num novo modismo.

Ele surgiu com a desculpa de que a educação superior não estaria suprindo as novas demandas de pessoal qualificado para as novas funções junto às empresas.

Este novo modismo tem um nome — universidades corporativas — não por acaso compatível com as competências para ensinar.

Tendo se desenvolvido nos Estados Unidos a partir dos anos 1980, este modelo de universidade — *corporate universities* —, chega ao Brasil na década seguinte e se expande rapidamente.

No discurso do corporativismo, implícito no conceito de universidades corporativas, "a flexibilidade muda o sentido do trabalho, já que esta exige dos trabalhadores a capacidade de serem ágeis e prontos para mudanças rápidas, bruscas, em curto prazo. O resultado é a perda do sentido do trabalho por parte do trabalhador" (Silva, 2005, p. 59). No entanto, tudo transcorre como se este fato não tivesse a mínima importância, uma vez que, entre os motivos que levam as empresas a apostarem na implementação de universidades corporativas, um deles se destaca: "Criar um diferencial no desenvolvimento de seus funcionários, para atingir lucros altos em todos os componentes da cadeia de valor, ou seja, desenvolver seus trabalhadores, deixando-os mais aptos às atividades voltadas aos processos produtivos e sintonizando-os à cultura organizacional" (Silva, 2005, p. 58).

Procurando atender às necessidades do neoliberalismo, as universidades corporativas têm suas origens no taylorismo, e buscam suprir aquilo que é apontado pelo mundo empresarial como falhas da universidade na formação do trabalhador com o perfil adequado para as novas exigências do mercado: um trabalhador dotado de ampla flexibilidade, sendo capaz não só de aceitar como também de adequar-se às constantes mudanças de funções para as quais se considerava preparado, extremamente eficiente segundo critérios da empresa, competitivo e ao mesmo tempo fiel aos agentes empregadores. (Silva e Balzan, 2007)

A ampla difusão de novas IES, a maioria das quais além de ignorarem o tripé — ensino, pesquisa e extensão — não contemplam um Projeto de Universidade, encontra um campo fértil para o desenvolvimento de suas atividades nas universidades corporativas.

Ora, é muito mais simples e fácil aderir a um modelo aparentemente novo, mas que trás muito da velha universidade:

> universidade estruturada de tal forma que sua função seja: dar a conhecer para que não se possa pensar. Adquirir e reproduzir para não criar. Consumir, em lugar de realizar o trabalho da reflexão. (Chaui, 1980, p. 47)

Nona asserção

Os princípios da Gestão pela Qualidade Total (GTC) se aplicam de modo favorável ao processo educacional.

Como proceder diante da constatação de que os resultados alcançados pelas universidades corporativas vêm se mostrando efêmeros na maior parte dos casos em que esse modelo foi adotado?

Muito simples: uma nova proposta de inovação educacional já se encontrava disponível: por que não aplicar à educação, especialmente em nível universitário, os princípios da Gestão pela Qualidade Total (GQT)?

Vamos examiná-la com atenção: "O foco principal desse modelo de gestão é o atendimento integral das necessidades dos clientes, usuários ou consumidores. Além da qualidade intrínseca do produto, são levados em consideração os preços, o atendimento na compra e a assistência técnica" (Delpino e Balzan, 2007, p. 75-76). Seu emprego na área educacional "tem sido justificado por se considerar a escola como um dos elos da cadeia produtiva. Neste sentido é visto como medida racionalizadora de custos, capaz de sanar o que se considera improdutividade e ineficiência das instituições, no âmbito administrativo e pedagógico".

"Parte-se do pressuposto segundo o qual a escola deve atender às exigências de qualidade do produto (ensino) ao que o cliente (aluno ou mercado) espera" (Delpino e Balzan, 2007, p. 82). A GQT dá ênfase à satisfação total das necessidades e expectativas do cliente como fator principal para o aumento da competitividade e participação no mercado (Garvin, 1992). A qualidade, desta forma, pode ser vista a partir de um ângulo mercadológico e estratégico que visa ao aumento constante de mercado, a obtenção de lucros, satisfação total do cliente e procedimentos gerenciais utilizados para atender às necessidades de eficiência e eficácia do mercado. Qualidade é aqui entendida a partir de um conceito de universidade que a considera como agência formadora de profissionais cujos perfis são traçados pelo mercado.

Como no caso anterior — universidades corporativas —, a GQT, em sua primeira fase, denominada Era de Inspeção, é tributária dos estudos de Frederick W. Taylor que avaliavam o tempo e os movimentos realizados pelos operários na fabricação de um produto. O modelo, no caso brasileiro, tem uma história de mais de 90 anos, começando em 1922, no Rio de Janeiro, com a criação do Instituto Nacional de Tecnologia (INT), passando pela adoção do ISO 9000, em 1987, e culminando com a criação do Comitê de Qualidade/CB 25, da ABNT e a realização do 2º CBQB (Congresso Brasileiro de Qualidade e Produtividade) da UBQ (União Brasileira para a Qualidade), em 1992, no Rio de Janeiro.

A GTC chega à área educacional a partir do sucesso alcançado nos setores industrial e de serviços e já vem marcada pela concepção de mercado, atribuindo à escola o caráter de prestadora de serviços. Seus objetivos são claros: contribuir para a formação de profissionais orientados pelo mercado; reduzir os índices de evasão e reprovação; racionalizar custos. Seu emprego nesta área é justificado por ser a escola um dos elos da cadeia produtiva. É vista como medida racionalizadora de custos, capaz de sanar o que se considera improdutividade e ineficiência das instituições nos âmbitos administrativos e pedagógicos. Parte-se do pressuposto de que a escola deve atender às exigências de qualidade do produto (ensino) ao que o cliente (aluno ou mercado) espera. (Delpino, 2005, p. 54)

Esta ideia se contrapõe de modo radical a um outro conceito de qualidade, único aceito, felizmente, pela maior parte dos profissionais que atuam na área educacional: qualidade com o significado de oferta de ampla e profunda cultura geral aos estudantes, pessoas que se tornem capazes de entender a intrincada rede de relações socioculturais que caracteriza o mundo no momento atual. Capazes de ver e pensar o mundo de forma integrada, onde meio ambiente, economia, ciências exatas, biológicas e as humanidades em geral formam um todo indissociável, só passível de ser identificado quando se tem como referência permanente o contexto sociocultural em que esta trama ocorre.

Qualidade de ensino que tem nas relações de reciprocidade professor-aluno um de seus pontos de apoio mais marcantes e que ora vem sendo substituída por termos extraídos do mercado, isto é, relações prestador de serviços/cliente.

Qualidade de ensino na qual estão presentes os valores básicos da sociedade, que tem na solidariedade, na liberdade, no desenvolvimento do pensamento crítico, na busca de maior igualdade entre pessoas e classes sociais suas marcas de excelência.

Assim entendida, cabe lugar, no processo educacional, à formação de profissionais conhecedores do fato de que

> tudo hoje tem seu preço, é "precificado", avaliado como mercadoria. [...] Bacharéis e licenciados que saibam que disso tampouco a educação escapa.
> A qualidade se submetendo às leis do mercado passa a se identificar simplesmente com competências e habilidades do mundo da economia. Instrumentos objetivos, como os testes, assegurariam a objetividade

científica. Gerando dados que podem ser comparados e analisados segundo técnicas quantitativas, independendo dos analisadores, como se fossem livres dos vieses da subjetividade. (Dias Sobrinho, 2002, p. 49)

A alta qualidade do ensino e da aprendizagem assegura, então, a vinda para o mundo do trabalho de profissionais comprometidos com o sentido de suas atividades tanto para si próprios como para a comunidade mais próxima, a região e o país em que vivem. Um país ávido por desenvolvimento capaz de assegurar condições de vida digna a toda sua população.

Esta questão é tão importante para nós, educadores, que considero relevante voltar e reforçar outro discurso de Dias Sobrinho (1995, p. 28):

> [...] não há uma correspondência biunívoca entre as universidades e as empresas, entre a formação acadêmica e a evolução das profissões, entre os princípios educacionais e as demandas ocupacionais, os ritmos da pesquisa e do ensino e os tempos acelerados de seu consumo, a oferta de profissionais formados e as demandas do mercado, entre qualidade e quantidade produzidas e as que a economia requer. [...] A educação não se circunscreve ao momento ou ao tempo e espaço definidos pela métrica da escolaridade. É um processo que se inscreve no "tempo histórico total". (Dias Sobrinho, 1995, p. 28)

Por isso, descarta-se qualquer aproximação entre aquilo que aqui se entende por Qualidade Aplicada à Educação e as propostas derivadas tanto da Gestão da Qualidade Total (GTQ), bem como de outras propostas que deixem de ter a formação humana como foco inicial e ao mesmo tempo como objetivo último de atenção primordial.

Décima asserção

A pós-graduação, em níveis de mestrado e de doutorado (*stricto sensu*), pode ser alcançada por titulados na graduação em geral.

Estamos diante de uma falácia.

Cursar pós-graduação em nível de mestrado, assim como de doutorado, exige qualidades das quais muitas pessoas — a grande maioria — certamente não dispõem.

Em primeiro lugar, eu destacaria a disposição para estudar, de estudar muito. Ora, nem todas as pessoas se dispõem a isso. E esse fato não as torna inferiores àquelas que sentem prazer neste tipo de atividade. Trata-se, na verdade, de um prazer dentre uma infinidade de outros disponíveis à população, de modo geral.

Se isso, por um lado, não significa que quem gosta de estudar deixe de apreciar — chegando mesmo a odiar — determinadas disciplinas pelas quais passou ao longo da escola básica e mesmo durante a graduação, por outro lado, trata-se de pessoas que sentem prazer em ler. De ler jornais e revistas de tipo magazines, de ler pelo menos mais de uma das modalidades de livros: romances, poesias, ficção científica, biografias, política e tantos outros.

Por que isso?

Simplesmente porque um pós-graduando terá que ler muito, quer textos referentes à metodologia científica, livros e textos avulsos sobre sua própria especialidade, não raras vezes escritos em inglês, espanhol ou mesmo em francês. E terá que escrever muito. Desde suas próprias apreciações sobre determinados textos a resultados de pesquisas de curta duração, até sua dissertação ou tese.

É bom pensarmos sobre como seria triste para uma pessoa passar alguns anos fazendo coisas das quais não goste. Não se trata somente de tempo perdido, mas também de sofrimento desnecessário.

Outra qualidade indispensável e da qual nem todos dispõem: paciência, muita paciência. Os textos que devem ser reescritos, tantas vezes quantas o orientador determinar. E reescrever, até que satisfaça às suas exigências.[7]

---

7. Acho que cheguei a bater um recorde: devolvi trezes vezes o mesmo texto a uma estudante de mestrado e só então ele ficou satisfatório. Claro, ela reclamou muito e certamente me xingou bastante. No entanto, ao reencontrá-la há cerca de dois anos, me disse: "Professor,

Paciência em relação a bolsas de estudos solicitadas e cujas respostas demoram para chegar. Paciência em relação ao preenchimento de guias de importação para materiais indispensáveis a experiências em laboratórios, atividade burocrática que chega a irritar os estudantes que dependem deles para as suas pesquisas. E os sais que não chegaram... ou, se chegaram, são originários de um país que não merece a confiança do pesquisador... E o animal utilizado para teste cuja experiência o levou à morte. De repente, tudo parecendo difícil, que não vai dar certo...

Ao lado da paciência, vêm as qualidades intelectuais, socioafetivas e, em muitos casos, também psicomotoras.

Assim, é impossível cursar a pós-graduação se o candidato a ela, embora tendo cursado a graduação, não tenha adquirido a qualidade que se convencionou chamar de autonomia intelectual, que implica um conjunto de habilidades expressas em: elaboração de textos; localização de autores ou obras dentro de determinada temática de estudo; proposição de problemas para investigação; elaboração de planos de estudos; aplicação do pensamento crítico fazendo julgamentos e emitindo opiniões sobre problemas referentes não só à profissão, como à vida em geral.

Além da aquisição dessas habilidades, como se dirigir ao mestrado e/ou ao doutorado sem que se tenha presente a necessidade da atuação ética na vida profissional e social?

Como cursar a pós-graduação com aproveitamento no mínimo razoável, quando não se é capaz de trabalhar em equipe, atividade indispensável na construção do conhecimento nos tempos atuais?

Convém lembrar, a propósito, que o grande desenvolvimento científico se faz hoje primordialmente em grupos de trabalho deixando para trás as pesquisas individuais. Grupos que se encontram num mesmo laboratório ou que atuam num mesmo projeto, embora em laboratórios situados em países muito distantes uns dos outros. Grupos de estudos

---

aquilo foi muito duro para mim. No entanto, eu aprendi a escrever um trabalho científico. E acredite: faço as mesmas exigências com meus atuais orientandos".

que se reúnem numa determinada sala da universidade para troca de ideias e que expõem seus achados e seus questionamentos a equipes reunidas no mesmo instante, embora em horários extremamente diferenciados, conversando e se vendo, graças ao formidável desenvolvimento da eletrônica, algo impensável há apenas uma geração atrás. Equipes que desenvolvem um mesmo projeto em locais tão diferentes como, por exemplo, numa universidade da Califórnia e num centro de pesquisas situado em Mumbai? Quando o dia de trabalho termina para o grupo dos Estados Unidos, o novo dia já começou para os cientistas da Índia, que retomam o trabalho a partir do ponto em que os primeiros lhes passaram. Assim, a pesquisa simplesmente não para.

Desta forma, como pensar em mestrado e doutorado sem o domínio dos rudimentos da informática? Claro, o candidato à pós-graduação já não se encontra na época dos cartões perfurados para tratamento estatístico dos dados coletados. Se andar com esses cartões nas mãos dava status nos anos 1970, isto hoje é apenas parte da história da ciência e tecnologia.

A ideia de que qualquer pessoa possa passar pelo mestrado — que além das qualidades já enumeradas, implica ser aprovado numa seleção que envolve apresentação de projeto e de *curriculum vitae*, entrevista e prova escrita —, deve-se a alguns ranços de um certo populismo pedagógico que teve acolhida nas décadas de 1970 e 1980, por um grupo não desprezível de educadores que atuavam principalmente na área de ciências humanas e, dentro desta área, com destaque à pós-graduação em educação. Convém lembrar que, para ingresso no doutorado, exigências ainda maiores se apresentam aos candidatos, com destaque à inclusão, no processo de seleção, de sua dissertação de mestrado.

Quem pretende cursar pós-graduação *stricto sensu* deve ter seus próprios objetivos já definidos, embora muita coisa possa ocorrer durante o longo percurso que vai de três a sete anos. Outras oportunidades, em termos acadêmicos ou profissionais, certamente irão surgir, provocando alterações nem sempre simples e pequenas no projeto original.

Docência, pesquisa e extensão se encaixam no seu projeto de vida? Uma resposta afirmativa levaria o pós-graduando a olhar diretamente para as universidades, centros universitários e faculdades isoladas distribuídas em nosso próprio território nacional.

Não, o estudante não tem como meta ensinar e sim pesquisar. Pesquisar em que setor e onde? Junto a centros avançados de pesquisa e tecnologia? Estão aí, a título de exemplos, a Fiocruz — Fundação Oswaldo Cruz, localizada no bairro de Manguinhos, Rio de Janeiro — a Embrapa — Empresa Brasileira de Pesquisa Agropecuária, com sedes em diferentes pontos do território nacional e o IAC (Instituto Agronômico de Campinas) onde é possível tanto se juntar ao seu corpo de quase duzentos pesquisadores, como também cursar a pós-graduação em níveis de mestrado e de doutorado.

No entanto, além de os Institutos de Pesquisa se diferenciarem entre si, há que se escolher dentro de um deles o que pesquisar. A lista de possibilidades é bastante grande, desafiando mais uma vez a escolha do doutorando: se a opção for pelo Embrapa, desenvolver pesquisa em avaliação e reabilitação de áreas degradadas ou em controle de pragas e plantas invasoras? Plantas transgênicas ou recursos genéticos?

As possibilidades para pesquisa também são amplas no IAL (Instituto Adolfo Lutz), localizado na capital paulista. Estudos e pesquisas voltados para a saúde pública? Biologia médica?

Além de o candidato se defrontar com o problema da escolha sobre o que e onde pesquisar, há outro desafio que não pode ser ignorado: as possibilidades de ingresso na carreira de pesquisador são restritas.

Em todos esses casos e em tantos outros, é necessário, além das qualidades já citadas, talento, muito talento. Palavra forte e ao mesmo tempo ingrata que pode significar muita coisa e ao mesmo tempo, nada. Condição inata para o desenvolvimento de notáveis habilidades que podem corresponder a áreas tão diferentes como música e arqueologia? Habilidades passíveis de serem desenvolvidas a partir de grande motivação e mediante a aplicação de técnicas específicas?

Não tenho e não pretendo ter certeza sobre o significado exato deste termo. Mas, tanto você quanto eu, convivendo com uma pessoa durante tempo razoável, sabemos se ela tem algum talento direcionado para uma ou mais áreas específicas do conhecimento. Claro, a resposta será mais clara no momento em que o candidato à pós-graduação se submeter a um teste específico, como, por exemplo, ao pretender cursar artes: da música ao teatro, da pintura à escultura.

Esse amplo leque de oportunidades oferecidas ao candidato a atuar na educação superior ou em Institutos de Pesquisa, tem uma limitação que nem todos aqueles que à primeira vista estão dispostos a estudar ao longo da vida estão dispostos a aceitar: ninguém ficará rico nestas áreas.

Portanto, se a pós-graduação, por um lado, não é para todos, sendo, pelo contrário, bastante seletiva, por outro, lado há pessoas que embora dedicadas aos estudos, optem por ocupações profissionais que além de proporcionar altos rendimentos, também dão *status*.

Para esses, que têm como foco altos cargos administrativos, inclusive gerência e direção de grandes empresas privadas, multinacionais ou não, assim como junto a órgãos públicos, há diferentes caminhos, além da pós-graduação *stricto sensu*: se a pessoa fez a graduação em área não ligada à Administração, poderá iniciar uma nova graduação, desta vez em Ciências Administrativas. Há um caminho mais curto, porém: cursar MBA (Master of Business Adminstration), escolhendo dentre os muitos que ora são oferecidos com sedes no Brasil e no exterior.

Seria muito bom para o país se uma parte dos candidatos à pós-graduação tivesse como objetivo atuar junto à Educação Pública em níveis fundamental e médio. Mais uma vez as opções seriam muitas: desenvolver atividades na área administrativa, na área pedagógica, ou ainda em orientação educacional? A cada uma dessas escolhas cabem novas opções: da administração em nível de Secretarias de Estados à administração junto a uma determinada unidade escolar; da coordenação pedagógica geral de uma unidade escolar à coordenação pedagógica junto a professores de áreas específicas do conhecimento. Tão ou mais importante que essas opções, seria ter como objetivo lecionar junto à rede pública.

No entanto, no presente momento, dado o nível de degradação em que se encontram nossas escolas públicas, esta última opção soa apenas como uma fantasia. Para que ela se torne realidade, teremos muitos anos de luta pela frente, envolvendo desde as condições de estrutura física das escolas ao reconhecimento legítimo do trabalho docente. Nossas autoridades públicas têm sido tão negligentes a este respeito que chega a me parecer que nem mesmo lutar basta. Para acordá-los, talvez somente a chegada ao fundo do fundo do poço seja necessário. O que, sem dúvida, seria lamentável.

As condições que arrolei mais acima e que devem ser supridas para os candidatos à pós-graduação, talvez soem para você como um certo elitismo de minha parte. Neste caso, só me resta dizer que sinto muito, mas, mestrado e doutorado não são, de fato, para qualquer um.

Encerrando...

Consciente de suas limitações, mas também das possibilidades reais acerca daquilo que é possível realizar como professor, seu trabalho será menos grandioso, mas sem dúvida alguma, mais real. O preço a pagar, certamente valerá a pena: teremos mais profissionais sujeitos da situação e menos idealistas jogados ao sabor do acaso.

Somente a partir daí poderá surgir a possibilidade de sua atuação em termos de agente de mudança. Será possível, porque o senso de realidade, embasado por um sólido conhecimento sobre a educação como parte de um contexto sociocultural complexo e dinâmico, lhe permitirá detectar os pontos-chave sobre os quais você terá possibilidade de atuar.

A definição de objetivos terá sentido de realidade e a operacionalização dos mesmos se fará na medida em que você os julgar necessários, tendendo sempre a garantir as mudanças identificadas como desejáveis. Será possível selecionar dentre a imensa lista dos conteúdos, aqueles considerados os mais significativos para um determinado grupo, que num dado momento histórico apresenta necessidades e expectativas autenticamente legítimas.

A seleção de métodos de ensino partirá de outros pressupostos que não o casuísmo ou a ânsia por novidades e a avaliação fará parte integrante do processo educativo tanto a serviço do estudante como para sua própria autoavaliação em lugar de uma mera mensuração a serviço da repressão.

As coisas se completam, pois em momento algum estou pregando um novo tipo de saber enciclopédico. Estou insistindo, isto sim, na necessidade de você atentar para determinados pontos que têm sido bastante negligenciados: o conhecimento da realidade sociocultural, a necessidade de se possuir sólidos conhecimentos sobre o campo específico com o qual se vai trabalhar, ao lado de um instrumental bastante diversificado sobre a metodologia de ensino. Se, por um lado, esta nada mais é que uma oferta de alternativas para a ação docente — ela facilita ao educador a escolha daquela que mais convém num determinado momento, frente a uma determinada situação — por outro lado, é evidente que quanto maior seu repertório sobre este instrumental, maiores possibilidades você terá de usá-lo adequadamente e não casuisticamente.

Tão ou mais importante que possuir esta base sólida, é importante que você esteja atento para que sejam continuamente levantadas questões que envolvam as relações entre a educação e os demais setores da sociedade. Eis algumas delas. Não colocá-las em discussão implica anular as possibilidades de mudança.

Que tipos de aspirações você tem numa sociedade em rápido processo de mudança, com problemas que envolvem não apenas sua vida particular, como também seu próprio trabalho? Quais suas expectativas e frustrações, quando o sabemos submetido aos apelos do consumo e competição desenfreados, presentes na publicidade desencadeada pelos meios de comunicação de massa? Quem é você que, como profissional, normalmente leciona em diversas instituições, dispondo de pouco ou nenhum tempo para seu próprio enriquecimento cultural? Estaríamos já diante do "proletário das profissões liberais" identificado por Mills ao estudar a classe média americana nos anos 1950?

Quais os fatores que atuam de maneira a fazer com que a educação acabe se limitando a reproduzir as relações sociais vigentes em lugar de contribuir para a mudança dessas relações? Como foi possível que ela assumisse quase que exclusivamente um papel de legitimação de posições já definidas por diferenças de classes, confirmando desníveis culturais de origem familiar — incluindo, portanto, diferenças de rendas — em lugar de propiciar condições para uma maior igualdade de oportunidades?

Teria sido a própria Escola Nova — que hoje é tratada apenas na História da Educação —, a responsável pela percepção tão tardia de fatos como esses? Fatos que, embora nos pareçam hoje absolutamente claros, não o eram até há bem pouco tempo e que continuam ignorados por um tão grande número de educadores?

A necessidade de discutir essas questões, que envolvem necessariamente outras de caráter não apenas educacional, mas predominantemente social, política e econômica, não pode ser ignorada pelo profissional que atua em educação nos seus vários níveis desde que ele não pretenda continuar oscilando entre a consciência ingênua de tudo poder e a desagradável sensação de nada poder realizar.

Referências

ALMEIDA JUNIOR, João Batista de. A qualidade da aprendizagem nos cursos da área de ciências exatas e engenharias. *Revista de Educação*, Pontifícia Universidade Católica, Campinas, n. 12, jun. 2002.

ALMEIDA JUNIOR, Vicente de P. *O processo de formação das políticas públicas de avaliação da educação superior no Brasil (1983-1996)*. Tese (Doutorado) — Faculdade de Educação, Universidade de Campinas, Campinas, 2004.

BALZAN, Newton C. Sete asserções inaceitáveis sobre a inovação educacional. In: _____. *Inovação educacional no Brasil*: problemas e perspectivas. São Paulo: Cortez/Autores Associados, 1989. p. 265-285.

BALZAN, Newton C. Didatique universitaire en question: possibilités et des limites de compétences pour enseigner. *Colóquio da Admee*, Lisboa, n. 17, 13 p., nov. 2004. (Mimeo.)

BLOOM, B. et al. *Taxonomia de objetivos educacionais*: domínio cognitivo. Porto Alegre: Globo, 1972.

CHAUI, Marilena de Souza. Ventos do progresso: a universidade administrada. In: PRADO JUNIOR, Bento (Org.) *Descaminhos da educação pós-68*. São Paulo: Brasiliense, 1980.

COMBS, Arthr W. *Myths in educacion*. Boston, MA: Allyn and Bacon, 1979.

DELPINO, Rosemar. *Ensino superior:* a qualidade total em questão. Dissertação (Mestrado — Faculdade de Educação, Pontifícia Universidade Católica, Campinas, 2005.

_____; BALZAN, Newton C. Educação superior: a qualidade total em questão. *Avaliação*, revista de avaliação da educação superior, Universidade de Sorocaba (Uniso), v. 12, n. 1, p. 73-90, mar. 2007.

DIAS SOBRINHO, José. Universidade: processos de socialização e processos pedagógicos. In: BALZAN, Newton C.; DIAS SOBRINHO, J. (Orgs.). *Avaliação institucional*: teoria e prática. São Paulo: Cortez, 1995.

_____. *Avaliação democrática*: para uma universidade cidadã. Florianópolis: Insular, 2002.

EISNER, E. W. Educational objectives: help or hindrance? *School Review*, n. 75, p. 250-266, 1976.

FAURE, Edgar. *Aprender a ser*. Lisboa: Bertrand, 1974.

GARVIN, D. *Gerenciando a qualidade*: a visão estratégica e competitiva. Rio de Janeiro: Qualitymar, 1992.

GOLDEMBERG, Maria Amélia A. As contribuições da ciência ao ensino: mito e antimito. *Cadernos de Pesquisa*, São Paulo, Fundação Carlos Chagas, n. 12, p. 55-59, mar. 1975.

GOODLAD, Sinclair. *The quest for quality*: sixteen forms of heresy in higher education. Buckingham: Open University Press, 1995.

GULLAR, Ferreira. Dialética da mudança. *Folha de S.Paulo*, 6 maio 2012, p. E10, cad. Ilustrada.

MILLS, Charles Wright. *A nova classe média*. Rio de Janeiro: Zahar, 1976.

ROVAI, Esméria (Org.). *Competência e competências*: contribuição crítica ao debate. São Paulo: Cortez, 2002.

SILVA, Marco Wandercil da. *Universidade corporativa*: uma avaliação no contexto do ensino superior no Brasil. Dissertação (Mestrado) — Faculdade de Educação, Pontifícia Universidade Católica, Campinas, 2005.

_____; BALZAN, Newton C. Universidade corporativa: (pré-)tendência do ensino superior ou ameaça? *Avaliação*, revista de avaliação da educação superior, Universidade de Sorocaba (Uniso), v. 12, n. 2, p. 233-256, jun. 2007.

TÁVORA, M. Josefa de S. *Projeto pedagógico no Brasil*: o estado da arte. Tese (Doutorado) — Universidade Estadual Paulista (Unesp), Marília, 2001.

UNESCO, *O Correio* (1) ano 1, janeiro, 1973.

WEREBE, M. J. Alcance e limitação das experiências de renovação pedagógica. *Edição Hoje*, São Paulo, Brasiliense, n. 2, 1969.

Capítulo VII

Você na era da informática

Sempre que um professor da Escola Politécnica (USP) reclama por não saber como proceder diante de um problema ligado à informática, eu lhe digo: procure algum dos alunos. Eles sempre sabem. (Orsini, 1995)

Acredito que os programadores dessas maravilhas eletrônicas tenham pouca prática de vida real. Por serem muito jovens e já nascido com um *mouse* na mão, talvez não saibam que as relações humanas podem se formar a partir de um encontro casual, um aperto de mão, um brilho no olhar. (Castro, 2012)

Se você já possui grande habilidade e versatilidade na área da Informática, se já trabalha com Iphone, Ipad e outros equipamentos, acessando e cruzando dados e informações de um tablet para seu computador; se você esteve ou desejaria ter estado presente na *Brazil Game Show* (feira de *games*) ocorrida em São Paulo na penúltima semana de outubro de 2013 — e pode, até que enfim, experimentar as novas plataformas da Sony e da Microsoft — PlayStation 4 e BoxOne, sentindo-se descontraído ao participar de campeonatos de *games* e manusear títulos ainda não disponíveis no mercado como o Battlefield

4, por exemplo; se você utiliza com frequência seu smartphone e tem familiaridade com diferentes sistemas operacionais, conhecendo as vantagens do Android em relação a outros aplicativos para enviar e receber mensagens, imagens e vídeos através do WhatsApp; se já entrou em contato com a nova loja *on-line* da Google e sabe avaliar o alcance do Galaxy Tab 2 a partir de seu preço e de seus oito gigabytes de memória; se você já está se utilizando do DuckDuck-Go, buscador que lhe assegura privacidade no mundo da eletrônica; se já conhece os chineses Taobao — com seu sistema Alipay — e seu concorrente Jing Dong; se você já tem este perfil, a maior parte deste texto não é indicado para seu uso!

Tendo este perfil, preste atenção apenas nas interrogações que faço sobre as relações entre a eletrônica e a informática com a educação, deixando de lado minhas sugestões e tentativas de orientação aos menos familiarizados com a informática, ou seja, da página três em diante.

Esta informação também vale para os pesquisadores que já se utilizam do Research Gate, embora um número muito reduzido de brasileiros sejam usuários desta rede social voltada exclusivamente para cientistas.

Sugiro a todos — com ou sem prática na informática —, a leitura da resposta dada por Gilbert (2011, p. 24) a uma pergunta que provavelmente muitos de nossos estudantes estarão fazendo: Por que preciso de professor se eu tenho o Google?

Vamos, então, a algumas considerações e interrogações sobre o tema deste capítulo.

Eu não acreditava no que via! Algo deveria estar errado. Não era possível que dos 4.446 aprovados no vestibular regular da PUC-Campinas 2013 e matriculados no primeiro semestre, 3.916 tivessem assinalado a internet como a mídia que utilizam com mais frequência. Vinham a seguir: rádio e TV, assinalados por 401 dos novos estudantes e em último lugar, revista e jornal indicados por apenas 160 ingressantes.

Você também se sentiria perplexo diante destes dados ou eles não o surpreenderiam?

Como a pergunta constante do questionário respondido no momento da inscrição para o vestibular explicitava assinale até 3 mídias que você utiliza com mais frequência, é válida a suposição de que a maioria sequer recorresse a outros meios para se informar além da internet.

Sim, algo deveria estar errado. Como o NTIC (Núcleo de Tecnologia da Informação e Comunicação) da universidade é de alta confiabilidade, procurei o coordenador do DCOM (Departamento de Comunicação) e o pró-reitor de graduação para me certificar sobre como eles viam estes dados.

Em ambos os casos, fui derrotado em minha ingenuidade de supor que nossos estudantes não poderiam, de modo algum, estarem tão conectados à internet.

Em nossas conversas, me sugeriram, por exemplo, que eu me sentasse numa das fileiras bem no alto e mais atrás num dos cinemas da cidade e que durante o filme, observasse quantas pessoas estariam ligando e desligando seus celulares para enviar e receber mensagens. E me perguntaram: Você ainda não observou que a maioria deles já não usa relógio, recorrendo aos celulares para saber as horas? Claro, acabaram me convencendo que de fato as coisas eram assim mesmo.

Estabelecendo relações entre esses dados e outros disponibilizados pelo NTIC constatei não haver diferenças entre aqueles que ingressaram através do Vestibular Regular e os que ingressaram através do vestibular social.[1] Rendimentos mensais de suas famílias tampouco tinham quaisquer relações com o fato de eles poderem acessar a internet. Mais: a maioria absoluta dispõe de pelo menos um computador na própria residência, com possibilidade de acesso à internet.

---

1. Vestibular social. Trata-se de processo seletivo social de candidatos aos cursos de Licenciatura e Bacharelado da PUC-Campinas, realizado no 1º semestre de 2012 e 2013, com o objetivo de incentivar a formação de docentes para atuar na educação básica e, dessa forma, reduzir o déficit nacional de professores nesse nível de ensino, e também, com o objetivo de incentivar a formação de profissionais para atuar nas várias áreas do conhecimento. Veja-se, a propósito: Pontifícia Universidade Católica de Campinas, Edital n. 008/2011.

Eles de fato estão sempre plugados na internet e como acredito que o mesmo — em maiores ou em menores proporções — esteja ocorrendo nas demais instituições de educação superior do país, acabei levantando uma série de questões. Eis algumas delas: qual o significado desta constatação? Que novos problemas este fato nos traz? É possível continuarmos a agir da mesma forma em sala de aula como procedíamos até tempos bem recentes? Nossos jovens estariam se informando apenas superficialmente? Mais forte e grave: eles continuarão precisando de nós, professores, uma vez que dispõem da internet? Como você se vê diante deste novo quadro?

Na verdade os tempos mudaram e não podemos ignorar esta realidade. Temos que aceitar as mudanças que chegam cada vez mais rapidamente, fazendo com que já se afirme estarmos vivendo uma mudança de época e não apenas uma era de mudanças (desculpe-me pelo clichê).

Se até há pouco tempo os serviços de xerox funcionavam quase ininterruptamente permitindo que as turmas da frente, que anotavam tudo que os professores diziam em classe passassem aos demais suas anotações, atualmente a moda é recorrer acriticamente aos recursos digitais: Internet, YouTube, Linkedin, Wikipedia, Facebook, blogs, Torpedo, Tumblr, Instagram, WhatsApp e outros mais.

Se por um lado esses meios podem nos oferecer amplas possibilidades para a implementação do ensino e aprendizagem, libertando-nos de certas atividades rotineiras e proporcionando-nos mais tempo para que cuidemos daquilo que realmente importa — desafiar continuamente os estudantes através de situações-problemas, aprofundar conteúdos e esclarecer dúvidas —, por outro lado tem sido muito frequente o uso inadequado destes mesmos meios. É sobre isto que pretendo chamar sua atenção. É provável que você precise de alguns esclarecimentos e mesmo de um certo incentivo ao tratarmos deste tema.

Se você pertence à minha geração e mesmo a uma geração pouco mais abaixo, aceite: você terá dificuldades em utilizar os recursos que a informática lhe oferece. Se eles nos parecem fantásticos e à primeira vista complicados demais, para tornar a situação ainda mais complexa, eles se renovam dia após dia, oferecendo-nos oportunidades para usos cada vez mais amplos e, por consequência, colocando-nos frente a novos desafios.

Volta e meia nos sentimos extremamente ignorantes, não sabendo como lidar com recursos aparentemente tão simples, apesar de nossos mestrados, doutorados e tantos e tantos anos de pesquisa e docência.

Muita gente, ao se iniciar nesta área se sente insegura, temendo que seu micro possa quebrar se algum erro for cometido. Há aqueles que percebem sua riqueza potencial e ao mesmo tempo se sentem incapazes de lidar com ele. Depois de um ou dois anos vendo-o parado sobre uma mesa, resolvem vendê-lo ou mesmo doá-lo. Não dá... Não dá mesmo... como me disse há pouco tempo uma colega de faculdade.

O que fazer? Como entrar nisso?

Antes de mais nada aceite. Aceite suas dificuldades. Você acabará vencendo-as embora sempre se sinta incompetente diante de seus filhos adolescentes e de seus netos ainda crianças. Aceite, este mundo da eletrônica faz parte da vida deles, muitos — talvez a maioria — começaram a mexer neles quando mal acabavam de deixar as fraldas. De fato, este não é o nosso mundo.

Mas não se apavore e nem mesmo se acanhe. Frente a alguma dúvida sobre como proceder, espere um pouco até que seus filhos voltem da escola ou até que um de seus netos passe pela sua casa e lhe ajude. Mas eles serão tão rápidos ao lidarem com a máquina que você mal terá tempo para aprender as operações que eles terão realizado.

Digo isto me lembrando daquilo que ouvi de um dos mais notáveis professores de Engenharia Elétrica da Escola Politécnica/USP e que pus em destaque na epígrafe deste texto: se você não sabe como proceder chame um de seus alunos. Eles sempre sabem. É importante destacar que ele se dirigia a professores da Politécnica.

Mas afinal: por que recorrer à informática? Utilizá-la sempre?

Veja duas respostas de professores universitários sobre a questão a eles proposta: Informática aplicada ao ensino e aprendizagem: qual sua importância? Quais seus limites? (Balzan, 2002, p. 29-49)

> Acreditar que o uso da informática estaria em contradição com a formação do profissional de qualquer área por impedir um contato com o concreto seria um exagero, assim como utilizar-se somente de modelos informatizados, desprezando totalmente experiências com o concreto. (Docente, Ciências da Computação)

> A informática é importante e a simulação através de computadores é hoje ferramenta imprescindível em Engenharia, mas sempre acompanhada de trabalhos práticos que permitam estabelecer correlações entre os modelos desenvolvidos e a realidade. A informática é uma ferramenta importante se usada com bom senso. (Docente, Engenharia Mecânica)

A observação seguinte foi feita por um docente de Engenharia Elétrica, durante uma reunião do PECD (Programa Estágio Capacitação Docente)[2] — Unicamp:

> Tenho receio de que o acentuado uso de simulações, através da informática, venha resultar na formação de profissionais cujo perfil estará muito distante daquele que se convencionou atribuir aos engenheiros: pessoas que gostam de ver como as coisas funcionam, porque funcionam, porque apresentam falhas. (Docente, Engenharia Elétrica)

Veja também, através de um extrato de diálogo entre três intelectuais, apenas um deles diretamente ligado à Educação — Gleiser, professor de física teórica no Dartmouth College, em Hanover (EUA) —, Betto, frade dominicano e Falcão, músico, astrólogo e escritor (2011,

---

2. Programa Estágio Capacitação Docente (PECD), programa desenvolvido na Unicamp pelas Pró-Reitorias de Graduação e de Pós-Graduação, nos últimos anos da década de 1990 e início da década posterior. Mais de 600 doutorandos de diferentes áreas do conhecimento participaram do Programa. Os resultados alcançados foram excelentes. Foi extinto.

p. 38) —, como eles veem as relações entre informática e educação por parte de nossa juventude:

Gleiser: "[...] tem que ensinar a questionar. Essa é a principal função da educação: dar o instrumento de reflexão para que o aluno possa questionar o mestre".

Betto: "Por exemplo, uma das preocupações que tenho: trabalhei muito com educação popular, durante 15 anos sistematicamente, e hoje vejo a molecada na internet, recebendo um fluxo de informação enorme, que não consegue processar, não consegue estabelecer a síntese cognitiva, o que chamo de 'varal'."

Falcão: "Fica tudo pendurado ali."

Betto: "Como um varal de roupas no quintal. As peças de roupa são diferentes, mas no varal elas ficam ordenadas. Quando não se tem a capacidade de síntese cognitiva, a informação se perde e não se consegue estabelecer conexões. Não há proveito."

Finalmente, sinta os lamentos de um professor da área de comunicações, muito familiarizado com a informática:

> O mundo da comunicação está saturado de informações que deixam uma grande dúvida: o que fazer com elas para melhorar esse mesmo mundo? Parece que vivemos em uma Babel de dados sem sentidos. Não que não entendamos o que é comunicado de modo acelerado por todos os meios de comunicação, em uníssono. O que estamos perdendo é o sentido das palavras, das falas e dos discursos. São apenas palavras, palavras e palavras, lembrando uma crítica de Sartre sobre o "dessignificado" da comunicação como produto do nada da existência. Desculpe a pequena reflexão em tom filosófico.
>
> É claro que os *sites* são muito úteis, vivemos conectados ao mundo, não há escapatória.
>
> Mas tenho minhas saudades dos papos da adolescência quando, sentados nos limites de uma praça urbana ou entre muros de uma sala de aula, sem os aparatos tecnológicos, imaginávamos poder transformar a humanidade com nossas próprias mãos; hoje, um sonho cada vez mais distante.

Mas não perco as esperanças. Pelo menos no contexto circunstancial em que vivemos somos capazes ainda de mudar as coisas para melhor. (Almeida Junior, 2012)

Claro, não poderei responder as perguntas que levantei mais atrás dados meus próprios questionamentos sobre elas. Mas poderei lhe apontar caminhos para encontrar respostas, pelo menos provisórias, através de observações sobre como muitos de nossos colegas, professores, estão se posicionando frente a elas.

De um lado há aqueles que, como eu, veem com certo pessimismo a nova situação.

Para este grupo, nossos novos alunos se informam de maneira extremamente restrita e mesmo superficial. Tudo é acessado de maneira rápida, passando de uma informação para um diálogo: veem algo sobre o Congresso Nacional e logo em seguida enviam uma mensagem para um amigo; chega uma informação sobre mortes em áreas pacificadas do Rio de Janeiro e segue um aviso para a mãe de que vai se atrasar para o jantar; algo sobre a programação cinematográfica na cidade é seguida de um alô para uma colega de turma combinando o *happy hour* da sexta-feira à noite.

Estamos preocupados: nossos estudantes recorrem o mínimo do mínimo a leituras de textos para se informarem e isto acarreta uma perda lamentável em termos de aquisição de uma consciência crítica sobre o Brasil, o mundo, o município em que vivem, e por que não dizer, sobre a Universidade na qual estão ingressando.

Poderíamos dizer que eles estariam sempre informados? Sim, mas em que nível? Menos do que estariam se suas leituras se limitassem a algo equivalente ao *USA Today*, jornal americano que todos nós conhecemos e que traz informações diárias sobre clima, esportes, finanças, lazer, política, sobre tudo enfim, mas sempre de modo rápido, sintético, superficial.

Para nós, a fim de se informar de verdade, são necessárias condições e momentos apropriados, de preferência em nosso próprio lar, num horário costumeiro. No entanto, acreditamos que podemos também ler jornais e revistas sentados num vagão de metrô, num percurso de ônibus entre nosso lar e o local onde trabalhamos. Há uma ressalva, porém: esses meios de locomoção estão cada vez mais superlotados, deixando de oferecer, como num passado recente, condições para a leitura.

Segundo este grupo, não é possível se informar efetiva e plenamente na telinha de um celular ou de um Iphone e mesmo de um Ipad.

Como comparar a leitura de um texto de modo concentrado, indo em frente e voltando para um determinado parágrafo, associando as ideias do autor a fatos já conhecidos, levantando mentalmente questões que gostaríamos de fazer ao autor, como comparar esta forma de leitura a uma mera passagem por uma telinha cujas informações são sempre muito sintéticas, como se seus *experts* partissem do pressuposto segundo o qual ler um texto é muito chato e cansativo, não vamos perder tempo, temos aqui o essencial.

Alguém por acaso acredita ser possível entrar em contato com Arnaldo Jabor, Alberto Dines, Vladimir Safatle, Marco Antônio Villa, Demétrio Magnoli, Oded Grajew, Marilena Chaui, Mino Carta, Ricardo Antunes, Carlos Heitor Cony, entre tantos outros articulistas, simplesmente acionando um equipamento eletrônico, embora de excelente qualidade? Sim, o texto disponível poderá ser lido mas em que condições e em que nível de concentração? Conteúdos mais densos exigem uma dedicação do leitor que vai além da simples disponibilidade dos textos, tão facilitada pelas tecnologias de hoje.

Do lado oposto estão aqueles que argumentam que a mesma coisa pode ser feita através de um tablet.

As informações estão todas ali, é possível acessar diversos jornais e revistas lendo textos dos mesmos autores que assinalei mais acima. Também é possível ir adiante e voltar a um determinado parágrafo do texto e mesmo assinalar aquilo que deva ser lembrado de modo preferencial num outro momento. E mostram o formidável *e-book*: livros inteiros publicados em diferentes países poderão ficar para sempre ali, dentro do aparelho. Querem coisa melhor? Mais maravilhosa?

E nos mostram com uma série de exemplos que o jornal escrito está com seus dias contados. Segundo os mais extremados, jornais e revistas como os conhecemos, já eram. Vem os exemplos: não é fato real que diversos diários americanos, alguns deles fundados há mais de um século, passaram a circular apenas três vezes por semana? Não é real que o mesmo jornal que assinamos e recebemos diariamente tenha disponibilizado sua versão *on-line*?

Os representantes do primeiro grupo poderiam contra-argumentar com o exemplo dado por Müller-Wirth, editor de cultura do jornal semanal mais importante da Alemanha, *Die Zeit*, que esteve em São Paulo participando do 4º Congresso Internacional Cult de Jornalismo Cultural:

> Os longos textos intelectuais, que há décadas têm um espaço garantido nos principais cadernos de cultura da Alemanha, não estão ameaçados pelo fenômeno da digitalização da mídia. Eles sempre terão um lugar ao lado da informação curta e rápida dos portais jornalísticos [...] Nunca o *Die Zeit* impresso contou com tantos leitores como nos últimos anos. (2012, p. E-10)

Se você dispõe de um tablet, seu posicionamento frente aos dois grupos ficará mais fácil. É provável, no entanto, que você não assuma radicalmente nenhuma das posições, optando por uma alternativa que contemple ambas.

Para qualquer um dos dois grupos — e de outros mais que possam ser criados — estou certo de que o ponto fundamental ou, se preferirmos, o objetivo primeiro, seja este: estimular o estudante a refletir. Reflexão, mais e mais. Formação e desenvolvimento de pessoas críticas, capazes de integrar conteúdos de diversas áreas do conhecimento e de localizar no tempo e no espaço as informações disponibilizadas em jornais e revistas impressos ou via *on-line*.

Cada vez mais você será "presenteado" com textos extraídos do Google ou do Wikipédia em resposta a tarefas que solicita aos seus alunos. Você deverá aceitá-las, simplesmente, acomodando-se a algo que infelizmente sempre ocorreu e apenas se modernizou isto é, cópias obtidas no serviço de xerox e agora na internet? Ou deverá incentivar seus estudantes a completarem suas exposições e comentários feitos em salas de aulas, recorrendo à internet mas deixando claro que deverão trazer para a próxima aula seus próprios comentários e conclusões?

Você será preciso ao indicar aquilo que deve ser acessado ou apenas se limitará a dizer: Veja no Google... Entrem no meu blog?

Você poderá aproveitar as experiências que seus estudantes já têm em relação à informática e longe de ignorá-las ou de adotar uma atitude de recusa ou distanciamento, expandi-las para além de seus estreitos horizontes criando um sem-número de situações que contribuam para abrir suas cabeças, em direção a uma consciência crítica cada vez mais ampla. Pode parecer um paradoxo mas podemos, de fato, partindo das informações sempre muito sintéticas e até mesmo superficiais que eles obtêm através de suas telinhas, desenvolver atitudes favoráveis a leituras de textos mais longos. Procedendo dessa forma, estaremos — isto seria apenas um sonho de quem chegou tarde ao mundo digitalizado? —, encaminhando-os para a leitura de jornais, revistas e livros impressos.

Se você é pouco experiente em lidar com a eletrônica e a informática, é provável que precise de alguns esclarecimentos e mesmo de um certo incentivo para atuar com os recursos que ambas lhe oferecem ao trabalhar com seus alunos. No entanto, há dois fatores que contam a seu favor: i) a cada dia que passa você encontrará mais pessoas em seu próprio ambiente de trabalho, dispostas a lhe dar apoio e prestar os esclarecimentos que lhe faltam nesta área apaixonante e ao mesmo tempo desafiadora; ii) é muito provável que você se veja obrigado a entrar e participar dos AVAs (Ambientes Virtuais de Aprendizagem) uma vez que se trata de softwares muito difundidos em instituições de ensino e que facilitarão sua vida como docente. Sugiro, a propósito, a leitura do texto de Mendonça e Mendonça (2011, p. 109-126), que além de trazer informações básicas sobre este tema, descrevem várias plataformas para criação de ambientes virtuais.

Se você tem um blog, poderá deixar seus textos incluindo orientação para estudo aos seus alunos. Mais uma vez, seja claro e específico, não dizendo apenas: vejam no meu blog... Atualmente já dispomos do Tumblr, exemplo de plataforma para criação de blogs personalizados.

As chamadas redes sociais podem ser muito úteis desde que você fique atento a certas exigências e limites:

i) No caso do Facebook — use-o, desde que você seja cadastrado, para passar avisos rápidos aos seus alunos ou para outros fins, como, por exemplo, para que seus estudantes vejam fotos e acessem *links* de vídeos do YouTube.

ii) Acredito que dificilmente você recorrerá ao Tweeter, rede social também chamado microblog, para divulgar informações e/ou mensagens instantâneas, uma vez que ele tem um limite de até 140 caracteres.

iii) Quanto ao Linkedin, observo que mais frequentemente do que eu esperava, costuma ser indicado para alunos indistintamente. Reserve este aplicativo para recomendá-lo aos seus alunos que estejam na fase final de seus cursos, uma vez que esta rede social tem suas especificidades: banco de currículos para contatos e divulgação profissional, utilizado por empresas que buscam profissionais com determinadas competências a fim de serem contatados e/ou contratados.

iv) Evite o uso do Torpedo, forma de enviar mensagens de texto por meio do celular, em vez da voz. Ele implica trabalho muito grande para o professor, com raros benefícios para o processo de ensino e aprendizagem.

v) Conforme já afirmado mais atrás, você poderá usar o AVA (Ambiente Virtual de Aprendizagem), *site* do qual as instituições educacionais dispõem hoje, de modo geral. É fechado, ao contrário do blog.

Lembre-se de que muitos de seus alunos possuem hoje smartphones e tablets, podendo, através desses dispositivos acessar *sites* e aplicativos.

Você poderá incentivar seus estudantes a acessarem a Wikipedia, enciclopédia digital, publicada pela internet. Há uma ressalva, porém, à qual você deverá estar atento: como ela é construída de forma colaborativa, nem sempre seus conteúdos passaram pela devida revisão podendo conter informações erradas ou desatualizadas. Oriente-os a acessar outras fontes também e nunca como a única fonte de pesquisa.

Vou encerrar este texto citando um exemplo de uso intensivo e, ao mesmo tempo, de modo altamente positivo, dos meios eletrônicos por um docente que atua junto a diversos cursos das áreas de Ciências Exatas e Engenharias (Balzan, 2013) e respondendo a uma pergunta-chave e atual levantada por Gilbert (2011): Por que preciso de professor se eu tenho o Google?

Vamos ao exemplo.

O professor Alexandre[3] — atua como integrador acadêmico[4] da faculdade de Matemática e tem 20 horas semanais de atividades docentes, ministrando as disciplinas Cálculo I e Cálculo II, Geometria Analítica, Álgebra Linear e Cálculo Numérico para estudantes de Matemática. Tem sob orientação atividades nos Laboratórios de Ensino de Engenharia Ambiental e Engenharia Civil.

Dá aulas sob a forma de exposições dialogadas. Suas aulas são filmadas, podendo ser acessadas em qualquer momento por seus alunos. Faz uso de caneta digital, recorre ao tablet (Sony), ao AVA (Ambiente Virtual de Aprendizagem) — muito difundido em insti-

---

3. Alexandre Monteiro da Silva cursou Matemática no Instituto de Matemática da Unicamp e, a seguir, concluiu a pós-graduação em nível de Mestrado na mesma Instituição. É professor concursado junto à Pontifícia Universidade Católica de Campinas (PUC-Campinas).

4. Integradores Acadêmicos em Cursos de Graduação (IAG): são professores da PUC-Campinas que têm titulação mínima de mestre, com jornada de trabalho de 40 horas semanais, 20 das quais dedicadas a atividades docentes e 20 para atividades específicas direcionadas ao desenvolvimento curricular dos cursos de graduação. Selecionados mediante concurso interno, devem contemplar um perfil definido pelo Grupo de Apoio Pedagógico (GAP) e têm, dentre outras atribuições, as seguintes: contribuir para a implementação das Diretrizes da Política de Graduação e melhoria da qualidade do ensino, no que se refere aos componentes curriculares específicos; propor ações que contribuam para integrar o Projeto dos componentes curriculares específicos ao Projeto Pedagógico do Curso. Para maiores informações, consultar: PUC-Campinas, Resolução Normativa PUC, n. 023/12.

tuições de ensino —, utiliza-se de powerpoint e também seu próprio smartphone, onde armazena dados de todos os seus alunos, além de notas de aulas, exercícios e diários de classes.

Dispõe, através de meios eletrônicos, exercícios passo a passo para os alunos, como se eles estivessem vendo-os em tempo real. Os resultados são discutidos em equipes num momento posterior, sendo, a seguir, gravados num tablet ou notebook, com o uso de câmera digital.

As atividades têm sequência nas próprias residências dos alunos que resolvem testes — com duração média de uma hora e meia —, recorrendo ao AVA e a anotações de aulas. As soluções encontradas voltam para o escaninho do AVA. O professor Alexandre faz downloads em sua própria sala de trabalho, pega os arquivos PDS e a seguir, encaminha comentários aos alunos.

Nas faculdades de Engenharia Civil e Engenharia Ambiental conta com a colaboração de dois monitores — geralmente alunos do 2º e 3º anos — que abordam aspectos fundamentais para o Curso referentes às disciplinas de Cálculo e Geometria Analítica. Seus monitores retomam e aprofundam os conteúdos já desenvolvidos através do Procap[5] — programa desenvolvido no início do ano letivo para alunos considerados como defasados em termos de conhecimentos básicos para acompanhamento do curso.

Usando de todos esses recursos, o professor Alexandre deixa claro alguns pontos que os não usuários dos meios eletrônicos costumam apontar como falhas inerentes no processo de ensino e aprendizagem por aqueles que fazem uso das modernas tecnologias:

1. Considera os recursos tecnológicos que utiliza com frequência, como apoio à aprendizagem, como instrumentos que ajudam seus alunos e jamais como fins em si mesmos.

---

5. Programa Comunidade de Aprendizagem (Procap), é desenvolvido no início de cada semestre letivo, contando com 17 horas-aula, ministradas por professores aprovados por processo seletivo. Todos os cursos de Licenciatura e Bacharelado da PUC-Campinas contam com o Procap, projeto institucional de criação/consolidação de componentes curriculares obrigatórios, direcionado a estudantes considerados como defasados em termos de conhecimentos básicos dos cursos em que estão matriculados.

2. Valoriza o papel do professor, destacando, de modo especial, um ambiente permanentemente colaborativo entre os próprios alunos.
3. Valoriza o trabalho em equipe e observa que nas disciplinas que contam com monitores, cerca de 85% dos estudantes revelam elevado interesse pelas atividades em desenvolvimento.
4. Critica a visão individualista, sem compromisso com o aluno por parte do professor, fato que reflete no comportamento do aluno e na responsabilidade coletiva dos estudantes.
5. Insiste na necessidade de identificação do aluno com o curso em que está matriculado e com a própria Universidade.
6. Incentiva a participação dos estudantes nas inúmeras atividades a eles proporcionadas pela Universidade, vendo nelas formas de apoio à aprendizagem, além da ampliação do interesse pela cultura de modo geral.
7. O atendimento ao item anterior tem, como uma de suas consequências, o aumento da frequência às bibliotecas. Quando não encontram determinado livro ou revista científica, solicitam nova bibliografia junto aos seus professores.

Que tal o exemplo citado? Você já alcançou este nível de trabalho junto aos seus alunos com a utilização dos meios eletrônicos? Se considera que não alcançou e se vê muito longe de uma capacitação que lhe permita trabalhar desta forma, não se sinta sozinho. Eu, por exemplo, me sinto muito distante de possuir tal capacidade e tantas habilidades. Mas, não nos desanimemos. Talvez um dia chegaremos lá. O mais importante neste cenário, que faço questão de destacar, é o papel incentivador que atribui ao professor, às relações colaborativas entre professor e aluno e entre os próprios alunos. Em outras palavras, tecnologias voltadas à formação pessoal e profissional e não como simples atrativos para tornar o ensino e a aprendizagem mais interessantes e agradáveis.

Finalizando, vejamos a resposta que Gilbert (2011, p. 24) dá à questão levantada no início deste capítulo "Por que preciso de professor se eu tenho o Google?"

Sendo muito franco, a resposta a esta questão depende de quão bom professor você é.

O papel do professor do século XXI, é o de ajudar a juventude a saber onde encontrar o conhecimento, saber o que fazer com ele quando o encontrarem, distinguir o bom do mau conhecimento, saber como usá-lo, aplicá-lo e sintetizá-lo. Ser criativo com aquilo que alcançaram e acrescentar mais a ele. Saber quais bits usar, quando e como usá-los e saber como se lembrar das partes-chave nele contidas. Acrescente mais ainda a essa poderosa tarefa: ajude-os a desenvolver suas habilidades de comunicação, sua criatividade, sua curiosidade, sua habilidade de trabalhar bem em grupo, sua confiança e autoestima, seu senso para distinguir o que está errado do que está certo, sua habilidade de lidar com a adversidade, o entendimento de seu papel como um cidadão do mundo — em outras palavras todas as coisas que os computadores ainda não podem fazer — assim você tem uma poderosa tarefa para um professor do século XXI.

Se o fim do século XX assistiu a democratização do conhecimento, a tarefa do professor do século XXI é bem simples — conduzir o processo de aprendizagem.

É por isso que eu preciso de professor, embora dispondo do Google e da Wikipedia, assim como de um Iphone, de um Ipad...

REFERÊNCIAS

ALMEIDA JUNIOR, João Baptista de. Extrato de mensagem a mim encaminhada em 20 fev. 2012.

BALZAN, Newton C. A qualidade do ensino na graduação segundo seus gestores, docentes e integradores acadêmicos. *Projeto de pesquisa em desenvolvimento*, Campinas: Prograd (Pró-Reitoria de Graduação), PUC-Campinas, 2013. 6 p. (Mimeo.)

_____. A qualidade do ensino nas áreas de ciências exatas e engenharias. *Revista de Educação PUC-Campinas*, Campinas, n. 12, p. 29-49, 2002.

CASTRO, Ruy. Antissocial. *Folha de S.Paulo*, 18 maio 2012, p. A2, cad. Opinião.

GILBERT, Ian. *Why do I need a teacher when I've got Google?* Abingdon, UK/New York, USA: Routledge, 2011.

GLEISER, Marcelo; BETTO, Frei; FALCÃO, Waldemar. *Conversa sobre a fé e a ciência.* Rio de Janeiro: Agir, 2011.

MENDONÇA, Alzino Furtado de; MENDONÇA, Gilda Aquino de Araújo. *Ambientes virtuais de aprendizagem: a reinvenção da sala de aula.* In: RODRIGUES, Cleide Aparecida Carvalho; CARVALHO, Rose Mary Almas de (Orgs.). *Educação a distância*: teorias e práticas. Goiânia: Ed. da PUC-Goiás, 2011.

MÜLLER-VIRTH, Moritz. Entrevista, *Folha de S.Paulo*, 26 maio 2012, p. E10.

ORSINI, Luís de Oliveira. Observação registrada durante o painel. In: BURIAN, Yaro (Coord.). *O futuro da engenharia elétrica.* Campinas: Faculdade de Engenharia Elétrica, Unicamp, maio 1995.

Capítulo VIII

Você tem preconceito em relação à educação a distância?

Talvez você tenha dificuldade em responder à pergunta acima, uma vez que o termo preconceito causa, em geral, certo constrangimento. No entanto, eu acredito ser bem provável que você, assim como a maioria de nossos colegas, ainda veja esta forma de educação como parte de uma categoria inferior às demais.

Se assim for, com preconceito ou não, não se acanhe. Você tem em mim um colega que até há bem pouco tempo estava completamente por fora deste tema e, para dizer a verdade, tinha forte preconceito contra ele.

Você vai rir do que eu vou dizer, mas é a pura verdade.

Sem pensar nesta forma de ensino e aprendizagem e, como já afirmei, tendo até mesmo preconceito em relação a ela, venho fazendo um curso avançado de língua a distância há quase dois anos. Simplesmente não me tocava o fato de se tratar de uma aprendizagem a distância.

E o pior não foi o fato de eu não ter associado o que vinha fazendo com aprendizagem a distância, mas sim, a seguinte constatação: o curso é muito melhor do que outros, oferecidos de forma presencial, no próprio país onde a língua que procuro aperfeiçoar, é o idioma nacional.

Há alguns anos fui entrevistado sobre Planejamento. A entrevista foi gravada — sons e imagens — passando, a seguir, a fazer parte de um curso para milhares de diretores de escolas públicas. O coordenador do curso e alguns diretores com os quais tive contatos, me informaram que a entrevista tinha sido um sucesso.

O texto *Cansado de ouvir falar em planejamento e avaliação?*, parte desta coletânea, é a transcrição da entrevista.

Da mesma forma como citei mais acima, não me ocorreu a ideia de que estava participando de um projeto de educação a distância.

Por que esta dissociação? Não sei. Talvez por nunca ter dado a importância que esta forma de educação poderia ter.

Só recentemente andei lendo e conversando com *experts* a respeito deste tipo de ensino e aprendizagem. Meu conhecimento se resumia, até recentemente, a textos do professor Fredric M. Litto,[1] da USP, e ao que tenho aprendido com o professor Nelson de Carvalho Mendes,[2] coordenador de Ensino à Distância, órgão auxiliar vinculado à reitoria da PUC-Campinas.

O que mais me surpreende é a velocidade com que os Cursos de Educação a Distância vêm caminhando. Para que você possa ter uma ideia desta rapidez, basta que atente para três das mais significativas iniciativas em termos de MOOC (Massive Open On-line Courses) todas recentíssimas, oferecendo um amplo leque de cursos, a maioria

---

1. Fredric M. Litto é professor titular aposentado da Escola de Comunicações e Artes da Universidade de São Paulo, onde lecionou de 1971 a 2003; foi Coordenador-Fundador do laboratório de pesquisa "Escola do Futuro da USP", de 1989 a 2006; é presidente da Associação Brasileira de Educação a Distância (Abed). Em 2011 recebeu seu segundo prêmio Jabuti da Câmara Brasileira do Livro, na categoria Tecnologia e Informática, pelo seu livro *Aprendizagem a distância* (São Paulo: Imprensa Oficial do Estado de São Paulo, 2010).

2. Nelson de Carvalho Mendes é coordenador de EaD (Ensino à Distância), PUC-Campinas. Formado em Análise de Sistemas e especialista em Gestão Universitária, atua junto aos Cursos de Engenharia Civil, Engenharia Ambiental e Sanitária e Sistema de Informações da mesma Universidade. Suas classes têm entre 25 e 60 alunos, em períodos matutino e noturno. Faz pósgraduação na Faculdade de Engenharia Elétrica e Computação (FEEC) da Unicamp, tendo banco de dados como área de concentração.

gratuitos, em parcerias com universidades situadas em diferentes países do globo. São elas:

i) Udacity (2013), uma iniciativa do professor Sebastian Thrun, da Stanford University, que oferece, desde 2011, aulas de Informática gratuitas, através da Universidade Stanford. Fundada, de fato, em fevereiro de 2012, contou com 160 mil alunos num curso de Introdução à Inteligência Artificial, sendo aguardados cerca de 500 mil estudantes para 2013, em 24 cursos dentre os quais: Lógica e Matemática Discreta — Fundamentos da Computação; Empreendedorismo; Álgebra; Estatística. Seus estudantes são originários de 203 países, 42% dos quais dos próprios Estados Unidos. Um ponto merece destaque: a Udacity conta com alunos de 13 anos de idade, capazes de completar vários cursos de Ciências da Computação de nível superior.

ii) EdX (2013), uma parceria entre Harvard University e Massachusetts Institute of Technology (MIT). Tendo início em março de 2012, seu primeiro curso — Circuitos Eletrônicos — contou com 155 mil estudantes. A seguir, passou a oferecer cursos de Educação Superior em Ciências, Tecnologia e Humanidades: Direito, História, Ciência, Engenharia, Administração, Ciências Sociais, Ciência da Computação, Saúde Pública e Inteligência Artificial.

iii) Coursera (2013), empresa de tecnologia educacional com sede em Montain View, fundada por professores de Ciências da Computação da Stanford University. Em setembro de 2012 tinha parceria com 17 universidades, sendo duas delas integrantes do grupo *Ivy League*. Menos de um ano depois, em fevereiro de 2013 já havia estabelecido parcerias com 29 universidades, 16 das quais fora dos Estados Unidos. Quatro meses mais tarde, já mantinha parcerias com 62 universidades situadas em diferentes países, dentre os quais Alemanha, Áustria, Canadá, China, Dinamarca e Espanha. Seus cursos cobrem um extenso grupo pertencente a diferentes áreas do conhecimento: Artes, Biologia e Ciências da Vida, Administração, Química, Ciências Sociais, Inteligência Artificial, Engenharia de *software*, Economia e Finanças, Educação, Energia, Engenharia, Nutrição e Alimentação, Saúde e Sociedade, Humanidades, Informação, Tecnologia e Design, Direito, Matemática, Medicina, Música, Cinema e Áudio, Ciências da Terra, Física, Estatística e Análise de Dados, Desenvolvimento Profissional de Professores.

São todos cursos novos, abertos e gratuitos, fundados a partir de 2012, inicialmente com apoio de Harvard e MIT (Massachusetts Institute of Technology). Tendo como foco deslocar para o aluno o processo de aprendizagem, os cursos mesclam vários recursos como textos, gráficos e fóruns. O aluno tem a liberdade de dar andamento ao curso segundo suas próprias capacidades cognitivas, durante o tempo que julgar o melhor adequado.

Embora agora e no futuro os cursos sejam gratuitos, as previsões apontam para o *Modelo de Negócios*, diferente do modelo original, pagos conforme o interesse do aluno: a) Pessoas que só querem adquirir conhecimentos, contando com milhões de usuários; b) Pessoas que pretendem obter certificado para fins de currículo. Terão que fazer provas presenciais, com pagamento para o certificado; c) no futuro, convalidação de certificados e diplomas nos países de origem dos estudantes.

Surpresa maior me ocorreu ao entrar em contato com Salman Khan,[3] e seus cursos *on-line* (Khan, 2013). Tendo iniciado seu trabalho

---

3. Salman Khan — ou "Sal" Khan — nasceu em New Orleans, Louisiana, em 1976. Filho de pai originário de Bangladesh e mãe da Índia, frequentou escola pública na cidade onde nasceu. Casado com uma médica reumatologista paquistanesa, tem dois filhos e vive em Mountain View, Califórnia.

Concluiu quatro programas de mestrado: em Matemática, Engenharia Elétrica, Ciências da Computação e Negócios, em universidades de destaque como Harvard e MIT (Massachusetts Institute of Technology). Deixou uma carreira altamente rendosa como analista de um *hedge fund* no fim de 2009, depois de ter ajudado uma prima com lições de Matemática pela internet. Seus vídeos já receberam mais de 283 milhões de "visitas", cujos acessos são gratuitos. Tendo como missão acelerar a aprendizagem de estudantes de todas as idades, tem contado com apoio do Fundo Bill e Melinda Gates. Recebeu US$ 2 milhões da Google para criar mais cursos em outras línguas, além do inglês. Sua missão se estende à oferta de aprendizagem sem custos, para qualquer pessoa — estudantes, professores, diretores de escolas, adultos que tenham retornado à sala de aula depois de vinte anos —, em qualquer lugar do mundo. Hoje, além de várias disciplinas na área de Matemática — de Álgebra à Matemática Aplicada, de Geometria a Álgebra Linear — oferece cursos nas áreas de Ciências — Biologia, Química Orgânica, Cosmologia e Astronomia, por exemplo — Economia e Finanças — Microeconomia e Finanças e Mercado de Capitais — e Humanidades: História da Arte, História Mundial e Língua Inglesa.

com ensino de matemática para uma prima adolescente que encontrava dificuldade nesta disciplina, pouco tempo depois já havia produzido 4.300 vídeos cobrindo um amplo espectro de conhecimentos, com foco em matemática e ciências. Em maio de 2013, 1.233.000 pessoas já haviam acessado sua plataforma no YouTube. Utiliza-se de metodologia muito simples, que se aproxima de aulas expositivas, dispondo apenas de quadro negro e giz.

Procurando conhecer cada vez mais sobre o tema, tenho recorrido a diversos autores além do professor Litto. Farei referências a alguns deles após destacar ideias que me pareceram muito relevantes deste autor.

O professor Litto (2012) associa a reação à aprendizagem a distância a várias inovações ocorridas ao longo da história e que despertaram xingamento e mesmo escárnio por parte da população: "Oswaldo Cruz sofreu um linchamento moral pela mídia ao se empenhar em campanhas contra a febre amarela. Também aqui grandes blocos de educadores em todos os níveis lutaram contra a introdução de computadores na aprendizagem" (Litto, 2012, p. 1).

O mesmo autor, enfatizando que o ensino superior a distância no Brasil é muito recente, dá uma série de exemplos ocorridos em outros países do globo e de pessoas que marcaram a história mundial:

> [...] a Universidade de Londres (fundada como a "universidade do povo"), criou, em 1858, o seu "Sistema Externo", ou cursos por correspondência. Mahatma Gandhi (1869-1948), morando na colônia britânica da África do Sul, fez todo o curso de Direito numa época na qual um navio transportando o correio levava dois meses para transitar entre Londres e seu país. Nelson Mandela, prisioneiro na Cidade do Cabo por suas atividades contra o *apartheid*, também fez o curso de Direito a distância de Londres, mas foi impedido de obter o diploma, não conseguindo deixar a prisão a fim de realizar o exame final do curso que o habilitaria profissionalmente. Quatro ganhadores do prêmio Nobel em ciências obtiveram seus bacharelados via Sistema Externo da Universidade de Londres. Vale lembrar que T. S. Elliot, o mais importante poeta de língua inglesa no século XX, foi professor dos cursos desse Sistema, de 1916 a 1919 (p. 2).

O autor cita ainda, como exemplos de instituições de excelência que oferecem cursos à distância, o Instituto de Tecnologia de Massachusetts (MIT), as universidades da Califórnia, Carolina do Norte (a mais antiga universidade pública dos Estados Unidos), Maryland (a maior universidade pública americana), a Universidade Estadual de Nova York, e as estaduais da Pensilvânia e Nebraska.

Refere-se também a uma série de Instituições europeias e asiáticas que oferecem cursos à distância de dois tipos: *dual mode*, ensino superior presencial e a distância e *single mode*, apenas cursos mediados por tecnologia, públicos ou privados (p. 2). Põe em destaque o fato de países asiáticos, seguindo o modelo criado em 1969 no Reino Unido (sem vestibular, mas com exigências acadêmicas rigorosas), oferecem cursos de bacharelado, mestrado e doutorado. Como exemplo, Litto cita a Universidade Nacional a Distância Indira Gandhi, no momento com 3.200.000 estudando...

Não faltam outros exemplos sobre a EaD na história: na Suécia, em 1829, Instituto Liber Hermones; na Inglaterra, em 1840, quando Issac Pittman ensinava estenografia por correspondência; também nesse país, quando, em 1850, o reverendo W. Sewell, do Exeter College, em Oxford, inaugurava aquilo que mais tarde viria a ser considerado como um marco na EaD, sugerindo o estudo fora do *campus* mediante um sistema de palestras (Piva Junior, Pupo, Gamez e Oliveira, 2011, p. 2).

Infelizmente, no Brasil, as coisas, em geral, chegam sempre tarde. Somente no início de junho de 2006 foi oficializado o UAB — Sistema de Universidade Aberta do Brasil (Gomes, 2013). Lamentavelmente, e ainda como sempre, procurou-se o barateamento de cursos em lugar da qualidade, notadamente daqueles voltados para a formação e capacitação de professores, área que mais necessita de pessoal qualificado para o desenvolvimento nacional.

> A ênfase dada aos cursos de licenciatura e pedagogia — muito mais baratos para serem implantados e previstos no Plano Nacional de Formação de Professores da Educação — provocou um êxodo dos alunos das IES particulares e comunitárias para os cursos da UAB, ocasionan-

do redução no já minguado número de interessados nesses cursos, levando ao fechamento de muitos deles país afora. (Litto, 2012, p. 15)

O que temos visto, principalmente no Brasil, é que podemos chamar de "mais do mesmo" uma capilarização da UAB, por meio de polos avançados Brasil adentro, mesmo em lugares onde, não raro, há carências profundas de especialistas em EaD, inclusive para trabalhar nos polos. [...] De um lado, polos universitários em locais onde a infraestrutura é bastante precária, inclusive sem energia elétrica e, de ouro, o "ensalamento" de alunos em cursos a distância monitorados quase exclusivamente por tutores, com vistas ao lucro fácil obtido pela oferta em escala. (Litto, 2012, p. 19-20)

Mas, permita-me que divida um pouco mais com você aquilo que tenho "descoberto".

Niskier (2000, p. 19) lhe atribui tanta importância que se refere a ela como a tecnologia da esperança e lembra que na Lei n. 9.394/1996 (LDB) há "nada menos de nove artigos explicitando o que se deseja em termos de educação a distância em nosso sistema de ensino" (2000, p. 351-352).

Vejamos, a propósito, o destaque dado a este tipo de ensino e aprendizagem pela instância de maior abrangência educacional do globo, a Unesco, em trabalho compartilhado com a Universidade Federal de Santa Catarina (UFSC):

> Hoje firma-se gradativamente o reconhecimento da importância da aprendizagem aberta e a distância como elemento essencial em qualquer sistema de educação e treinamento de âmbito nacional. Algumas de suas atribuições potenciais são: equilibrar desigualdades entre diversos grupos etários, ampliar o acesso geográfico à educação, participar de campanhas educacionais e na educação regular para públicos maiores, propiciar treinamento rápido e eficiente para grupos-chave e educação a parcelas da população costumeiramente esquecidas, expandir a capacidade de educação em campos de conhecimentos inéditos e interdisciplinares, oferecer a possibilidade de conciliar a educação com o trabalho e a vida familiar, desenvolver múltiplas competências através de educação recorrente e continuada, reforçar a dimensão internacional

de experiências educacionais e melhorar a qualidade dos serviços educacionais já existentes. (Unesco, 1997/UFSC, 1998, p. 23)

Para o estudante/aprendizando, a aprendizagem aberta e a distância implica acesso mais fácil e maior flexibilidade na educação, bem como a possibilidade de conciliar trabalho e educação. Pode significar também um enfoque mais centrado no aprendizado, no seu aprimoramento, na maior qualidade e em novas maneiras de interação. (Unesco/UFSC, p. 7-8).

Desta forma, "cada vez mais a demanda por educação a distância (EaD) cresce impulsionada pelos avanços da tecnologia e pela necessidade de o aprendiz ter seu próprio tempo e ritmo de aprendizagem" (Rosini, 2007, p. 64).

É provável que você, como eu, não se sinta suficientemente seguro diante de um curso desenvolvido exclusivamente a distância. Se for este seu caso, procure se inteirar do trabalho desenvolvido por Valente (2009, p. 53-56), em que ele relata sua experiência ao desenvolver um Curso de Especialização com mais de um ano de duração, contando com 44 professores-alunos de diferentes regiões do Brasil, "sem que esse professor tivesse de deixar o local de trabalho e, assim, pudesse simultaneamente formar-se e viabilizar a implantação das TIC (Tecnologias de Informação e Comunicação) com os alunos, escola e/ou com o Núcleo de Tecnologia Educacional (NTE)" (Valente, 2009, p. 54).

O trabalho envolveu atividades presenciais com 60 horas de duração em um Núcleo de Tecnologia Educacional (NTE) situado o mais próximo possível do local onde vivia o professor-aluno; 300 horas de atividades totalmente a distância e uma terceira etapa, que o autor denomina Módulo III, com carga horária de 60 horas, dedicadas à "elaboração de uma monografia referente à análise e reflexão sobre um dos projetos que o professor-aluno desenvolveu e uma avaliação presencial realizada no local de trabalho" (Valente, 2009, p. 54). Texto anterior do mesmo autor — Curso de Especialização em Desenvolvimento de Projetos Pedagógicos com o uso das novas tecnologias: descrição e fundamentos (2003, p. 23-55), especialmente o tópico "O estar junto virtual", via rede telemática (p. 30-33) permite compreensão mais detalhada do referido trabalho.

Na mesma linha do professor Valente, vale a pena lembrar de dois projetos desenvolvidos por Oliveira (2002) voltados para a formação de professores a distância, tanto inicial como continuada, em consonância com princípios de construção colaborativa e solidária de conhecimento, que realmente agreguem valor a esse importante sujeito social, no contexto educativo. (p. 91) Segundo a autora, a EaD é, de fato, um valioso instrumento à formação de educadores, desde que uma série de condições sejam preenchidas,

> não situe o educador como mero reprodutor do conhecimento construído "por outrem", mas ao contrário valorize-o como importante sujeito social, no contexto educativo; respeite a dimensão kairológica/vivencial do tempo de cada aluno-educador, sem que a intencionalidade pedagógica dos formadores se sobrepuje às singularidades de cada um dos alunos-professores; ocorra de modo integrado à prática professoral, sob a perspectiva de trabalho com projetos, situando seus alunos como sujeitos de pesquisa; esteja em consonância com princípios de construção colaborativa e solidária de conhecimento, que realmente agreguem valor ao educador. (Oliveira, 2002, p. 102)

Se você estiver interessado na relação EaD e Currículo eu lhe sugiro o texto *A EaD é sempre personalizada?*, de Ramal (2003, p. 45-46). Nele, a autora faz e responde a uma série de interrogações sobre a EaD bastante procedentes, esclarecendo sobre questões normalmente levantadas por aqueles que se iniciam em educação a distância: "A EaD é para todos? A EaD é sempre personalizada? A EaD traz necessariamente um novo conceito de professor? A EaD renova a educação tradicional? A EaD relega a segundo plano a leitura e a escrita? É fácil fazer a EaD"? (Ramal, 2003, p. 43-49).

Se seu interesse prioritário está nos AVAs (Ambientes Virtuais de Aprendizagem) como são conhecidos os LMS (Learning Managements System Softwares), de uso frequente em instituições educacionais, esteja atento a alguns dos mais conhecidos e muito utilizados na UFRGS (Universidade Federal do Rio Grande dos Sul), conforme quadro a seguir, elaborado por Machado, Longhi e Behar, p. 59:

Quadro 1

LMS	Site oficial	Principal pressuposto teórico
MOODL	<http://moodle.org>	Social-construtivismo
Blackboard	<http://www.blackboard.com>	Aprendizagem informal e social
Sakai	<http://www.sakaiproject.org/>	Colaboração, cooperação em comunidades virtuais de aprendizagem
Teleduc	<http://www.teleduc.org.br>	Construcionismo contextualizado
ROODA	<http://ufrgs.br/rooda/>	Epistemologia genética e sociointeracionismo
Planeta ROODA	<http://www.nuted.ufrgs.br/plnaeta2/>	Epistemologia genética e sociointeracionismo
NAVI	<https://www.ead.ufrgs.br/navi>	Aprendizagem com enfoque sistêmico
EdX	<http://www.edxonline.org/>	Pesquisar a aprendizagem *on-line* ao manter cursos livres
Coursera	<http://www.coursera.org/>	Ofertar cursos fechados, com aulas livres, gratuitas e totalmente *on-line*
Claroline	<http://www.claroline.net/>	Motivação, interação e desenvolvimento de competências

As mesmas autoras (p. 60-62) lhe permitem conhecer as atividades que vêm sendo desenvolvidas em três AVAs institucionais — MOODLE, NAVI e ROODA — na UFRGS por meio da Secretaria de Educação a Distância (SEaD). Essas atividades merecem sua atenção, dado seu caráter inovador.

Ao encerrar os comentários sobre AVA, não posso deixar de reproduzir uma questão proposta por Mendonça e Mendonça (2011, p. 123) e que nos situa diante de um forte desafio: "No alvorecer do século XXI, seriam as emergentes tecnologias de informação e comunicação portadoras de mudanças capazes de tornar possível a reinvenção da sala de aula?".

Visando avançar um pouco mais neste tema tão atual — EaD —, sugiro que você leia um relatório de pesquisa sobre uso da computação e da tecnologia da informação (TI) desenvolvida no Brasil durante 2004 e que contou com a participação de 158 instituições de ensino superior. Trata-se de um trabalho de caráter científico (Litto, 2005), que lhe oferecerá amplas informações que cobrem dos procedimentos metodológicos à descrição do instrumento de coleta, da relação das instituições participantes a tabelas completas elaboradas a partir dos dados obtidos com distribuição por: Estados Unidos, 2004; Brasil: (i) total; (ii) instituições privadas; (iii) instituições públicas; (iv) Regiões: Norte, Nordeste, Centro-Oeste, Sul e Sudeste.

Além de lhe proporcionar conhecimentos mais aprofundados sobre o tema (TI), você terá um ganho extra, isto é, a possibilidade de tomar contato com o planejamento, desenvolvimento e avaliação de uma pesquisa de larga abrangência.

Os seguintes pontos têm sido objeto de destaque, merecendo atenção ao se trabalhar em EaD:

1º) Entre os problemas mais comuns encontrados são comumente citados: "Infraestrutura tecnológica inadequada, deficiências no planejamento e na programação, falta de recursos humanos qualificados e de assessoria profissional, falta de recursos financeiros e do reconhecimento de sua equivalência educacional" (Unesco, 1997/ Universidade Federal de Santa Catarina, 1998, p. 8).

2º) A figura do professor jamais deve ser posta de lado: "O treinamento de professores representa uma situação particularmente importante em que a educação a distância tem sido usada extensivamente. Inclui tanto o treinamento preliminar, antes do ingresso efetivo no magistério, o aperfeiçoamento da qualificação acadêmica e profissional com o treinamento contínuo na própria escola, abordando temas e tópicos específicos" (Unesco, 1997/Universidade Federal de Santa Catarina, 1998, p. 30-31).

É fácil desenvolver nosso próprio trabalho, como docentes, em EaD?

Resposta: não, não é fácil. Entre os obstáculos normalmente encontrados, sua incidência maior está nos fatores tempo, suporte técnico e resistência à própria EaD. Esses fatores são assim especificados por Piva Junior, Pupo, Gamez e Oliveira (2011, p. 34-35):

> o tempo requerido para aprender como usar a tecnologia; o tempo associado com o desenvolvimento e implementação de cursos baseados na web; o tempo requerido para usar os ambientes de educação "on-line" e monitoramento do curso ("feedback" aos alunos); falta de suporte técnico; falta de equipamentos e "softwares" adequados; quantidade de tempo exigido para preparação dos materiais e gerenciamento do curso; resistência por parte dos alunos; falta de suporte institucional.

Mas, tenhamos coragem para enfrentar a realidade.

Atuar em EaD tem uma série de implicações inerentes aos seus próprios objetivos:

i) Realizar um determinado curso a distância voltado aos seus próprios interesses. Implica apenas gastos — geralmente muito baixos e até mesmo inexistentes — e uma boa dose de autodisciplina;

ii) Construir sua própria plataforma, que pressupõe um longo preparo de sua parte e a possibilidade de poder contar com a participação de outros profissionais, não apenas da área de conhecimentos que pretende focalizar, como também de habilidades específicas para disponibilizar um curso, programa ou fórum em EaD;

iii) Propor um determinado curso em EaD aos seus próprios alunos como parte integrante de uma determinada disciplina ou, de um conjunto de disciplinas, contando com a participação de outros professores.

A proposta envolve uma gama tão grande de mudanças que se constituem, para nós, educadores, novos e grandes desafios. O principal, segundo meu ponto de vista, está em nossa capacidade de

INTEGRAÇÃO, sob múltiplos aspectos: integração de conteúdos entre disciplinas afins e entre outras áreas do conhecimento; integração entre professores de um mesmo curso e/ou área de conhecimento; integração entre professores e alunos; integração entre cursos e outros tipos de atividades disponíveis em EaD e nossos reais objetivos: direcionados à formação de pessoas para um país melhor e um mundo que privilegie a paz e o simples prazer de viver em lugar do consumismo e a competitividade? Ou objetivos restritos à aprendizagem de conteúdos que, queiramos ou não, serão rapidamente ultrapassados em termos de validade?

Como já afirmei no início deste texto, me considero novato e mesmo inexperiente neste assunto. No entanto, ele me parece, cada vez mais, apaixonante. Não tema sobre algo que se configura como alarmante em relação à educação a distância, isto é, o fim do professor.

Ele continua ocupando um lugar de destaque no processo educacional, embora não mais sob a forma daquela figura antiga, do dador de aulas. Para que isto de fato ocorra, ele deverá estar preparado para sessões — ou encontros — presenciais periódicos com os participantes de um determinado curso em EaD. Caso ele pretenda disponibilizar um curso — ou outros tipos de atividades em EaD — aos seus próprios alunos, as capacidades e habilidades enunciadas antes — (iii) — são indispensáveis.

De qualquer forma, como acredito que a maioria de nós, professores, ainda não está familiarizada com EaD, o primeiro passo consiste, a meu ver, em capacitar-nos a simplesmente acessarmos e usufruirmos plenamente de cursos, palestras, fóruns, seminários, aulas-magnas, disponíveis em EaD.

As possibilidades oferecidas pela EaD são amplas, podendo ser exploradas por você e, a critério da Instituição Educacional à qual você pertença, pelos seus colegas professores e também pelos estudantes nela matriculados. Seus limites deverão ser estabelecidos por você, acima de tudo pela sua disponibilidade em entrar e se desenvolver nesse mundo que, ao contrário do que muitos pensam e como deixei claro no início deste capítulo, não é nada novo. Se você desenvolve atividades docentes e pretende recorrer à EaD através da

Instituição em que atua, cabe aos seus gestores estabelecer os limites da utilização dos recursos disponíveis junto aos estudantes.

Umas palavras finais.

Se você já é, de fato, um expert em EaD e tem especial interesse pelo tema avaliação nesta modalidade educacional, eu lhe sugiro a leitura de avaliação de Educação a Distância e e-Learning, de Ruhe e Zumbo (2013). Trata-se de uma obra essencialmente técnica da qual certamente poucos poderão se utilizar.

Referências

COURSERA, 2013. Disponível em: <www.coursera.org/>. Acesso em: 10 jun. 2013.

EDX, 2013. Disponível em: <www.edx.org/>. Acesso em: 10 jun. 2013.

EXAME. São Paulo: Abril, ago. 2011, edição 9, p. 72-76.

GOMES, Luiz Fernando. EaD no Brasil: perspectivas e desafios. *Avaliação*, revista da avaliação da educação superior, v. 18, n. 1, p. 13-22, mar. 2013.

LITTO, Fredric M. *Aprendizagem à distância*: dos mitos às evidências científicas. Faculdade de Educação, Universidade de São Paulo, São Paulo, 2012. 4 p. (Mimeo.)

LITTO, Frederic M. (Org.). Computação e tecnologia de informação nas instituições de ensino superior no Brasil. *Campus Computing Report.Br*, Escola do Futuro, Universidade de São Paulo [edição bilíngue português e inglês]. São Paulo: Altana, 2005.

MACHADO, Letícia Rocha; LOHI, Magali Teresinha; BEHAR, Patrícia Alejandra. Domínio Tecnológico — saberes e fazeres na educação a distância. In: BEHAR, Patricia Alejandra (Org.). *Competências em educação a distância*. Porto Alegre: Penso, 2013.

MENDONÇA, Alzino Furtado de; MENDONÇA, Gilda Aquino de Araújo. Ambientes virtuais de aprendizagem: a reinvenção da sala de aula. In: RODRIGUES, Cleide Aparecida Carvalho; CARVALHO, Rose Mary Almas de (Orgs.). *Educação a distância*: teorias e práticas. Goiânia: Ed. da PUC-Goiás, 2011.

MORAES, Lucila Maria Pesce de. Educação a distância: novas perspectivas à formação de educadores. In: MORAES, Maria Cândida (Org.). *Educação a distância*: fundamentos e práticas. Núcleo de Informática Aplicada à Educação (NIED). Campinas: Universidade Estadual de Campinas, 2002. p. 91-104.

NISKIER, Arnaldo. *Educação a distância.* A tecnologia da esperança. 2. ed. São Paulo: Loyola, 2000.

OLIVEIRA, Lucila Maria Pesce de. Educação a distância: novas perspectivas à formação de educadores. In: MORAES, Maria Cândida (Org.). *Educação a distância*: fundamentos e práticas. Campinas: Ed. da Unicamp/Nied, 2002.

PIVA JUNIOR, Dilermando; PUPO, Ricardo; GAMEZ, Luciano; OLIVEIRA, Saullo. *EaD na prática*: planejamento, métodos e ambientes de educação "on-line". Rio de Janeiro: Elsevier, 2011.

RAMAL, Andrea Cecília. Educação a distância: entre mitos e desafios. In: ALVES, Lynn; NOVA, Cristiane (Orgs.). *Educação a distância*: uma nova concepção de aprendizado e interatividade. São Paulo: Futura, 2003.

ROSINI, Alessandro Marco. *As novas tecnologias da informação e a educação a distância*. São Paulo: Thomson Learning, 2007.

RUHE, Valerie; ZUMBO, Bruno. *Avaliação de educação a distância e e-Learning.* Porto Alegre: Penso, 2013.

UDACITY, 2013. Disponível em: <www.udacity.com/>. Acesso em: 10 jun. 2013.

UNESCO/UNIVERSIDADE FEDERAL DE SANTA CATARINA (UFSC). *Aprendizagem aberta e a distância*: perspectivas e considerações sobre políticas educacionais. Florianópolis, UFSC, dez. 1998.

VALENTE, José Armando. O "estar junto virtual" como uma abordagem de educação a distância; sua gênese e aplicações na formação de educadores reflexivos. In: VALENTE, José Armando; BUSTAMANTE, Sílvia Branco Vidal (Orgs.). *Educação a distância*: prática e formação do profissional reflexivo. São Paulo: Avercamp, 2009.

_____. Curso de especialização em desenvolvimento de projetos pedagógicos com o uso de novas tecnologias: descrições e fundamentos. In: VALENTE, José Armando; PRADO, Maria Elisabette B. Brito; ALMEIDA, Maria Elizabeth Bianconcini de (Orgs.). *Educação a distância via internet.* São Paulo: Avercamp, p. 23-55, 2003.

Capítulo IX

Você se considera um professor excelente, bom, regular ou sofrível? Que tal se autoavaliar?*

Ponho à sua disposição, a seguir, uma série de textos extraídos de teses de doutorado e de resultados de outras pesquisas publicadas no Brasil e no exterior, que lhe permitirão se autoavaliar,[1] após leitura e reflexão sobre cada um deles.

Cabe-me alertá-lo, porém, sobre os seguintes aspectos:

i) Essa oferta de possibilidades para se autoavaliar não implica a adoção pura e simplesmente dos modelos citados nos textos, assim como dos itens neles contidos. Viso apenas apontar caminhos, de modo a evitar que a autoavaliação se torne algo vago, indefinido;

---

* Versão atualizada de texto A autoavaliação como parte integrante do processo de avaliação institucional, publicado na revista *Pró-Posições*, v. 9, n. 3, p. 52-67, 27 nov. 1998.

1. As primeiras referências à autoavaliação datam de 1882, tendo sido realizadas na Faculdade de Medicina na Universidade de Tóquio. Veja Kunio Sato (Brasília, 1987). Atualmente, a autoavaliação é considerada como parte integrante do processo de avaliação institucional, sendo utilizada pela absoluta maioria das instituições de nível superior do país.

ii) os tópicos e itens apresentados ao longo dos textos jamais deverão ser entendidos como uma contribuição do tipo autoajuda, tão comum nos dias de hoje. Os mesmos foram extraídos de autores que estudaram em profundidade o tema e devem servir, acima de tudo, para fins de reflexão e discussão;

iii) a oferta da possibilidade de quantificar os resultados, de modo que você possa se atribuir uma nota, deve ser entendida apenas como uma alternativa possível, direcionada à satisfação de uma curiosidade que muitos dos meus estudantes de mestrado e de doutorado reclamam.

Passemos aos textos.

I — Autoavaliação a partir daquilo que é apontado por estudantes universitários

Ao longo de alguns anos a professora Maria Josepha Grígolli debruçou-se sobre uma tarefa que, embora estafante, deu-lhe o título de doutora em Psicologia pela PUC-SP (Grígolli, 1990) com a nota máxima, e certamente lhe trouxe a satisfação que somente um trabalho feito com zelo e paixão pode trazer. A doutora Grígolli desenvolveu uma pesquisa exaustiva, isto é, não deixando de lado um só ângulo de seu objeto de investigação, junto a estudantes da Unesp (Universidade Estadual Paulista Júlio Mesquita Filho) visando identificar e analisar as características, comportamentos e atitudes considerados como os mais importantes e desejáveis, assim como as mais negativas e mais indesejáveis no professor universitário.

Se você não está familiarizado com o ensino superior paulista, cabe esclarecer que a Unesp, ao lado da Unicamp (Universidade Estadual de Campinas) e da USP (Universidade de São Paulo) é uma das três universidades públicas mantidas pelo Estado de São Paulo. Diferencia-se das demais por se tratar de uma Instituição multicampi, tendo seus cursos instalados, no ano de 2012,[2] em 21 municípios do Estado, abrangendo desde seu extremo Leste — Guaratinguetá — até o extremo Nordeste — Franca — desde a capital até o extremo Noroeste — Ilha Solteira — passando por Bauru, no Centro do Estado, Botucatu, no Sudoeste, por Presidente Prudente, já próximo a Mato Grosso do Sul, Itapeva, no extremo Sul do Estado e São Vicente, no litoral paulista. Oferece a maior parte dos cursos de nível superior hoje instalados no país, sendo frequentada por 36.284 estudantes de graduação e 10.705 de pós-graduação.

Trabalhando com respostas fornecidas por uma amostra de 1.362 estudantes matriculados em 42 cursos, a doutora Grígolli selecionou, a partir de 70 itens iniciais, os 15 que alcançaram os mais altos escores e que identificavam as características, comportamentos e atitudes mais desejáveis no professor universitário e os quinze que alcançaram os mais altos escores na direção contrária, isto é, apontando as características, comportamentos e atitudes mais negativas e mais indesejáveis no professor universitário.[3]

O trabalho é importante entre outros motivos por se tratar de uma reprodução fiel daquilo que a maior parte dos estudantes pesquisados tinham a dizer. Poder-se-ia argumentar que o valor resultante é relativo, na medida em que é o estudante quem "fala" e que, assim sendo, deve-se considerar as circunstâncias em que ele "falou", assim como suas limitações intrínsecas, decorrentes de suas próprias condições, isto é, de estudante universitário. Outras limitações poderiam ser apontadas e estou certo de que a autora jamais pretendeu que aquilo que resultou da análise dos dados coletados viesse a se constituir como a verdade no processo de autoavaliação. No entanto, tenho a certeza de que os resultados alcançados através das aprecia-

---

2. Quando a professora Maria Josepha Grígolli desenvolveu seu trabalho, a Unesp contava com 20.579 estudantes de graduação e 6.263 nos programas de pós-graduação, distribuídos em 15 *campi* no Estado de São Paulo.

3. Informações sobre a metodologia utilizada pela autora consta do capítulo V de sua tese. Veja-se especialmente os tópicos *Plano geral da análise e representações sobre a prática docente* (p. 115- 131).

ções dos estudantes contêm verdades que devem merecer nossa atenção. Vejamos, a seguir, as trinta características, comportamentos e atitudes que alcançaram os mais altos escores, conforme constam do trabalho da autora (Grígolli, 1990, Anexos V e VI), deixando a seu critério acessá-los na íntegra, mediante consulta à referida obra.

Sugiro que leia os itens expostos a seguir, isto é, as 15 características favoráveis e as 15 desfavoráveis, refletindo sobre elas. Em seguida, me acompanhe nos comentários que fiz, podendo, claro, discordar de mim, assim como acrescentar seu próprio parecer.

A numeração em algarismos romanos, no final de cada item, indica as áreas definidas pela autora conforme relação a seguir:

I — Área do conteúdo específico. II — Área dos conhecimentos e habilidades didático-pedagógicas. III — Área das atitudes e habilidades socioafetivas. IV — Visão sociopolítica da ação docente. V — Compromisso profissional com a docência. VI — Ações voltadas para o desenvolvimento independente e autonomia intelectual do aluno.

As 15 características, comportamentos e atitudes considerados mais importantes e mais desejáveis no professor universitário, identificadas pela autora, são os seguintes:

- Gosta de ensinar e considera importante o seu trabalho; (V)
- Conhece profundamente a disciplina que leciona; (I)
- Estimula os alunos a se tornarem independentes; (VI)
- Organiza e conduz o ensino, visando autonomia intelectual do aluno; (VI)
- Aceita as dificuldades e limitações do aluno; (III)
- É autêntico e honesto no seu relacionamento com os alunos; (III)
- Dá aulas em linguagem clara, fácil, informal; (II)
- Organiza e conduz o ensino sem colocar-se como "dono do saber"; (VI)
- É cordial e amistoso no seu relacionamento em sala de aula; (III)

- Cria condições para uma visão crítica da realidade e da profissão; (IV)
- Organiza avaliações que requerem capacidade para organizar o conhecimento; (II)
- Demonstra segurança e domínio em si na condução do ensino; (III)
- Procura transmitir mais que o conteúdo; estimula para um ideal; (V)
- Usa um roteiro flexível para aula; estimula participação; (II)
- Faz retomadas ao assunto em estudo e sínteses globalizadoras; (II)

As 15 características, comportamentos e atitudes considerados mais negativos e mais indesejáveis no professor universitário, conforme a autora, são os seguintes:

- Demonstra que não pretende "se esquentar" com aulas ou alunos; (V)
- Dirige-se ao aluno de forma irônica, ridicularizando-o; (III)
- Usa de provas e outras avaliações para punir alunos ou turmas; (III)
- Demonstra falta de domínio da matéria que leciona; (I)
- Faz discriminação entre os alunos; demonstra preferências; (III)
- Dirige-se ao aluno de forma grosseira ou agressiva; (III)
- Tem dificuldade para organizar o ensino e para assegurar a aprendizagem; (II)
- Exige disciplina absoluta na classe, desencoraja participações; (III)
- Deixa para trás o aluno com dificuldades; (III)
- Segue um roteiro à risca, não permitindo intervenções; (III)
- Estabelece um elevado nível de exigência e demonstra que nunca está satisfeito com o resultado da classe: exige sempre mais e mais não admitindo falta; utiliza-se de forma de

controle que obriga o aluno a estudar intensivamente, dedicando-se quase que exclusivamente àquela matéria;[4] (III)
- Demonstra insegurança, tensão ou temor perante a classe; (III)
- Age como se sua função fosse só dar aulas; mantém-se distante e impessoal; (III)
- Demonstra impaciência ou desagrado diante do aluno "diferente"; (III)
- Limita-se a repetir as ideias e informações contidas nos livros indicados; (I)

Há pouco a se dizer sobre o item que vem em 1º lugar, com 99% de indicações muito importante *e* importante — gosta de ensinar e considera importante o seu trabalho. Ele, em si, praticamente já diz tudo aquilo que se espera de um docente em qualquer nível de ensino.

Trata-se, porém, de algo tão significativo que vale a pena fazermos algumas considerações a respeito. Einsner (1984) já enfatizava as relações afetivas do professor com os conteúdos de suas disciplinas e com o ensino como um todo, como condição indispensável para se construir a escola necessária para o último quartel do século XX.

Questão delicada por se tratar da área afetiva, indicando compromisso com a atuação profissional.

Gostar de ensinar e considerar importante o próprio trabalho: nasce-se com essas características, ou seja, as mesmas constituem as bases daquilo que se chama vocação? O professor sério, idôneo, competente em sua área específica, mas que não desenvolveu essas qualidades, pode adquiri-las?

Apesar de eu não descartar o componente vocação, acredito na possibilidade de desenvolver essas qualidades desde que o profissional apresente as condições prévias apontadas.

---

4. A redação deste item de forma resumida, como consta da tese, não contempla de maneira exata a forma como foi redigido e apresentado aos alunos. Por isso, tomei a liberdade de estendê-lo além do que consta no trabalho original.

Como fazê-lo? Eis uma questão que os educadores, principalmente aqueles mais diretamente inseridos no processo de ensino e aprendizagem, geralmente mestres e doutores de diferentes áreas, que passaram pela pós-graduação em educação, devem ser capazes de realizar.

A reflexão deve continuar junto a docentes de diferentes áreas e disciplinas sobre o significado das mesmas para o curso em que atuam e sobre a importância delas para a formação profissional do estudante. Por que um engenheiro, dentista ou biólogo precisa desta disciplina ao exercer futuramente sua profissão? Que relações as disciplinas que ministram têm ou devem ter com as demais da mesma série com as que as antecederam e com aquelas que virão a seguir?

Gostar de ensinar e atribuir importância ao seu trabalho é algo fundamental que dá vida aos conteúdos desenvolvidos, que faz brilhar os olhos dos alunos ao ouvir seus professores e que constituem a base para a felicidade do próprio docente como profissional. Como ser feliz não gostando daquilo que fazemos, senão durante toda uma vida, pelo menos em períodos bastante longos de nossa existência?

Os alunos sabem quem gosta do que faz, quem atribui importância ao próprio trabalho e quem tem atitude oposta. Não é à toa que o item desfavorável com a maior pontuação — 98% — traz as características exatamente contrárias ao item anterior: Demonstra que não pretende "se esquentar" com aulas e alunos.

Se o professor não pensa a respeito dessas questões, aquilo que chamamos de planejamento se torna uma farsa e seus planos de ensino só têm valor burocrático.

A área das atitudes e habilidades socioafetivas contempla quatro itens com altos percentuais de favorabilidade: aceita as dificuldades e limitações em alunos; é autêntico e honesto no seu relacionamento com os alunos; é cordial e amistoso no seu relacionamento em sala de aula; demonstra segurança e domínio de si na condução do ensino.

A área dos conhecimentos e habilidades didático-pedagógicas contém quatro itens, a saber: dá aulas em linguagem clara, fácil e informal; organiza avaliações que requerem capacidade de organizar o conhecimento; usa um roteiro flexível para a aula: estimula a participação; faz retomadas do assunto em estudo, e sínteses globalizadoras.

A visão sociopolítica de ação docente constitui outra área contendo o seguinte item: cria condições para uma visão crítica da realidade e da profissão.

Embora tenha me detido na análise dos dois primeiros itens que detêm os mais altos escores, uma série de considerações poderiam ser feitas a respeito dos demais, tomando-os isoladamente ou de acordo com as categorias propostas pela autora.

A título de exemplo: uma faculdade e mesmo uma escola de nível anterior ao universitário onde a maioria dos docentes demonstram que não pretendem "se esquentar" com aulas ou alunos é depressiva, sonolenta e esse tipo de comportamento pode contagiar todo o ambiente, prejudicando aqueles que gostam de ensinar e consideram importante o seu trabalho.

A questão dos conteúdos surge redigida da seguinte forma: conhece profundamente a disciplina que leciona. Seu oposto é assim apresentado: demonstra falta de domínio da matéria que leciona.

Dominar os conteúdos, ao contrário do que se chegou a propor numa pedagogia populista dos anos 1970 é também fundamental.

Somente um domínio muito amplo e profundo dos conteúdos de sua disciplina capacita o docente a mobilizar seu pensamento em diferentes direções, ser instigante junto aos alunos, e explorar o pensamento divergente.

É claro que isso não significa saber tudo e *ter respostas para todas as perguntas dos alunos*, pois isso é impossível. O conhecimento aumenta de uma maneira tão rápida que somos incapazes de nos manter sempre completamente atualizados. No entanto, se por um lado, a atualização constante é uma necessidade, o fundamental é o domínio das estruturas básicas das disciplinas que ministramos.

É o domínio dos conteúdos e das estruturas básicas das disciplinas que nos permite, quando inquiridos pelos alunos, estimulá-los a se tornarem investigativos. É esse domínio que nos permite dizer *não sei*, ou *não tenho resposta para isso*, fazendo de tais afirmações um exemplo de comportamento científico. Ligado ao espírito criativo e investigativo, o domínio dos conteúdos e das estruturas básicas permite-nos que, em vez de perdemos a autoestima por não termos como responder a uma determinada pergunta, estarmos aptos a transformar uma questão para qual não temos resposta, num problema a ser resolvido por nós e pelo aluno que a formulou.

É importante assinalar que o item referente ao domínio de conteúdo na direção negativa — Demonstra falta de domínio na matéria que leciona — surge em quarto lugar dentre as características apontadas como as mais indesejáveis no professor universitário. Ele é precedido de duas questões de ordem socioafetivas: dirige-se ao aluno de forma irônica, ridicularizando-o e usa de provas e outras avaliações para punir alunos ou turmas.

O espaço disponível não me permite análise detalhada em relação aos demais itens. Há que se considerar, no entanto, a vantagem da possibilidade de você realizar sua própria reflexão sem o meu próprio direcionamento.

O leitor interessado em aplicar a si mesmo os resultados de sua reflexão sobre as características favoráveis e desfavoráveis identificadas pela autora poderá agir da seguinte forma: leia e releia atentamente os 30 itens conforme relação apresentada. A seguir, atribua os seguintes "conceitos" aos seus comportamentos e atitudes: *ST*, quando a afirmação se aplica totalmente ao seu caso; *SF*, quando se aplica a você com certa frequência: *R*, quando raramente a afirmação se aplica ao seu comportamento ou atitude; *N*, nos casos em que as afirmações não se aplicam a você.

Realizada a atribuição de conceitos, *transforme-os em pontos* da seguinte forma: atribua 4 pontos ao conceito ST, 3 ao conceito SF, 2 ao conceito R e 1 ao conceito N, nos casos dos itens que tenham sentido positivo. Proceda de forma inversa — atribuindo 1 ponto ao conceito ST, 2 pontos ao conceito SF, 3 ao conceito R e 4 ao N, nos casos dos itens que apresentam sentido negativo.

Calcule a totalidade de pontos alcançados.

Considerando que o máximo de pontuação possível corresponde a 120, calcule sua média, baseando-se na fórmula:

$$X = \frac{n \cdot 100}{120}$$

em que *n* = totalidade de pontos obtidos.

II — Autoavaliação a partir do perfil do docente-pesquisador que atua em nível de excelência

Durante três anos, a professora Maria da Glória Pimentel (Glorinha) realizou um estudo de natureza antropológica, junto a catorze docentes da Universidade Estadual de Campinas (Unicamp),[5] apontados pelos estudantes de graduação como exemplos de excelentes professores universitários. Os mesmos foram selecionados a partir de estudos anteriores direcionados à questão da qualidade do ensino vigente na mesma instituição (Balzan, 1986; Balzan, Meneghel e Jakubowsky, 1998) e pertencem a diferentes cursos representativos das seguintes áreas de conhecimento, conforme distribuição adotada pelo CNPq, Fapesp e Capes: Ciências Exatas, Ciências Biológicas, Ciências Humanas, Ciências Sociais Aplicadas, Ciências da Saúde, Engenharias, Letras e Artes.

O trabalho resultou na tese de doutorado intitulada *O professor em construção*, defendida junto ao Programa de Psicologia da PUC-SP (Pimentel, 1993).

---

5. Em 2011, a Unicamp conta com 10 institutos, 12 faculdades e 2 colégios técnicos. A instituição tem 16.984 estudantes matriculados em seus cursos de graduação e 15.230 nos cursos de pós-graduação. Conta com 2.103 docentes.

Enfatizando uma abordagem etnográfica, a autora estabelece três paradigmas que definem os docentes pesquisadores, fundamentando-se principalmente em Kuhn (1991), Thornburg (1989), Orlandi (1988) e Heller (1977, 1982, 1989, 1992).

Define três paradigmas:

> o primeiro, emerge tanto da crítica teórica ao positivismo, quanto de questões sociais. Reveste-se de caráter não só científico, mas científico-social, opondo-se às clássicas dicotomias: ciências naturais/ciências sociais, teoria/prática, sujeito/objeto, conhecimento/realidade. Trata-se de um paradigma que busca a superação da fragmentação das ciências e de suas consequências para o homem e a sociedade. (Pimentel, 1993, p. 33)

A autora, baseando-se em Thornburg (1989), refere-se a este paradigma como parte da chamada nova Renascença, ou Renascimento II, significando a assunção da realidade atual como forma de construção do futuro. Nesse paradigma, situam-se os professores que "rompem com o conceito moderno de ciência e conhecimento [...] abrem trilhas, ensaiam, experimentam, ousam" (Pimentel, 1993, p. 34).

No extremo oposto denominado pela autora como

> "paradigma dominante", situam-se os docentes que adotam o conceito de conhecimento como um todo, construído e organizado, um bem que se deve alcançar, assimilável, dividindo-se em parcelas menores, em tópicos que se constituem numa cadeia de pré-requisitos sem os quais não se alcança um saber mais elevado. (Pimentel, 1993, p. 63)

Entre os dois extremos, a autora situa os docentes que se inserem na coexistência dos paradigmas dominante e emergente:

> Alguns estão muito próximos dos que veem o conhecimento como construção; outros, mais distantes. Vivem um tipo de transição diferente dos que já romperam com o paradigma da ciência moderna, pois ainda apresentam propostas de trabalho apoiadas num conceito de conhecimento, ciência e ensino do paradigma positivista. (Pimentel, 1993, p. 35)

Vamos nos deter mais detalhadamente na descrição do perfil dos docentes situados no primeiro paradigma, isto é, emergentes, conforme texto original da autora, reproduzido a seguir.

> Esses indivíduos fogem ao termo médio do padrão individual de desenvolvimento humano de uma determinada época. Alcançam a possibilidade máxima de desenvolvimento humano da época em questão, de forma excepcional. Reagem à desumanização como a um desafio. Negam seu mundo e buscam novas perspectivas para o desenvolvimento humano, consideradas as condições de alienação do mundo capitalista e, por que não acrescentar, as do socialista conhecido, gerador também de alienação. Vivem a crise pela qual passa o mundo, imersos nele, atentos, em especial, para as coisas da educação. Os verbos que mais aparecem nos seus discursos são: questionar, mudar, procurar, descobrir, inventar, modificar, melhorar, sentir, participar, arriscar, inovar.
>
> São críticos, pois denunciam um ensino em que o paralelismo entre teoria e prática leva ao imobilismo. Criticam a incapacidade do ensino em lidar com o real, onde, afinal, se imbricam todos os conhecimentos tratados de forma fragmentada na escola. Criticam a falta de apelo ao pensamento divergente capaz de desarticular e articular informações e conceitos em novos conjuntos e de criar um "espaço conceitual". Criticam o cotidiano da escola, que vai preparando o aluno para a alienação do trabalho, de tal forma que o movimento, a mudança e a possibilidade de intervir ficam obscurecidos por um paradigma que ressalta a passividade, acaba com a curiosidade e congela o real. Reagem, denunciam e, muito mais que isso, criam e renovam.
>
> A palavra luta surge sempre no discurso desses professores. Algumas vezes aparece de forma inflamada, outras, veemente, mas nunca apaziguada. Justificam essa atitude falando do significado de correr riscos, romper com o instituído, mudar comportamentos instaurados, sofrer pressões... (Pimentel, 1993, p. 34-35)

Esses professores estão dizendo que mudar espaço de ensino não significa apenas mudar a metodologia ou adotar os procedimentos de um professor bem-sucedido... Significa questionar profundamente as próprias posições filosóficas, epistemológicas, políticas e ideológicas. Significa entender-se como ser histórico e perguntar-se sobre suas intencionalidades, o que é diferente de simplesmente discutir, informar-se, polemizar. E ter uma permanente frente de luta, assumir conflitos pelo alcance que possam ter não apenas na própria história individual, mas pelo que possam significar na sua esfera humano-genérica — construtora do bem social. É descobrir que não é simplesmente no campo das ideias que se travam as grandes lutas, mas também, na práxis. Para tanto é preciso tolerar a ambiguidade, a transitoriedade, a insegurança, a solidão. É saber-se construtor no provisório e no possível. (Pimentel, 1993, p. 35-37)

O texto não é apenas belo. Ele nos desafia e nos mostra a amplitude de aspectos que definem o perfil do professor universitário necessário para o novo século.

Creio não ser necessário fazer apreciações sobre as palavras da autora. Cabe-me sugerir apenas que o leitor releia o texto quantas vezes julgar necessário, refletindo sobre cada expressão nele contida. A seguir, refletindo sobre sua própria ação docente, procure se autoavaliar, notando quanto você se aproxima ou quanto se ajusta ao perfil descrito pela autora.

No segundo paradigma — ensinando na coexistência de paradigmas — encontram-se os professores que já percorreram um longo caminho "em direção à tradução, na sua práxis de um paradigma emergente: falta-lhes assumir consciente e cientificamente a contradição na classificação de suas posições epistemológicas, para que avancem na sua trajetória" (Pimentel, 1993, p. 63).

No paradigma dominante, os docentes,

conhecedores do seu conteúdo como também de toda área de sua especialização, relacionam os tópicos que ensinam com outros das ciências correlatas. Sobre eles repousa toda a construção da aula. Desenham e fazem exercícios ou demonstrações na lousa, organizando-os de forma elegante. Procuram introduzir variações nos exercícios, incentivando os alunos a refletirem junto com eles e a percorrerem o caminho da formação de conceitos que desenvolvem ou demonstram com lógica, clareza e precisão. Seguem falando, demonstrando, realizando exercícios, explicando e provocando a participação dos alunos. Apresentam habilidades de ensino coerentes com suas posições epistemológicas, fazem perguntas oportunas para o encadeamento da aula. Logo de saída, apresentam, na lousa, um esquema de aula para orientar os alunos. Relatam e referenciam resultados de suas pesquisas e das de outros cientistas. Seu bom humor faz a aula "pesada em conteúdo" ser dada com leveza. Alguns desses professores costumam usar *slides*, pois "eles auxiliam na visualização do que explica e desenha na lousa". (Pimentel, 1993, p. 69-70)

Se você pretende se aproximar de uma quantificação, a fim de determinar sua posição no perfil do docente pesquisador em nível de excelência, tome como referência o primeiro paradigma, estabelecendo um continuum que tenha, num dos extremos, 100 atitudes e comportamentos que correspondam integralmente ao perfil apresentado pela autora, e no outro extremo, zero. Procure situar-se, na qualidade de docente universitário, em um dos pontos do continuum.

Proceda da mesma forma em relação ao segundo e ao terceiro paradigmas.

III — Autoavaliação a partir do conceito de bons professores universitários

Durante quatro anos a profa. Maria Isabel da Cunha (Mabel) realizou um estudo junto a alunos e professores da Universidade Federal de Pelotas/RS, e de quatro instituições de nível médio, sendo uma delas um colégio técnico, outra uma escola municipal, uma particular e um instituto de educação estadual. O trabalho realizado culminou com sua tese de doutorado defendida na Unicamp e tem como título O bom professor e sua prática (Cunha, 1989).

A partir de um levantamento feito junto a concluintes de todos os cursos da Universidade Federal de Pelotas e dessas quatro escolas de nível médio, elaborou um roteiro de entrevistas e realizou um trabalho de pesquisa junto a treze professores universitários e a oito professores do Colégio Técnico Federal de Pelotas. Ela se fundamentou para seu trabalho principalmente nos autores Berger e Luckmann (1978, 1983), Dominicé (1982), Goffman (1985), Agnes Heller (1985), Orlandi (1986, 1987) e Thiollent (1984, 1985).

Os professores selecionados foram submetidos a entrevistas e suas aulas/atividades extraclasse foram objeto de observação por parte da autora durante aproximadamente um ano, período em que ela procurou identificar as características daquilo que poderia ser considerado como o bom professor universitário a partir da indicação dos alunos de graduação, do Colégio Técnico Federal de Pelotas e dos próprios professores da Universidade Federal de Pelotas. Ela realiza as entrevistas, grava-as, transcreve-as, e, a partir daí, através de um processo de leituras e releituras, estabelece comparações, faz uma série de análises e acaba identificando 28 habilidades de ensino que caracterizam o chamado bom professor universitário. As mesmas foram reunidas pela autora em cinco categorias: organização do contexto da aula; incentivo à participação do aluno; trato da matéria do ensino; variação de estímulo e uso da linguagem.

As 28 habilidades estão arroladas a seguir:

1. A habilidade de organização do contexto da aula inclui os seguintes indicadores:
- explicita o objetivo do estudo;
- localiza historicamente o conteúdo;
- estabelece relações do conteúdo com outras áreas do saber;
- usa artifícios verbais para apontar questões fundamentais;
- apresenta ou escreve o roteiro da aula;
- referencia materiais de consulta.

2. A habilidade de incentivo à participação do aluno inclui indicadores como:
- formula perguntas
  - de natureza exploratória;
  - de natureza encaminhadora;
- valoriza o diálogo;
- provoca o aluno para realizar as próprias perguntas;

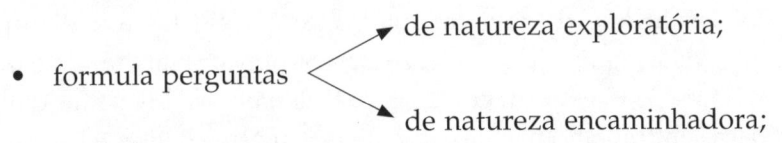

- transfere indagações de um para outro ou para toda a classe;
- usa palavras de reforço positivo;
- aproveita as respostas dos alunos para dar continuidade à aula;
- ouve as experiências cotidianas dos alunos;

3. A habilidade de tratar a matéria de ensino aparece da seguinte forma:
- esforça-se para tornar a linguagem acadêmica acessível;
  - clareia conceitos;
  - faz analogias;
  - estabelece relação entre causa e efeito;
  - vincula teoria e prática;
- usa exemplos;
- utiliza resultados da pesquisa.

4. O grupo de indicadores da habilidade de variação de estímulos constitui-se de:
- usa adequadamente recursos audiovisuais;
- movimenta-se no espaço de ensino;
- estimula a divergência e a criatividade;
- preocupa-se em instalar a dúvida.

5. A habilidade do uso da linguagem reúne aspectos como:
- tem clareza nas explicações através de:
  - uso de terminologia adequada;
  - emprego de voz audível;
  - usa de pausas e silêncios;
  - adoção de entonação de voz variada;
- senso de humor no trato com os alunos.

É importante que você faça uma reflexão sobre cada uma dessas habilidades, avaliando-se no que diz respeito a cada uma delas. Se você pretende quantificar seus dados, isto é, determinar sua posição no conjunto das habilidades identificadas pela autora, proceda da mesma forma como fez em relação à primeira parte (Grígolli, 1990), atribuindo os conceitos ST, SF, R e N, observando que neste caso a direção dos itens é sempre positiva. Os valores, portanto, serão respectivamente: 4, 3, 2 e 1. Calcule o total de pontos obtidos. Considerando que o escore máximo corresponde a 112, baseie-se na fórmula:

$$x = (n \cdot 100) : 112.$$

Como no primeiro caso, uma simples *regra de três*.

Seria injusto de minha parte encerrar aqui as considerações sobre o trabalho desenvolvido pela professora Mabel. Seria empobrecê-lo. O trabalho é muito mais rico do que a simples identificação de habilidades de ensino e eu recomendaria a você que se dirigisse diretamente à obra, publicada em livro (Cunha, 1989).

A autora considera fundamental que seja desvelado o contexto em que o professor vive, isto é, a análise da realidade, das forças sociais, da linguagem, das relações entre as pessoas, dos valores institucionais, a fim de que ele compreenda a si mesmo como alguém contextualizado, participante da história.

Ao destacar esses aspectos, pretendo enfatizar que as habilidades relacionadas podem ser extremamente úteis ao nosso trabalho como docentes, úteis para nossa autoavaliação enquanto professores universitários. Cabe-me enfatizar que o trabalho da autora contribui para o redirecionamento da formação do professor, que deve passar pelo exercício da descoberta, pela análise que faz de si próprio como sujeito. Considera que a formação do educador é um processo que acontece no interior de condições históricas, chama a atenção para a questão do cotidiano e para o retorno permanente da reflexão sobre o caminho que ele percorreu, bem como sobre o trabalho que ele hoje executa.

IV — Vinte ex-alunos ajudam-nos a identificar o professor necessário para o momento atual, trazendo contribuições para a autoavaliação

Há alguns anos, o professor Ken MacRorie (MacRorie, 1984) selecionou dados junto a vinte pessoas que passaram pelas escolas americanas nos mais variados níveis e nos mais diversos tipos de cursos. Solicitou que essas vinte pessoas narrassem suas experiências junto àquele professor ou professora que teria sido o(a) mais marcante durante toda sua vida como estudante. É interessante destacar que os vinte entrevistados indicaram professores que vão da pré-escola à pós-graduação, cobrindo áreas tão diferentes quanto ensino de fotografia na Universidade, literatura no "College", fonoaudiologia, física na escola secundária, engenharia espacial na universidade, matemática computacional e educação física na escola fundamental.

Nas páginas finais do seu trabalho, o autor faz um levantamento daquilo que ele encontrou de comum entre todos os depoimentos, feitos por esses vinte professores. Vou me limitar a algumas dessas características — são 43 ao todo — isto é, àquelas que me pareceram as mais adequadas e importantes para nossa realidade, considerando, também, a especificidade deste trabalho. Da mesma forma como assinalei no trabalho anterior, principalmente em relação ao trabalho da Mabel, eu lembraria que jamais se deverá tomar esses itens como metas a serem alcançadas diretamente. Devem, sim, constituir objeto de reflexão, permitindo-nos constatar até que ponto nos aproximamos ou nos distanciamos das características apontadas pelos vinte professores. Seguem-se as dezesseis que considerei como as mais relevantes para nosso próprio contexto educacional.

1. Os professores devem ter presente que seus alunos são pessoas, mais do que estudantes.
2. Os docentes deixam claro que têm muita fé nos estudantes, como pessoas capazes de realizar trabalhos em alto nível, isto é, em nível de excelência.

3. Atribuem importância à situação física em que se encontram frente aos estudantes: sentam-se no mesmo nível em que os estudantes estão sentados, conversando com eles e falando e escrevendo numa linguagem muito clara e viva e esperando deles um retorno semelhante.

Abro um parêntese aqui, para enfatizar a assertiva do autor. Soa-me ridícula a posição tradicional das nossas salas de aula, com a mesinha do professor na frente e as cadeiras de braço ou mesinhas com cadeiras enfileiradas uma a uma numa posição em que o diálogo se torna praticamente impossível. Evidentemente, as precárias condições de infraestrutura de muitas de nossas escolas, inclusive as de nível superior, por vezes nos levam a valorizar tal situação: "pelo menos temos uma sala com lugares adequados para professor e alunos.

4. Ao proceder a avaliação, evitam ao máximo os testes tradicionais.[6]
5. Esses vinte professores entrevistados consideram importante que realizemos com nossos estudantes trabalhos que envolvam o caminho da experiência à teoria e vice-versa, da teoria à experiência.
6. Contribuem para que os estudantes caminhem de sucesso para sucesso e ao mesmo tempo os preparam para aceitar as falhas que possam eventualmente ocorrer.
7. Ajudam os estudantes a verem nos próprios erros novas oportunidades para irem em frente.
8. Consideram sempre a importância de oferecer condições para que os nossos estudantes exercitem sua própria imaginação.
9. O trabalho docente está orientado no sentido de incentivar os alunos a se tornarem indivíduos inquiridores, assim como indivíduos receptivos àquilo que lhes é transmitido via oral ou via escrita.

---

6. Transcrição de diálogo em reunião da equipe de supervisão do Programa Estágio Capacitação Docente (PECD), Pró-Reitoria de Graduação/Unicamp, 8 abr. 2003.

10. Contribuem para que os estudantes consigam ver como polos mutuamente inclusivos aquilo que à primeira vista aparece como simples oposição: subjetividade e objetividade, emoção e razão, particular e geral, planejamento e espontaneidade, dependência e independência, o poder do grupo e o poder do indivíduo.

Observação: a característica acima, *a meu ver*, constitui um verdadeiro desafio para a maioria de nós, professores, uma vez que, como a população em geral, estamos habituados a separar esses elementos como polos sempre opostos e até mesmo como polos mutuamente excludentes: sentimento — razão etc.

11. Levam os estudantes a participar, agir em atividades completas mais do que elaborar ou participar de simples debates e trabalhos em particular.
12. Organizam situações de aprendizagem em que os estudantes possam ver, experienciar e relembrar os contextos em que se dá a aprendizagem de maneira a se tornarem conscientes daquilo que estão aprendendo. A aprendizagem se torna, assim, algo vivo e os fatos aprendidos acabam se integrando na vida dos estudantes.
13. Contribuem para que os estudantes cultivem o humor, o senso de humor e a espontaneidade.
14. Cultivam o rigor e ao mesmo tempo o prazer, o bom humor na sala de aula.
15. Ajudam os alunos a se tornarem capazes de fazer uso adequado de suas próprias emoções.
16. Mostram aos alunos o lucro que eles podem obter com a resposta de seus pares, isto é, lucro muito maior do que aquele que pode ser obtido através da disputa ou da rejeição entre um e outro.

O autor encerra seu texto lembrando que esses trabalhos excelentes, narrados pelos seus interlocutores, têm em comum o produto da colaboração em lugar da competição. Em outras palavras, ganhar ou perder não faz parte da preocupação central dos excelentes vinte professores sobre os quais seus ex-alunos escreveram mais tarde.

Da mesma forma como procedemos em relação ao trabalho da professora Mabel sugiro que se proceda em relação ao trabalho de MacRorie: a reflexão sobre cada uma dessas características, evidentemente, é indispensável. Aqueles mais interessados em quantificação poderão adotar o processo sugerido em relação ao trabalho da professora Mabel, considerando, porém, que se trata, agora, de 16 itens e não de 28, todos igualmente favoráveis, isto é, de sentido positivo.

V — Autoavaliação — Quando a aversão tem maior valor

Passo a abordar, a seguir, os resultados de minhas próprias experiências na observação daquilo que se passa em salas de aulas e daquilo que tem sido objeto de descrições e discussões de casos junto a colegas envolvidos em projetos de pesquisa e grupos de trabalho direcionados à melhoria da qualidade do ensino.

Nesse caso, trata-se de fatos claramente negativos. Sugiro que você leia, releia e veja até que ponto se distancia desses padrões ou formas de trabalho. Se quiser fazer uma autoavaliação quantificando suas respostas, você poderá estabelecer um *continuum*, fazendo corresponder a um dos extremos sua concordância com o que está sendo narrado e, ao outro extremo, sua aversão, se possível, sua profunda aversão. Claro, a aversão, nestes casos, é o desejado. Vamos, então, às situações.

1 — *O professor está dando aula para uma classe com cerca de 70 alunos em ambiente comum ao trabalho com disciplinas básicas das áreas de Ciências Exatas e Engenharias: anfiteatro arejado, dotado de carteiras confortáveis, espaço razoável, havendo lugar para o professor se situar num plano favorável, de maneira a ser ouvido através de uma aula expositiva.*

A aula transcorre da seguinte maneira: o professor fala, escrevendo e olhando para a lousa ou quadro de giz. Escreve fórmulas e mais fórmulas, enquanto os alunos conversam entre si sem prestar atenção ao *que ele está dizendo. Frequentemente dois ou três alunos deixam* a *sala de aula, enquanto três ou quatro acabam entrando. Ninguém presta atenção,* a *não ser um pequeno grupo sentado na primeira fileira, que toma nota daquilo que o professor fala.*

O retrato que se tem dessa situação é de um professor falando para a lousa e não para os alunos. A doutora Corinta M. G. Geraldi, da Unicamp, descreve a referida situação de uma maneira muito feliz: "[...] é como se houvesse um *blindex* separando professores e alunos, ambos praticamente incomunicáveis".

Há uma pressuposição de minha parte de que os alunos da frente estarão anotando tudo para depois, através de cópias, passarem aos demais suas anotações. Provavelmente, na aula seguinte, os da frente passarão para trás de maneira que os grupos irão se revezando.

O termo que eu usaria para classificar essa situação talvez possa parecer um pouco agressivo demais: uma situação que beira a esquizofrenia, onde a comunicação não existe, a aprendizagem, se existe, é irrisória — ou ilusória? — tudo se passando de um modo completamente disforme e desintegrado.

2 — Numa classe de 3º ano de um curso de Ciências Sociais Aplicadas — Direito — no final da aula, sabendo que a prova semestral se aproxima, um aluno pergunta ao professor: "Professor, na prova vão cair questões de pegadinhas?" O professor fica um tanto indeciso e responde negativamente. Posteriormente, examinando-se as questões da prova, constata-se que a mesma contém uma série de questões extraídas de notas de rodapés de livros.

A descrição ilustra uma questão bastante problemática no ensino superior e que nos deve causar profunda aversão. É difícil imaginar que um aluno possa fazer essa pergunta, mas se ele a faz é porque sabe que podem cair questões desse tipo, isto é, questões através das quais se procura avaliar não o que o aluno sabe, mas aquilo que ele não sabe para "pegá-lo no pulo", por assim dizer. Trata-se, a meu ver, de uma situação ridícula, infelizmente mais comum do que se pensa.

3 — *O professor entra na sala de aula e depois de cumprimentar a classe, pergunta: "Bem, hoje quem vai* **dar** *o seminário?". Alguns* **alunos** *levantam as mãos e então ele solicita que venham à frente a fim de* **darem** *o seminário. O grupo explica para o restante da classe o resultado daquilo que foi lido em livros e textos avulsos. Um aluno sucede ao outro na exposição, ocupando uma hora-aula. No final, aquele que parece liderar o grupo faz uma síntese do trabalho realizado. Ao se encerrar o* tempo *previsto, o professor limita-se a dizer: "Ótimo, muito bom seminário. Alguém tem alguma dúvida?". Diante do silêncio reinante, ele arremata, perguntando: "Na próxima aula, quem vai* **dar** *o seminário?". Um grupo de alunos se apresenta como os responsáveis pelo próximo seminário.*

A situação descrita, evidentemente, não tem nada a ver com **seminário**, uma vez que não há um tema geral e integrativo, o professor é omisso do começo ao fim, cada aluno sabe apenas a parte que lhe coube apresentar. Enfim, o trabalho e esfacelado. É fácil concluir que a situação descrita distancia-se de tudo aquilo que os autores anteriormente citados afirmaram. Tudo não terá passado de uma simples aula expositiva dada por um grupo de alunos ao restante da classe, de uma maneira bastante precária. Retome, se necessário, o tópico sobre seminário, tratado no capítulo *Vamos aprender didática com nossos alunos?*

4 — A quarta situação refere-se a um trabalho final de ano letivo.

O professor recebeu trabalhos escritos de uma classe composta por trinta alunos, aproximadamente. São textos que poderíamos classificar como "quase monografias", versando sobre determinados temas escolhidos pelos alunos e aprovados pelo professor no início do ano. Na semana seguinte o professor diz à classe que achou alguns trabalhos muito bons, outros bons, diversos regulares, havendo alguns que não estavam satisfatórios. Diz que na próxima semana devolverá aos alunos os trabalhos devidamente corrigidos e assim o faz. Os trabalhos têm, agora, poucas e pequenas anotações a lápis marcando determinados pontos e tópicos. Como se trata da última aula da disciplina, coincidindo com provas e festas, os alunos têm pressa para sair e limitam-se a folhear seus textos, interessados nas notas obtidas. Não há referência, por parte do professor, quer sobre a qualidade geral dos textos produzidos, quer sobre pontos específicos que deveriam envolver questões de pesquisa e de redação. Os estudantes que constatam um maior número de observações — geralmente sob a forma de traços — em seus textos, parecem não atribuir importância ao fato, uma vez que já conhecem o "sistema de avaliação" utilizado não apenas por este, como também pela maioria dos docentes. Não serão reprovados por falhas encontradas nesse trabalho, pois a média final será resultante da participação em classe, seminários, trabalhos realizados em grupos etc. Os alunos vão deixando a classe, alguns deles despedindo-se do professor.

O relato acima parece-me muito significativo.

É muito provável que o professor não tenha lido os textos e se os leu terá feito de maneira muito superficial. Perdeu, assim, uma excelente oportunidade de oferecer condições para que os estudantes aprendessem — ou desenvolvessem — as habilidades de redação, absolutamente necessárias para estudantes universitários.

Trata-se de um ponto fraco que permeia todo o processo de educação escolarizada, do ensino fundamental ao ensino médio, tendo continuidade no nível superior. Os estudantes terão sido, supostamente, ensinados a redigir corretamente não apenas através das milhares de horas-aula de português, como também de outras disciplinas, uma vez que segundo voz corrente, "todos os docentes são, também, professores de português". A situação costuma explodir na pós-graduação quando, ao se verem obrigados a redigir projetos de pesquisa, textos para apresentar em exames de qualificação, e depois, textos de dissertações e teses, vêm-se aturdidos, sem saber como proceder. Em várias ocasiões cheguei a devolver quatro, cinco, até treze vezes — conforme já me referi em capítulo anterior — trabalhos de alunos de mestrado para sucessivas revisões. A incapacidade de se expressar com clareza contamina todo o processo de aprendizagem, e por mais paradoxal que possa parecer, constitui objeto de referência permanente — pelo menos em nível verbal — ao longo dos 16 anos, em média, que decorrem do início do ensino fundamental ao final da graduação.

A situação descrita mostra uma oportunidade perdida.

5 — Conforme palavras de um aluno de graduação: "O problema deste curso é que se você tira uma nota <5, então você é um aluno <5".

Esta frase, proferida por um estudante de ciências exatas, mostra o distanciamento que se faz entre o estudante — que está se preparando para uma carreira acadêmica ou profissional — e a pessoa, isto é, o ser humano. O último autor ao qual me referi — Ken MacRorie — se refere a esse aspecto de maneira indireta. Através de provas de múltipla escolha,[7] de cálculos que têm que dar certo, ou "experiências" que previamente já tenham seus resultados assegurados, o estudante poderá obter uma nota 3, 3,9, 7,5 ou mesmo 10,0. Esses valores, além de pouco ou nada significarem, acabam gerando aversão pelo estudo, atividade central da vida acadêmica. Passam a se constituir como fonte geradora de baixa estima quando, a exemplo da expressão antes reproduzida, pessoa e nota significam a mesma coisa.

Concluindo

Conforme já destaquei no início deste trabalho, a finalidade de reproduzir extratos e textos de pesquisadores voltados para o ensino superior é de colaborar junto ao professor universitário para que ele possa fazer a sua própria avaliação. Não vou fechar o trabalho através de uma conclusão geral, pois isso equivaleria a empobrecer as possibilidades de você fazer suas próprias reflexões, extraindo suas conclusões pessoais. O fato de eu ter destacado a autoavaliação no seu sentido mais específico do termo, isto é, feita pelo próprio indivíduo, não impede que os exemplos, relatos e extratos de textos contidos nos

---

7. Embora o autor não explicite a expressão *teste de múltipla escolha*, suas observações permitem concluir que é a este tipo de teste que ele se refere.

cinco tópicos possam ser objeto de discussões em pequenos grupos após reflexão prévia de cada elemento.

Este procedimento viria proporcionar aos professores uma vantagem a mais: a avaliação feita em grupo, por indivíduos do mesmo curso ou de cursos diferentes e assim por diante. Termino lembrando mais uma vez aquilo que não pretendo alcançar com este trabalho: fazer dele uma espécie de roteiro de autoajuda para você, professor. Não é lendo e repetindo vinte vezes "gosta de ensinar e considera importante seu trabalho" que alguém vai valorizar o trabalho que faz ou começar a gostar de ensinar.

Há tópicos nesse texto em que os itens são *mais orientados* — ou *mais dirigidos* — ao lado de outros, mais abertos. Este fato não quer dizer que uma determinada modalidade de comportamento ou de atitude descrita, seja superior a outra. Importante é que você estabeleça relações entre todos os tópicos e modalidades de ação neles descritas, extraindo suas próprias conclusões. As perguntas-chave são: "Minhas atitudes e comportamentos se aproximam ou se distanciam do perfil de BOM (BOA) professor(a)?". "O que me falta para atingir as características do docente necessário para o momento atual?" Para quem gosta de quantificação, a pergunta seria: "que nota eu me atribuo enquanto professor(a) universitário(a)?".

Minha expectativa ao redigir o presente texto é que se proceda à autoavaliação, integrando-a num futuro não muito distante ao processo de avaliação institucional propriamente dito, isto é, a avaliação abrangendo cursos, unidades, e, se possível, a instituição universitária como um todo.

A transcrição dos textos ao longo deste trabalho, evidentemente, não visa dispensá-lo da leitura das obras das quais foram extraídos. Pelo contrário, tenho como expectativa aguçar sua curiosidade para que leia os textos em sua totalidade de modo a adquirir uma visão mais profunda e abrangente sobre eles.

Cabe-me destacar o fato de que essas diferentes obras têm tido forte influência na formação e no aperfeiçoamento de professores no momento atual, caracterizado por rápidas transformações socioculturais.

Referências

BALZAN, Newton C. O ensino universitário em questão. Relatório de pesquisa Pró-Reitoria de Pesquisa/Unicamp, Campinas, 1986. (Desenvolvido com apoio do CNPq e da Faep (Fundo de Apoio ao Ensino e à Pesquisa)/Unicamp).

_____; MENEGHEL, Stela M.; JAKUBOWSKI, Cláudia D. *Unicamp*: qualidade de ensino e vida universitária. Relatório de pesquisa. Pró-Reitoria de Pesquisa/Unicamp. Campinas, 1998. [Desenvolvido com apoio do CNPq/Faep (Fundo de Apoio ao Ensino e à Pesquisa/Unicamp).]

CUNHA, Maria Isabel da. *O bom professor e sua prática*. Campinas: Papirus, 1989.

DIAS, José Sobrinho (Org.). *Avaliação institucional da Unicamp*: processo, discussão e resultado. Campinas: Ed. da Unicamp, 1994.

EISNER, Elliot. The kind of schools we need. Interchange, The Ontario Institute for Studies in Education, 1984.

GRÍGOLLI, Josefa A. G. A sala de aula na universidade na visão de seus alunos: um estudo sobre a prática pedagógica na universidade. Tese (Doutorado) — Pontifícia Universidade Católica, São Paulo, 1990.

MacRORIE, Ken. *20 teachers*. Oxford: Oxford University Press, 1984.

P1MENTEL, Maria da Glória. *O professor em construção*. Campinas: Papirus, 1993.

Observações

1. Extraídos de Pimentel (1993):

KUHN, Thomas. S. *Estruturas das revoluções científicas*. São Paulo: Perspectiva, 1991.

LEFBREVE, Henri. *Critique de la vie quotidienne III*. Paris: L'Arche, 1981.

HELLER, Agnes. *Sociología de la vida cotidiana*. Barcelona: Península, 1977.

_____. *Felicidade, liberdade e democracia*. São Paulo: Brasiliense, 1982.

_____. *La revolución de la vida cotidiana*. Barcelona: Península, 1982.

_____. *O cotidiano e a história*. Rio de Janeiro: Paz e Terra, 1989.

_____. The elementary ethics of everyday life. In: *Seminário Feher/Heller*, São Paulo, PUC-SP, 1992.

_____. Theory of needs revisited. In: *Seminário Feher/Heller*, São Paulo, PUC-SP, 1992.

ORLANDI, Eni P. A fala de muitos gumes. In: SEMANA DE SEMIÓTICA, 2., *Ideias e Debates*, Paraná, 1986.

_____. *Discurso e leitura*. São Paulo: Cortez, 1988.

_____. *Terra à vista*. São Paulo: Cortez, 1990.

THIOLLENT, Michel M. *Crítica metodológica, investigação social e enquete operária*. São Paulo: Polis, 1984.

_____. Aspectos qualitativos de descrição, avaliação e reconstrução. *Cadernos de Pesquisa*, São Paulo, n. 49, 1984.

THORNBURG, D. D. Renascimento II. Tradução de Maria Cecília T. Pastorelli. *Education*: technology and paradigms of change for the 21st century. New York: Starsony Publications, 1989.

2. Extraídos de Cunha (1989):

BERGER, Peter L.; LUCKMANN, Thomas. *A construção social da realidade*. Petrópolis: Vozes, 1978.

_____. *Perspectivas sociológicas*: uma visão humanista. Petrópolis: Vozes, 1983.

DOMINICÉ, Pierre. *A biografia educativa*: instrumento de pesquisa para a educação de adultos. S/l., 1982. (Mimeo.)

GOFFMAN, Erwimg. *A representação do eu na vida cotidiana*. Petrópolis: Vozes, 1985.

HELLER, Agnes. *O cotidiano e a história*. São Paulo: Paz e Terra, 1985.

ORLANDI, Eni Pulcinelli. Análise do discurso: algumas observações. *DELTA*, São Paulo, v. 2, n. 1, p. 105-106, 1986.

_____. *A linguagem e seu funcionamento*: as formas do discurso. Campinas: Pontes, 1987.

THIOLLENT, Michel M. *Crítica metodológica, investigação social e enquete operária*. São Paulo: Polis, 1984.

_____. Aspectos qualitativos de descrição, avaliação e reconstrução. *Cadernos de Pesquisa*, São Paulo, n. 49, p. 45-50, 1984.

_____. *Metodologia da pesquisa-ação*. São Paulo: Cortez, 1985.

PARTE 3

Nossos estudantes

Capítulo X

Quem é o universitário que temos diante de nós? Vamos fazer uma reflexão sobre seu contexto sociocultural?

> A mídia impressa e eletrônica, acopladas à indústria cultural transforma o mundo em paraíso das imagens, videoclipes, supermercados, "shopping centers, disneylândias". [...] No âmbito da pós-modernidade [...] a experiência se empobrece e a aparência enriquece. No âmbito de um mesmo e vasto processo, ocorre a substituição da experiência pela aparência, do fato pelo simulacro, do real pelo virtual, da palavra pela imagem. (Ianni, 1995, p. 170-172)

Quem é o universitário com o qual estamos trabalhando? Como se informa sobre seu país e o mundo, de modo geral? Questão central: quais os aspectos mais marcantes do contexto sociocultural em que ele vive?

Numa tentativa de responder a estas questões, tomo a liberdade de usar como referência principal estudos que venho realizando há mais de 20 anos junto a vestibulandos, a ingressantes e a concluintes de graduação de diversas universidades do país, com destaque à PUC-Campinas[1] e à Unicamp. Na primeira, como assessor da Pró-Reitoria de Graduação, e na segunda, na qualidade de professor aposentado — Colaborador Voluntário —, tenho acesso fácil aos estudantes, em geral. Como Pesquisador Sênior junto ao CNPq (Conselho Nacional para o Desenvolvimento de Pesquisa) e consultor *ad hoc* de diversas agências de fomento, com destaque à Fapesp (Fundação de Apoio à Pesquisa do Estado de São Paulo) tenho tido acesso constante junto a pesquisadores cujos projetos muitas vezes focalizam o estudante universitário.

Além de dados atuais obtidos junto a ingressantes (Rigacci Junior e Balzan, 2012), a concluintes e alunos que deixam a universidade antes de concluírem seus cursos (Balzan, Rigacci Junior e Munhoz, 2010), disponho de informações sobre os mesmos temas coletadas ao longo das últimas décadas, principalmente nas universidades em que venho atuando, isto é, PUC-Campinas e Unicamp (Balzan, 2009, 2005, 1998, 1998a, 1989; De Sordi, Araujo, Balzan, Lopes, Almeida Junior, 2005; Balzan, Lopes, De Sordi, Saragioto, Santos e Silva, 2001; Balzan, Lopes e De Sordi, 2001, 1999; Balzan, Meneghel e Jakubowski, 1998; Camargo, Castanho e Balzan, 1996; Balzan, Giubilei e Oliveira, 1983; Oliveira, Giubilei e Balzan, 1983).

No entanto, cabe-me acrescentar outra importante referência para a elaboração do presente texto: com frequência tenho ouvido não apenas calouros e formandos, mas também docentes e gestores de outras universidades, públicas e particulares. Em outros termos,

---

1. Como a Unicamp já é bastante conhecida, sempre citada como uma das melhores, senão a melhor do país, disponibilizo algumas informações sobre a outra universidade em que atuo junto à sua pró-reitoria de graduação. Trata-se de uma universidade conceituada e com tradição no país: sua história teve início há 73 anos e o número de formados abrange cerca 150 mil. Seus ingressantes e concluintes fazem suas apreciações a partir de uma IES de porte médio para grande, que conta com aproximadamente 20 mil estudantes de graduação, 350 dos quais estão envolvidos com atividades de pesquisa e cerca de mil em cursos de pós-graduação. Nesta universidade são realizados 37 mil atendimentos por mês na área da saúde. Dos seus 869 professores, 357 são doutores e 324 são mestres.

tenho estado sempre atento sobre questões que envolvem o estudante universitário.

Sugiro que você consulte outras publicações — são muitas — sobre este mesmo tema. Exemplo: o perfil do universitário brasileiro[2] publicado em Ensino Superior (2012, p. 38-41). Outra sugestão: estabeleça uma comparação entre os dados e informações que constam deste texto com o estudo desenvolvido há quase meio século por Forachi, 1965. As relações temáticas são evidentes, embora os cenários sejam muito diferentes.

Um lembrete se faz necessário, no entanto. Diferentemente dos demais textos, este e o seguinte são datados, isto é, retratam o momento em que foram escritos, segundo semestre de 2013. Há referências porém, datadas de 2014 e do inicio de 2015. Desta forma, caso você os leia alguns anos depois de publicados, nada impede que atualize os dados e informações neles disponíveis, podendo, ao mesmo tempo, conhecer algumas das características marcantes do contexto sociocultural que enfrentava e desafiava os universitários nessa época.

Na busca de respostas para a questão-título deste capítulo, há os seguintes pressupostos:

i) de modo geral, as IES do país dispõem de comissões para os vestibulares encarregadas de, entre outras atividades, coletar informações junto aos seus candidatos, consideradas relevantes para as próprias universidades;

ii) as comissões para os vestibulares — ou outros grupos de trabalho para o mesmo fim priorizam, na coleta de dados junto aos vestibulandos, o acesso a informações a respeito de suas condições socioeconômicas e culturais, sobre os mo-

---

2. É provável que você encontre semelhanças entre o perfil — retrato global — traçado a partir de quase 17 mil entrevistas com alunos de instituições católicas de 34 países, publicado em *Ensino Superior* (2012) e os estudantes que tem diante de si, pertencendo ou não a uma IES confessional católica. De modo geral, os dados e informações publicados não se aplicam aos meus interlocutores, embora pertençam, também, a uma das universidades católicas do país.

tivos que os levaram à opção pela universidade e pelo curso em que pretendem se matricular;

iii) o candidato, ao se inscrever, terá sido fiel às informações por ele prestadas;

iv) em geral as IES dispõem de comissões para vestibulares;

v) o concluinte procede à avaliação de seu curso, com destaque às condições para o desenvolvimento do ensino e aprendizagem do corpo discente;

vi) as informações coletadas junto aos concluintes dos diferentes cursos possibilitam o conhecimento sobre pontos específicos que devam ser objeto de manutenção e desenvolvimento, assim como de outros, que durante períodos que variam entre 3 e 6 anos, terá acumulado um conjunto de experiências e vivências capazes de torná-lo um interlocutor confiável a respeito daquilo que ocorre na Instituição, quer em salas de aulas, quer em bibliotecas, laboratórios, estágios e outras práticas ocorridas durante esses anos;

vii) se, por um lado as palavras dos estudantes — com destaque aos concluintes — não devem ser interpretadas como a verdade, por outro lado, elas podem ser consideradas como sinais que indicam verdades que estimulam tanto os gestores que atuam em diferentes níveis da Instituição como os professores, com atuação junto a um ou mais cursos, a refletir sobre a qualidade daquilo que é proporcionado aos seus estudantes.

Se você dispõe, em sua universidade, de condições que contemplam pelo menos parte dos pressupostos acima, eu o convido a compartilhar comigo os resultados de minhas reflexões sobre o universitário que hoje temos diante de nós. Se você não dispõe dessas condições, pretendo estimulá-lo a pleitear para que elas possam ser oferecidas na Instituição em que atua.

De qualquer forma, meu objetivo, ao redigir este capítulo, não é fazer qualquer afirmação categórica sobre o nosso universitário —

principalmente àquele que costumamos chamar de novo universitário — mas sim, despertar a consciência da necessidade de conhecermos mais e melhor, quem é ele/ela: quais as características mais marcantes do contexto sociocultural em que está vivendo? De onde veio, em termos de escolaridade anterior, fundamental e média? Quais suas origens socioeconômicas e culturais? Por que buscou esta e não outra IES e este curso em vez de outro? Como descreve suas próprias experiências de estudante ao longo do período de graduação? Quais suas perspectivas para o futuro, em termos de trabalho e/ou estudo?

Claro, respostas a estas questões serão buscadas junto a estudantes de IES específicas, especialmente, como já foi destacado, àqueles que estarão ingressando, deixando os cursos em que estão matriculados antes de os concluírem e concluindo a graduação, a pós-graduação e outras modalidades de cursos oferecidas aos que hoje buscam se especializar ou se atualizar numa determinada área do conhecimento. Estimular — a você que me lê — a VER seu próprio aluno, eis o que, em síntese, eu pretendo atingir ao elaborar este capítulo.

Em primeiro lugar convém lembrarmos de um ponto muito importante: não existe O estudante universitário, mas sim, uma grande multiplicidade de universitários.

Há o estudante de curso em período integral, que curte a vida universitária, frequentando bibliotecas e participando de toda riqueza que uma boa universidade possa oferecer: seus ciclos de cinema, o Centro Acadêmico, corais, teatro, conferências nacionais e internacionais, congressos, seminários, simpósios, palestras e atividades afins sobre os mais variados temas, além de defesas de teses não raramente sobre temas pelos quais têm grande interesse. Este estudante poderá ter realizado parte do ensino médio numa instituição estrangeira e ao longo da graduação participar de intercâmbio com universidades de outros países. Claro, há estudantes que, embora dispondo de todas essas condições, apenas passam pela universidade.

Há o estudante que procede do mais alto nível socioeconômico familiar, que opta pelo mesmo curso frequentado por seus pais, cujo sucesso lhe é evidente, ou por cursos da moda que prometem, da mesma forma, altos salários e elevado status social e aquele que vem dos mais baixos estratos, alguns com renda *per capita* familiar abaixo do nível de pobreza, cuja opção se restringe a um ou dois cursos que, de fato, possam frequentar. Um percentual não desprezível destes últimos terá ingressado pelos chamados sistemas de cotas, com destaque ao ProUni.

Há o estudante de curso noturno que entra diretamente em sala de aula depois de um dia de trabalho, muitas vezes estafante, dispondo de pouco tempo para se alimentar, indo raramente à biblioteca, mesmo a biblioteca local, isto é, de sua faculdade. É bem provável que ele pertença aos estratos socioeconômicos mais baixos da população brasileira. Mesmo pretendendo desfrutar da vida universitária, suas experiências, neste sentido, limitam-se a poucos dias ao longo do ano em que as aulas são suspensas para a realização de semanas de estudos não raramente direcionadas a exposições de trabalhos dos próprios alunos e de conferências proferidas por especialistas da mesma área a que seu curso pertence. Assim, eventos como esses, e outros mais, acabam por nada significar em termos de abertura para um universo mais amplo que contemplem aquilo que se convencionou chamar de vida universitária.

Há o estudante de cursos oferecidos em EaD (Educação a Distância) a maior parte deles em regime semipresencial, nos quais os contatos se fazem primordialmente pela internet a partir de sua própria residência. Esses cursos geralmente proporcionam ao estudante participação de atividades através de teleconferências, embora ele esteja fisicamente ausente.

Há o estudante que vai à faculdade somente no período matutino, podendo antecipar seus estágios, garantindo tão cedo quanto possível seu lugar no mercado de trabalho. Não é raro encontrá-lo na mesma Instituição ou numa outra, frequentando outro curso no período noturno. Infelizmente são raros os casos de estudantes de cursos matutinos que permanecem na universidade ao longo do dia, trabalhando ao lado de um professor no desenvolvimento de projeto de pesquisa, estudando na biblioteca ou — o que é raro mas não impossível de acontecer —, trabalhando em grupo num projeto voltado para a inovação nas áreas de ciências e tecnologias.

Há os geniozinhos precoces que preferem matar as aulas, para desenvolver atividades que lhes dão maior prazer, muitos dos quais, no futuro, serão referências nacionais e internacionais. Podemos encontrá-los nos laboratórios da universidade e já terão trabalhos publicados em revistas científicas, mesmo antes de concluírem a graduação: Meu primeiro artigo é de 1947, quando eu cursava o quarto ano de graduação. Eu matava aula para trabalhar no laboratório sabendo que ia ser pesquisador, relata à Pesquisa (2013a) o professor Michel Rabinovitch, em plena atividade aos 87 anos nas áreas de parasitologia e biologia celular.

Ao lado do estudante que nos parece muito jovem, em alguns cursos haverá aqueles que já passaram dos quarenta e realizam seu sonho de obter um diploma de curso superior ou de fazer mais um curso além daquele já realizado anos atrás.

Muitos outros tipos de estudantes poderiam ser acrescentados a esses. Deixo a seu critério esta tarefa, baseando-se em suas próprias experiências.

Diante disso, volto à questão: quem é o universitário que temos diante de nós? Podemos traçar um perfil que se aproxime do estudante universitário brasileiro a partir das observações e dados coletados junto àqueles que temos em nossas salas de aulas, laboratórios, estágios e batendo papo nos pátios e Centros Acadêmicos, nesta segunda década do novo século? A resposta é negativa, o que não impede que façamos algumas aproximações, provavelmente válidas.

Mais fácil e possivelmente mais assertivo é elaborar um retrato do contexto social, político, econômico e cultural no qual, ele vive.

Vamos a ele, então, independentemente de estudar em IES pública, particular, ou particular confessional.

Estudante em tempo integral, parcial ou matriculado em EaD, há alguns pontos comuns entre eles que devem ser logo ressaltados:

1º) O estudo, atividade que supostamente seria o centro da vida estudantil, geralmente se limita aos dias que precedem as provas. Em outros termos, estudam para passar de ano e não em função de um sentimento de prazer pela ampliação dos próprios horizontes ou, se quisermos, pela paixão de entrar em contato com descobertas que ocorrem a todo momento nas diferentes áreas do conhecimento.

2º) Ingressantes e concluintes estão sempre plugados na internet. A mídia mais utilizada para se informar sobre o que quer que seja é a internet. Já não usam relógio. Para quê relógio se eu tenho um celular... um smartphone...? Nossos estudantes que estão perto de nos deixar, assim como seus colegas que acabaram de ingressar na universidade, possuem grande habilidade e versatilidade com as novas tecnologias e já podem ser considerados como nativos da eletrônica, globalizados ou ainda, como eles se autodefinem, internetizados. É possível que enquanto você lê este texto alguns deles estejam baixando um game simples como o Angry Birds no smartphone, ou tentando saber se vale a pena substituir o Wii pelo novo console Wiiu da Nintendo. Os mais avançados provavelmente já estarão aguardando informações sobre o XboxOne, capaz de ler discos Blu-Ray, assim como sobre o Windows Blue, embora as mesmas devam ser anunciadas oficialmente daqui a alguns meses. No entanto, como elas foram vazadas na internet, por que esperar tanto tempo, não é mesmo?

3º) A maioria daqueles que concluem a graduação tem como objetivo imediato exercer a profissão, cujo objetivo está presente no momento da inscrição para os vestibulares.

4º) A maioria absoluta dos concluintes de graduação — licenciaturas — rejeita o exercício do magistério junto ao ensino fundamental e médio.

5º) Um número não desprezível de ingressantes não concluirão os cursos em que estão matriculados, contribuindo para o fenômeno da evasão.[3]

---

3. O conceito de Evasão varia muito de uma IES para outra. Nos estudos desenvolvidos junto à PUC-Campinas, considerou-se as seguintes formas segundo as quais este fenômeno

Pretendo explorar, no momento, o segundo dos itens acima, deixando os demais, não menos importantes, para abordá-los em outros capítulos desta mesma coletânea ou já tratados exaustivamente em publicações que constam das referências citadas.

Alunos plugados na internet: este fato se restringe às classes mais favorecidas economicamente? A resposta é não. Os principais órgãos de imprensa do país confirmam a resposta negativa: no início de 2014, 90% dos favelados do Rio de Janeiro e São Paulo dispõem de aparelhos eletrônicos, possibilitando-lhes acesso frequente à internet. Quero acrescentar, a propósito, uma informação coletada pessoalmente e que, a princípio, poderia soar como estranha: os estudantes que ingressaram recentemente numa das universidades em que estou atuando — PUC-Campinas — através do vestibular social,[4] que privilegia as camadas mais carentes da população, não diferem daqueles

---

ocorre: a) Trancamento — suspensão temporária dos estudos e dos vínculos do estudante com a universidade, não havendo limite de tempo estabelecido para uma matrícula ficar trancada. É realizado via requerimento *on-line* e tem prazo definido em calendário — último dia útil de abril ou último dia útil de agosto; b) Cancelamento — significa interrupção definitiva do vínculo do aluno com a universidade, podendo ocorrer: i) por solicitação do aluno, somente no caso de ingressantes; ii) por determinação da universidade, a qualquer momento. É solicitado diretamente ao Departamento de Contas a Receber. Tem prazo contratual: 10 dias após assinatura de contrato ou 5 dias após ingressar em outra IES; c) Pendência — matrícula de veterano que não sofreu renovação de matrícula de um ano para outro. Pode ser entendido como abandono de curso, nomenclatura não mais usada nas normas da instituição; d) Transferência — i) da PUC-Campinas para outra IES, é solicitada via requerimento (forma física) na Secretaria Geral; ii) de outra Instituição para a PUC-Campinas, depende de inscrição do candidato no processo da PUC-Campinas, via *on-line*.

Embora dados e informações possam ser obtidos no documento já assinalado (Balzan, Rigacci e Munhoz, 2010), considero importante adiantar o seguinte: a) em termos quantitativos, tomou-se como referência a evasão ocorrida no período 1998-2008; b) para fins de estudos quanti-qualitativos, buscou-se informações junto aos 3.350 estudantes que, ao efetuarem trancamentos de cursos durante o período 2006-2010, isto é, anos que contavam com dados disponíveis sobre os motivos, que levaram os estudantes a tomar tal decisão; c) índices mais altos de evasão foram observados nos cursos em que as matrículas iniciais foram as mais baixas: Matemática e Artes Visuais, 24,3% e 20,3% respectivamente.

4. Após a última chamada dos candidatos aprovados no Vestibular — 2012, a PUC-Campinas realizou um segundo Vestibular, intitulado Vestibular Social, tendo por objetivo a seleção e classificação de candidatos em situação de carência socioeconômica, à matrícula, no 1º semestre de 2012, com bolsa de estudo integral, nas vagas remanescentes do 1º período dos Cursos Licenciatura e de Bacharelado, conforme Edital n. 008/2011.

que ingressaram através do Vestibular Regular: a maioria absoluta se informa sobre aquilo que acontece no mundo através da internet.

No entanto, isto tem seu preço: segundo muitos de seus professores, eles têm, em geral, dificuldades para a elaboração de frases que requerem pensamentos com maior nível de complexidade, os diálogos inter-pares é cravado em eventos do dia de hoje, sem história e, a política, quase sempre ausente.

Poderia ser diferente se, como declararam alguns dos participantes de reunião com diretores-professores de faculdades e de órgãos de apoio à reitoria da universidade (PUC-Campinas) como o DECOM (Departamento de Comunicações) da qual participei há um ano (Prograd, 2012, p. 4-6):

— Não é fácil trabalhar com alunos que veem tudo de modo tão rápido e que dificilmente aceitam que é necessário assimilar algo mais profundo.

— Basta eu parar para respirar e já estão eles enviando torpedos, ligados na internet. Se desligam imediatamente do assunto que estamos tratando em sala de aula.

— Eles têm resistência à leitura... leitura diferente do que ele faz na internet.

— Como prestar atenção naquilo que está sendo tratado, em salas de aulas se as luzes de seus celulares não param de piscar por um instante sequer?

— Sim, eles estão ligados à internet o tempo todo [...] têm informações sobre tudo mas estas são extremamente superficiais. Convém observar que eles normalmente têm dificuldade para manter um diálogo. Por outro lado, esta juventude é mais generosa, mais tolerante, menos preconceituosa em relação a sexo, raça e outros pontos (Prograd, 2012).

Você está de acordo com a frase final do último comentário acima?

Talvez não pudesse ser de outra forma, uma vez que nossos estudantes *estão* sempre a toda velocidade acompanhando, talvez, a velocidade cada vez maior em que os conhecimentos vêm se acumulando: As revistas científicas passaram de 10.000 em 1900 para mais de 100.000, hoje; surgem cerca de 200.000 novos teoremas, anualmente; o número de substâncias químicas conhecidas em 1978 era de 360.000 e, atualmente, se conhecem 1.700.000; a cada 2 anos, são publicados mais de 1.000.000 de artigos em revistas de química; um centro de genômica pode, hoje, determinar 1.000.000 de bases por dia, enquanto em 1977 levava uma semana para determinar a sequência de 500 bases; atualmente, surgem 5 livros por dia na área de administração de negócios. [...] o conhecimento (de base disciplinar, publicado e registrado internacionalmente) havia demorado 1.750 anos para duplicar-se pela primeira vez, contando a partir da era cristã, para depois dobrar seu volume, sucessivamente, em 150 anos, 50 anos e agora a cada 5 anos, estimando-se que até o ano 2.020 se duplicará a cada 73 dias (Dias Sobrinho, 2009, p. 19-20; Brunner, 2003).

Quais as dificuldades que isso pode acarretar às atividades tradicionais de sala de aula: no quesito transmissão de conhecimentos, qual o papel que ainda cabe ao professor? Que tipo de conhecimentos vale a pena ensinar? Que tipo de conhecimentos vale a pena aprender? — pergunta Dias Sobrinho no mesmo texto.

Volte por um instante ao extrato em epígrafe, do brilhante sociólogo Octavio Ianni e acrescente a seguinte informação capaz de deixá-lo aturdido: Ocupando uma área menor que 1,5 metro quadrado de uma sala, seis máquinas formam o novo "cluster" computacional da Faculdade de Tecnologia da Universidade Estadual de Campinas (FT/Unicamp), no campus de Limeira, capaz de realizar 4,5 trilhões de operações aritméticas por segundo. Isso corresponde, grosso modo, a calcular 10 bilhões de vezes a tabuada de 1 a 10 no tempo de um estalo de dedos", segundo Vitor Rafael Coluci, professor da FT/Unicamp que coordena o projeto denominado "Aplicação de computação de alto desempenho em problemas interdisciplinares" (Fapesp, 2013a).

Para que você tenha uma ideia sobre o que isto significa, vamos dar uma pausa e nos "divertirmos um pouco". Raciocine comigo: um dia tem 1.440 segundos e um ano, 525.960 segundos. É fácil concluir que desde o início da era cristã até o final de 2012, levando em conta os anos bissextos, passaram-se 1.058.231.520 segundos. Vamos um pouco mais longe: levará 31.668 anos até que transcorram 1 trilhão de segundos a partir do momento em que você estará lendo este texto. Ora, há 31.668 anos, faltavam ainda mais de 10.000 anos para que o ponto máximo do último período glacial ocorrido no globo fosse atingido. Demoraria cerca de 19 mil anos até que a humanidade desse início à agricultura, ultrapassando a vida nômade baseada em atividades de coleta, onde estão hoje Israel e a Jordânia. Enquanto isso, o cluster do campus de Limeira pode realizar 4,5 trilhões...

A Unicamp não poderia parar aí. Seu novo supercomputador tem capacidade de processamento equivalente a cinco mil computadores pessoais, todos trabalhando simultaneamente. Pesquisadores de várias áreas — Física, Química, Engenharias, Computação, Estatística, Zootecnia, Biologia, Matemática e Astronomia — poderão ter acesso a ele (Fapesp, 2013d).

Quem é este aluno que acaba de ingressar na universidade? Muitos deles revelam dificuldades para acompanhar um curso que mal se inicia!

Ninguém melhor, mesmo que a título de exemplos, para responder a esta questão do que professores-pesquisadores com longa prática na educação superior e que regularmente atuam junto a ingressantes. Vejamos algumas apreciações sobre ele, resultantes de depoimentos de professores de diferentes áreas do conhecimento — Letras e Ciências Exatas — todos de renome nacional e internacional. Mais uma vez é bom lembrar: eles não estão expressando a verdade, mas é possível que você se identifique com uma de suas falas ou até mesmo que faça uma associação entre elas.

A docente da área de Letras (universidade particular confessional), que regularmente trabalha com redação junto a ingressantes na educação superior teceu críticas contundentes:[5]

---

5. Reprodução de documento encaminhado posteriormente, como adendo, à Comissão Organizadora dos Seminários: Quem somos nós, professores universitários? Um encontro para

Os nossos alunos de hoje, salvo raras e bem-vindas exceções, são jovens para os quais universidade não tem mais o sentido antigo, desprovidos que são dos pré-requisitos necessários para a internalização de conhecimentos de nível acadêmico, desde postura adequada em sala de aula (vejam-se as entradas e saídas durante a aula... além dos atrasos...) até capacidade do esforço necessário para a execução de tarefas mais difíceis dentro do respeito a prazos. Desconhecem a necessidade de planejamento de seus horários de estudo, têm enorme dificuldade para gerenciar seu tempo e, emocionalmente carentes, estão sempre tentando envolver seus professores em seus problemas pessoais. Dificuldades familiares são, sempre, a justificativa para adiamento de prazos e pedidos de novas oportunidades para trabalhos não ou mal executados. Em geral, têm a ilusão de que a universidade possa adaptar-se a eles, simplificando programas, e suas deficiências de escolaridade anterior não são encaradas como obstáculos a serem transpostos, com persistência e coragem, mas como justificativa para se reunirem em pequenas comissões e pedirem ao professor mudança de conteúdos ou de estratégias de ensino (que dirá dos critérios de avaliação!...). Some-se a tudo isso a rejeição pela leitura de livros, sempre justificada pelos altos preços, e, até mesmo de jornais. [...] Fica a certeza de que nosso aluno mudou e de que a mudança de paradigmas aturde. A velocidade espantosa da evolução das novas tecnologias, que fazem nosso planeta menor e obsoletas todas as informações de ontem; o progresso da ciência, que promete longevidade ao homem, mas não lhe dá garantias de melhor qualidade de vida; a competição desenfreada, que inferioriza o mais frágil e infelicita o mais pobre; a violência que aterroriza e isola.

Tudo isso precisa ser objeto de mais reflexão junto aos jovens, na universidade, pois queiram ou não os alunos, a ela cabe ser detentora dos princípios da ética, da justiça e da verdade.

Que cada professor, pelo privilégio da linguagem, em cada uma de suas aulas, se faça mensageiro de ideias que, independentemente de programas, possam contribuir para a construção da paz. (De Sordi; Araujo; Balzan; Lopes; Almeida Junior, 2005, p. 4-6)

---

rever nossa prática. Comissão de Avaliação Institucional, Vice-Reitoria Acadêmica, PUC-Campinas, 2003, p. 1-3.

Na área de Ciências Exatas — Química — a docente foi sucinta e direta. É provável que você não concorde com ela: Pego alunos cada vez mais fracos. No entanto, trata-se de gente com alta capacidade de raciocínio lógico-matemático, de modo que são capazes de suprir logo as deficiências (Balzan, 2002, p. 33).

Na mesma área, o professor de Matemática (universidade pública) se estendeu um pouco mais: Não vejo algo ruim no fato de o aluno não saber. É só recuperar, assim como se dá no mestrado e no doutorado. [...] A função do professor, hoje, deve ser outra. Ele não tem muito a ensinar. Mas deve ser um companheiro do aluno na busca do novo. [...] Não se trata de ensino (causa), tendo como consequência a aprendizagem (efeito). Essa relação de causa-efeito, própria do paradigma newtoniano, vem sendo substituída por "aprender" pura e simplesmente, aproveitando a presença de uma pessoa (professor) que viveu, teve mais experiências, aprendeu mais e que no momento educativo compartilha com o aluno o que viu, o que fez, o que sabe. (Balzan, 2002, p. 32-33)

No entanto, assim como não há o estudante universitário, não há uma universidade mas sim múltiplas IES.

Exemplificando: qual o conceito da IES — em termos de rankings nacionais e internacionais — em que os seus e os meus estudantes estão matriculados?

Antes de responder a esta questão quero lembrá-lo — ou, adverti-lo, pedindo-lhe desculpas pelo termo — sobre o seguinte: é muito provável que seus estudantes não estejam matriculados nas universidades TOP do mundo e do país. No entanto, eles representam a maioria dos novos universitários brasileiros: terão ingressado em cursos de média ou de baixa concorrência em termos de relações candidatos/vaga (ou, c/v), são estudantes-trabalhadores ou, trabalhadores-estudantes.

Esses estudantes precisarão muito mais de você, como professor e educador, do que aqueles que ingressaram em universidades TOP e nos cursos mais concorridos. Estes últimos disporão de mais tempo para estudar, frequentar bibliotecas e laboratórios. Muitos farão intercâmbio no exterior ao longo do período universitário e um percentual não desprezível já terá tido essa experiência durante o ensino médio. Falam inglês, ou outra língua estrangeira com relativa fluência, e também terão se divertido muito mais que seus alunos do noturno, a maioria originária do ensino médio público.

Sinto-me, agora, mais à vontade para ir aos rankings.

A não ser que você pertença à USP (Universidade de São Paulo), à Unicamp (Universidade Estadual de Campinas), ou à UFRJ (Universidade Federal do Rio de Janeiro), seus alunos, assim como parte dos meus, não pertencem ao seleto grupo de universidades consideradas como as melhores do mundo, de acordo com um dos rankings mais conhecidos e aceitos pela comunidade acadêmica internacional: o *QS World University Rankings* 2014/2015.[6] Nele, a USP está em 132º lugar, a Unicamp em 206º e a UFRJ em 271º.

Se você não atua na USP ou na Unicamp, seus alunos, assim como os meus, não estarão matriculados numa das 400 melhores do

---

6. As 10 melhores universidades do mundo, segundo o *QS World University Ranking* 2014/2015, são:
   1. Massachusetts Institute of Technology (MIT) (EUA)
   2. University of Cambridge (Reino Unido)
   3. Imperial College, London (Reino Unido)
   4. Harvard University (EUA)
   5. University of Oxford (Reino Unido)
   5. UCL (University College), London (Reino Unido)
   7. Stanford University (EUA)
   8. California Institute of Technology (Caltec) (EUA)
   9. Princeton University (EUA).
   10. Yale University (EUA).

Segundo o *QS World University Ranking* 2014/2015, dos países do Brics, somente Brasil e China estão representados entre as 400 melhores universidades do mundo. Entre as brasileiras, a USP situa-se numa posição um tanto desconfortável — 132º lugar. A Unicamp e a UFRJ, em posições ainda mais modestas: em 206º e em 271º lugares, respectivamente. Dos demais países da América do Sul, apenas Chile, Argentina e Colômbia estão representados. Para informações complementares. Disponível em: <http://www.topuniversities.com/university-ranking/WOR>. Acesso em: 30 dez. 2014.

mundo, segundo o THE (The Times Higher Education) 2014/2015,[7] um dos mais respeitados *rankings* do mundo.

Da mesma forma, a não ser que seus alunos estejam cursando uma das IES estaduais paulistas — Unicamp — você não terá em suas classes, alunos pertencentes às 100 melhores universidades do mundo fundadas a menos de 50 anos, isto é, as TOP 100 UNDER 50 — 2014, de acordo com o *ranking* da THE.[8] A Unicamp ocupa a 37ª posição.

Se você atua numa universidade particular não confessional, sua chance de estar atuando numa das cinquenta melhores IES do país,

---

7. O Brasil tem duas universidades representadas no THE (The Times Hugher Education), a USP, na 211ª posição e a Unicamp, na 311ª.

As dez primeiras são:

1. California Institute of Technology (Caltec) (EUA)
2. Harvard University (EUA)
3. University of Oxford (Reino Unido)
4. Stanford University (EUA)
5. University of Cambridge (Reino Unido)
5. Massachusetts Institute of Technology (MIT) (EUA)
6. Princeton University (EUA)
7. University of California, Berkeley (EUA)
8. Imperial College, London (Reino Unido)
9 Yale University (EUA).

Para informações detalhadas. Disponível em: <http://www.timeshighereducation.co.uk/world-university>. Acesso em: 19 nov. 2014.

8. O Brasil tem apenas uma universidade representada no The 100 Under 50 Universities 2014: a Unicamp, ocupando a 37ª posição. No ranking anterior (2013), ela estava em 28º lugar. Mais uma vez, nenhuma outra do Brasil. As dez primeiras são:

1. Pohang University of Science and Technology (Coreia do Sul)
2. École Polytechnique Féderale de Lausanne (Suíça)
3. Korea Advanced Institute of Science and Technology (Coreia do Sul)
4. Hong Kong University of Science and Technology (Hong Kong)
5. Nanyang Technological University (Cingapura)
6. Maastricht University (Holanda)
7. University of California, Irvine (EUA)
8. Université Paris-Sud (França)
9. Université Pierre et Marie Currie (França)
10. Lancaster University (Reino Unido)

Informações complementares. Disponível em: <http://www.timeshighereducation.co.uk/world-universit>. Acesso em: 26 nov. 2014.

de acordo com o RUF-Ranking da *Folha de S.Paulo* (2014) é mínima: apenas duas delas constam do elenco.[9] Entre as demais, 43 são públicas — federais e estaduais — e 5 são confessionais.

A não ser que seus alunos estejam matriculados em uma das seis seguintes universidades federais: UFRJ, UFMG, UFRS, Unifesp, UnB, ou — em duas das universidades estaduais paulistas — USP e Unicamp, ou ainda, na PUC-RJ ou na PUC-SP, você não estará trabalhando com alunos das onze mais bem colocadas universidades brasileiras da América Latina (Pesquisa, 2013, p. 10).

Claro, há IES de alta qualidade que não constam destes e de outros rankings, uma vez que não se constituem como universidades. Desfrutam de alto conceito junto à comunidade acadêmica, a seus próprios alunos, ex-alunos e a empresas públicas e particulares. A título de exemplos: a FGV (Fundação Getúlio Vargas), a Facamp (Faculdades de Campinas) e o Insper (Instituto de Ensino e Pesquisa). Você certamente apontará outras de alto nível além destas.

Esses rankings são objeto de questionamentos e de fortes críticas. Não escapam de críticas e restrições não só o internacionalmente conhecido e respeitado THE, como o RUF, que já se torna uma referência nacional em termos de classificação de nossas IES.

Se por um lado, os rankings acima — e outros mais, de várias origens, como China e Estados Unidos — podem ser úteis na medida em que proporcionam a gestores, docentes-pesquisadores e candida-

---

9. As únicas universidades particulares entre as cinquenta que constam do RUF-2014 são a Universidade do Vale do Rio dos Sinos (Unisinos), no Rio Grande do Sul, e a Universidade de Caxias do Sul, também do Rio Grande do Sul. Entre as demais, 43 são públicas — federais e estaduais — e cinco são confessionais — 4 católicas (PUCs) e uma presbiteriana (Mackenzie). Das 10 melhores, de acordo com o RUF, seis estão no Sudeste: Universidade de São Paulo (USP), 1ª posição; Universidade Federal de Minas Gerais (UFMG), 2ª posição; Universidade Federal do Rio de Janeiro (UFRJ), 3ª posição; Universidade Estadual de Campinas (Unicamp), 5ª posição; Universidade Estadual Júlio de Mesquita Filho (Unesp), 6ª posição; Universidade Federal de São Carlos (UFSCar), 10ª posição. Três estão na região Sul: Universidade Federal do Rio Grande do Sul (UFRGS), 4ª posição; Universidade Federal de Santa Catarina (UFSC), 7ª posição; Universidade Federal do Paraná (UFPR) 9ª posição; uma no Centro-Oeste — Distrito Federal — Universidade de Brasília (UnB), 8ª posição Disponível em: <http://ruf.folha.uol.br/2014/rankingdeuniversidade>. Acesso em: 25 nov. 2014

tos ao ingresso na educação superior uma visão internacional sobre a universidade em geral, permitindo comparações as mais diversas — antigas e novas, asiáticas e americanas, públicas e particulares —, por outro lado é necessário manter-se uma certa distância em relação a eles. É preciso analisá-los com cuidado, evitando que passem a definir prioridades por parte de agências de fomento para fins de concessão de bolsas de estudos, como o Programa Brasileiro Ciência sem Fronteiras, por exemplo. Sem análise e discussão entre docentes--pesquisadores das diferentes IES sobre os dados divulgados, principalmente quando se despreza as alterações que não raramente ocorrem nas metodologias utilizadas pelos autores dos rankings na classificação das universidades, podem ocorrer equívocos que acabam prejudicando em vez de contribuir positivamente para o desenvolvimento universitário.

Se você aprecia uma boa discussão sobre política e educação, junte-se a um ou mais colegas e procure explicar os motivos que levam um determinado país a se destacar entre os demais com várias de suas universidades entre as melhores do mundo. Sugiro que tome por referência a Coreia do Sul. Como explicar que um país tão pequeno — 2,5 vezes menor que o Estado de São Paulo — anexado pelo Japão durante 35 anos e logo depois devastado por uma guerra que durou três anos — 1950 a 1953 — esteja duas vezes — em 1º e em 3º lugares — entre as Top 100 Under 50 e conte com quatro universidades entre as 300 Top of the World?

Apesar de tantas diferenças, que envolvem dos rankings mundiais e suas diferentes metodologias aos cursos e turnos em que os estudantes estão matriculados, acredito, como afirmei mais atrás, ser possível traçar — ou, pelo menos esboçar — um perfil sociocultural do nosso novo universitário. Bastante geral, é provável que o mesmo não se aplique, integralmente, a nenhum dos estudantes com os quais você está convivendo. Da mesma forma, não estarei descrevendo o estudante médio brasileiro, mesmo porque esta média não existe. Mas não custa nada tecer alguns comentários sobre ELE/ELA, a partir das experiências que você, nossos colegas e eu temos tido no trabalho do dia a dia em nossas IES.

Nosso universitário é o jovem brasileiro que se vê como parte de um país que desponta como um dos líderes mundiais, fazendo parte do chamado Brics — acrônimo criado por Jim O'Neil em 2001, então apenas Bric —, bloco formado por cinco países tidos como emergentes que já pesa na balança internacional: Brasil, Rússia, Índia, China e África do Sul e cujas possibilidades ao longo do século que mal se inicia são muito prósperas. Seu país despertou, com muita rapidez, forte entusiasmo internacional, adquirindo um verdadeiro charme, que infelizmente já vem se mostrando como algo efêmero.

Nossos interlocutores veem suas cidades se deteriorarem, um mundo de seres humanos habitando em favelas, cortiços e palafitas, enquanto crescem intensamente os condomínios fechados de alto padrão, normalmente com nomes estrangeiros, cuja segurança, até há pouco garantida, já vem perdendo a confiança de seus moradores.

Em sua grande maioria nossos universitários são jovens que nasceram no período pós-ditadura militar. Vivem numa democracia, mas assistem à máxima degradação a que pode chegar um Congresso — Senado e Câmara de Deputados — fortalecendo a descrença no próprio regime democrático, fato extremamente perigoso.

Há alguns meses antes desta nossa conversa, a imprensa falada e escrita, assim como os blogs mais diversos, deixavam muito claro que estavam sendo eleitos pelos seus pares, para dois dos mais importantes cargos da nação — presidentes do Senado e da Câmara de Deputados — dois políticos com passado e presente nada recomendáveis. Vaiado pela população presente e diante de cartazes que o chamavam por nomes e frases extremamente agressivas, ele, o novo presidente do Senado, subia impávido a rampa que leva ao Congresso, tropa de elite em uniforme de gala prestando-lhe homenagem, sem que nada, absolutamente nada lhe tocasse a consciência, se é que a tem. Não, não tem. Claro que não. Se tivesse estaria pelo menos preocupado com a taxa de homicídios (2013) registrados no Estado que o elegeu: 66,8 homicídios a cada 100.000 habitantes, em primeiro lugar do País, 4,8 vezes a taxa de São Paulo, Estado em que a primeira preocupação de seus habitantes refere-se à violência. O novo (novo?)

presidente da Câmara não ficou muito atrás. Que importância tinham para ele os comentários sempre negativos sobre sua imagem divulgados diariamente pelos jornais de circulação nacional? Seus 44 anos na política regionalista e mesquinha não lhe pesavam na alma?

Também há poucos meses, acessei a mais uma informação que certamente o deixará perplexo: "ônibus escolares novos em folha, 300 mil livros didáticos, uniforme, tênis, material e pilhas impressionantes de cadeiras (estão) apodrecendo num depósito ou debaixo de sol e chuva há pelo menos dois anos" (Cantanhêde, 2013, p. A2). Este fato ocorreu, não por acaso, em São Luís, capital do Maranhão, o estado mais deficitário do Brasil em termos de contribuições dos estados para o governo federal e de deste para os Estados (2013). Também não é por acaso que o Maranhão ocupa o último lugar, entre os estados do Brasil, na relação número de médicos por mil habitantes: 0,58 (2013). Também não é por acaso que esses dois Estados apresentem os mais baixos índices de expectativa de vida do Brasil (IBGE, 2013b): 68,8 anos no Maranhão e 68,0 em Alagoas, bem abaixo da média nacional, 73,4 anos.

A descrença na democracia infelizmente pode avançar diante de fatos tão ou mais graves como este: um terço das assembleias legislativas do país é comandado por deputados que se enquadram nos critérios de ficha suja ou com pendências na justiça. Um deles já foi cassado e é réu em mais de cem ações cíveis e penais.

A decepção de nossos estudantes com aqueles que foram eleitos por eles mesmos ou por seus familiares e amigos, pode chegar a um extremo, comprometendo a própria crença no regime democrático.

Daí eu lhe pergunto? Cadê nossos estudantes? Por que não tomam como exemplo os caras-pintadas, estudantes que há pouco mais de vinte anos saíram unidos pelas ruas do país, contribuindo para o *impeachment* de um presidente da república acusado de corrupção?

Você poderia contra-argumentar dizendo que eles protestaram sim, pondo cerca de 300 mil mensagens na internet contra a posse desses dois parlamentares.

Sim, é verdade. Mas, como ficou mais do que provado, isto foi pouco, um nada se comparado com aquilo que a geração anterior à sua realizou, de fato, fisicamente presente nas ruas e praças.

Se fosse possível eu lhes diria: as mesmas salas de aulas, as mesmas cadeiras em que hoje eles estão sentados, esses mesmos lugares foram ocupados pelos caras pintadas! Vocês já ouviram falar deles? E iria adiante: seus pais não lhes contaram como eles próprios e milhares de seus colegas procederam, há quase 30 anos, marchando nas ruas pelo fim da ditadura militar, que culminou nas DIRETAS JÁ? Seus pais não venceram, mas fizeram história e é isso que vale à pena na vida: marcar presença diante do quadro de absurdo que vocês não enxergam!

E, mais uma vez, se eu pudesse, lhes perguntaria: Vocês já ouviram falar da geração dos anos 1960 que sacudiu o mundo, de Paris — o famoso maio de 68 — a Berkeley na Califórnia, de São Paulo a Madri, de Roma a Santiago? Eles não venceram. Como disse John Lennon — vocês o conhecem? — "O sonho acabou. Vamos encarar a realidade". Mas, mais uma vez gostaria de lembrá-los: eles fizeram a parte deles. E terminando meus puxões de orelhas: Vocês sabem o que aconteceu com muitos estudantes universitários durante os "anos de chumbo" — expressão que provavelmente vocês não conhecem —, alguns dos quais talvez tivessem estado presentes nessas mesmas salas em que vocês agora assistem às aulas? Uma sugestão: leiam, *1968: o ano que não terminou*, de Zuenir Ventura. Leitura agradável, vocês só terão a lucrar.

Volto à realidade de hoje.

Não nos iludamos.

Nosso estudante vive, como outros jovens no seu tempo.

Faz parte da geração shopping center, praticamente o único local de uma cidade grande a lhe oferecer segurança, numa época em que a violência se alastra em cada bairro, independentemente da classe social que o habita. Um ambiente asséptico, plastificado.

Os valores vigentes, reforçados pela publicidade, o levam a valorizar o ter sempre o novo, não importa se o novo tênis ou o novo instrumento eletrônico, que dentro de poucas semanas deverá ser aposentado.

De Masi, o mundialmente conhecido sociólogo italiano em permanente contato com o Brasil, nos ajuda a explicar esse novo panorama: "Nessa nova sociedade, a acumulação econômica, a exploração material e os conflitos econômicos (portanto também a classe empreendedora e a classe proletária) já não são mais centrais. No seu lugar, entram a acumulação científica, a ação dirigente, a alienação, os novos sujeitos sociais, os movimentos. O domínio social assume o aspecto de integração social. [...] Disso resulta que a exploração econômica é paulatinamente substituída pela alienação social, pela participação dependente, com a qual o indivíduo é seduzido, manipulado, incorporado, em vez de ser reduzido à ideia e controlado com métodos policialescos (2014, p. 575).

Nossos interlocutores — os estudantes que temos diante de nós — defrontam-se com um quadro contraditório no próprio país.

Se, por um lado, milhões de famílias que passavam fome hoje têm o que comer, se quase a totalidade das crianças brasileiras atualmente está frequentando a escola, por outro lado, a qualidade do ensino que lhes é oferecida continua sendo de baixíssima qualidade. Basta lembrar a posição de nossos adolescentes de 15 anos no Pisa (2012)[10] (Programme for International Student Assessment), Programa

---

10. No Pisa 2012, ocupavam os dez primeiros lugares jovens estudantes dos seguintes países nas três áreas avaliadas:

Em Matemática: Xangai (China), Cingapura, Hong Kong, Taiwan, Coreia do Sul, Macau (China), Japão, Liechtenstein, Suíça e Holanda.

Em Ciências: Xangai (China), Hong Kong, Cingapura, Japão, Finlândia, Estônia, Coreia do Sul, Vietnã, Polônia e Liechtenstein.

Em Leitura: Xangai, Hong Kong, Cingapura, Japão, Coreia do Sul, Finlândia, Taiwan, Canadá, Irlanda e Polônia.

Observações:

(i) Em Leitura, Taiwan, Canadá e Irlanda estavam na mesma posição: a 7ª.

de Avaliação Mundial desenvolvido pela OECD (Organização para a Cooperação e Desenvolvimento Econômico): 58º lugar em Matemática; 59º em Ciências e 55º em Leitura entre 65 países do globo.

E não poderia ser diferente num país em que o salário-base do professor com licenciatura plena, isto é, que terá cursado a graduação é de apenas pouco mais de dois salários mínimos, ficando abaixo de várias ocupações para as quais não é exigida nem mesmo a conclusão do ensino fundamental.

Se o Brasil desponta como a 7ª maior economia do mundo, tendo ultrapassado recentemente até mesmo o Reino Unido,[11] além da Espanha e Canadá (países com níveis de desenvolvimento classificados como muito altos), as previsões para 2015 da consultoria britânica EIU (Economist Intelligence Unit) indicam que seremos superados pela Índia, que também deixará para trás a Itália, 8ª maior economia em 2014.

No entanto, o lado pior, em nosso caso, é o fato de ainda contamos com cerca de 10,9 milhões de pessoas classificadas como miseráveis.

Enquanto milhões de famílias passaram dos níveis socioeconômicos considerados como os mais baixos — D e E — para a chamada classe C, possibilitando, num futuro não longínquo, sermos uma nação com predominância da classe média, nosso país ocupa, ainda, a triste 79ª posição no ranking da classificação mundial segundo os Índices de Desenvolvimento Humano — IDH.[12]

(ii) A China não participa do Pisa como país, sendo representada Xangai, Macau e Hong Kong.

(iii) O último teste foi aplicado em 2012.

11. O Brasil ocupava, em 2010, a 6ª posição, ultrapassando o Reino Unido. Em 2011, a posição se inverteu e o nosso país passou ao 7º lugar, sendo novamente ultrapassado pelo Reino Unido.

12. IDH. O Índice de Desenvolvimento Humano, que vai de zero a um, o máximo possível, mede o desenvolvimento dos países a partir de indicadores que vão além de dados estritamente econômicos, incluindo aspectos referentes à saúde e à educação. O Brasil ocupa, em 2014, o 79º lugar, de cujo ranking participam 187 países. Estão em melhores posições nossos vizinhos da América do Sul: Chile, Argentina, Uruguai e Venezuela. Também à frente de nós, países da Europa, Ásia e Oceania, como: Polônia, Malásia e Nova Zelândia. Ocupam lugares de destaque

Nosso estudante se vê diante de um ex-Presidente que alcançou um nível de aceitação e popularidade jamais atingido por qualquer um de seus antecessores, tornando o Brasil positivamente conhecido mundialmente e ao mesmo tempo frente à primeira Presidente eleita — considerada pela revista *Forbes* (2013) como a segunda mulher mais influente do mundo, logo atrás de Angela Merkel e à frente de Melinda Gates — mulher do cofundador da Microsoft —, de Michelle Obama e de Hillary Clinton. Além de ter que dar continuidade àquilo que de positivo foi realizado nos quatro mandatos anteriores, terá que enfrentar fatos graves ocorridos durante os dois últimos períodos governamentais e se verá obrigada a avançar muito em relação às condições de infraestrutura, com destaque às malhas ferroviária e rodoviária, portos e aeroportos.

Nosso interlocutor certamente não para de ouvir a palavra PIBINHO, referência criada para expressar nosso baixo PIB (Produto Interno Bruto) de apenas 0,9% no último ano (Ipea, 2013), e certamente sabe, através de informações diárias divulgadas através dos mais diversos meios de comunicação, que o saldo de nossa balança comercial, em abril deste ano, 2013, deficitário em US$ 1 bilhão, foi o pior desde 2001.

Outros dados, porém, nos ajudam a entender o significado de uma expressão que já vem se tornando moda: O Brasil vai mal, mas o brasileiro vai bem.

Vejamos alguns deles:

i) a massa salarial aumentou 6,3% ao longo da última década e o rendimento médio real do trabalhador ocupado no Brasil — R$ 1.809,60 — alcançou em novembro passado o maior (i) patamar da série histórica iniciada em 2002;

ii) a taxa de desemprego no país — 5,7% — alcançou o melhor nível para o mês de março desde 2002 (IBGE, 2013);

— os dez primeiros do mundo —, em ordem decrescente: Noruega, Austrália, Suíça, Holanda, Estados Unidos, Alemanha, Canadá, Cingapura e Dinamarca. Nas últimas posições — 177ª a 186ª — continuam países da África: Moçambique, Guiné, Burundi, Burkina Fasso, Eritreia, Serra Leoa, Chade, República Centro-Africana, Congo (ex-Zaire) e Níger.

iii) ao longo dos nove últimos anos a taxa de desemprego no Brasil caiu de 10,9% — em dezembro de 2003 — para 4,6% em dezembro de 2012;

iv) de acordo com estatísticas do IBGE (2012a), a taxa de desemprego no Brasil, de 5,5% em 2012, foi a menor desde 2003 e a renda do trabalhador cresceu 4,1%, no maior ritmo em 8 anos (IBGE, 2013a);

v) os Programas Bolsa Família e Saúde da Família (IBGE, 2013) registraram forte impacto na queda da mortalidade infantil — redução de 17% em crianças menores de 5 anos entre 2004 e 2009 —, fato atribuído à melhor alimentação das mães e ao aumento na cobertura de imunização contra doenças consideradas como, de fato, sérias.

É possível que nosso universitário se sinta seguro e até mesmo feliz neste momento assim como em relação ao seu próprio futuro quando compara os dados de seu próprio país com os da UE (União Europeia), fornecidos pelo o Gabinete de Estatística da União Europeia (Eurostat, 2013): i) a média de desempregados nos 27 países membros da UE em março de 2013 era de 12,1%, percentual bem mais alto que o do Brasil; ii) as menores taxas — muito próximas as do Brasil — correspondiam, a Áustria, a Alemanha e Luxemburgo, com 4,7%, 5,4% e 5,7% respectivamente; iii) dados alarmantes de países situados num outro extremo da mesma UE, como Grécia, Espanha e Portugal, com taxas de desemprego de 27,2%, 26,7% e 17,5%; iv) os 5.690.000 jovens — com menos de 25 anos de idade — desempregados nos 27 países que compõem a UE, se contrapondo aos do Brasil, carente de mão de obra especializada para a solução de graves problemas estruturais. Exemplos: construção de ferrovias, construção e ampliação de portos e de aeroportos, melhoria da malha rodoviária.

No entanto, esses dados favoráveis dificilmente podem explicar, por si sós o fato de o brasileiro, do qual nosso universitário é parte integrante, se considerar como um povo feliz.

Contradição diante dos dados anteriores? Talvez. O fato, porém, é que numa pesquisa realizada pelo Ipea (2012) o nível geral de felicidade da população ficou em 7,1 em uma escala de 0 a 10, sendo o Nordeste a região que se mostrou mais feliz, com nota 7,38 para suas vidas, índice maior que em 147 países pesquisados. Esses dados certamente não terão se alterado em tão pouco tempo.

Como explicar este fenômeno?

Pelos dados — mais amplos e de mais longos prazos — positivos de nossa economia apontados mais acima? Através de dados demográficos, que apontam para expectativas de vida cada vez mais longas? De fato nosso universitário provavelmente viverá mais tempo que a geração de seus pais e muito mais que a geração de seus avós: o censo de 2010 (IBGE, 2012a) mostrou que a expectativa de vida do brasileiro aumentou 25 anos entre 1960 — 48 anos — e 2010 — 73,4 anos.

No entanto, algo como um impasse já começa a surgir no horizonte do país em que nossos estudantes vivem: se, por um lado, a renda *per capita* media dos trabalhadores cresceu 8,9% em 2012, por outro lado, o crescimento do PIB foi apenas de 0,9%. O Brasil dos economistas está indo muito pior que o Brasil dos brasileiros, afirma o ministro Marcelo Neri, secretário de Assuntos Estratégicos e presidente do Instituto de Pesquisa Econômica Aplicada (Ipea) (PNAD, 2012). A situação já se configura como um novo desafio aos governantes: o aumento de salários não corresponde ao aumento da produtividade. De acordo com a Confederação Nacional da Indústria, no período 2001-2012, o salário real do trabalhador brasileiro subiu 169%.

O universitário que temos diante nós vive num momento histórico-cultural onde reinam a complexidade e as contradições e somente isto pode responder pela existência do estado geral de felicidade da nação.

Enquanto a preservação do meio ambiente é um dos assuntos predominantes nos meios de comunicação de todo o globo, os níveis de poluição continuam crescendo, colocando em risco a própria sobrevivência da espécie humana.

Se o Encontro Rio+20 deixou muito a desejar, há fatos positivos que nos acenam com uma fresta de esperança: "[...] uma mensagem muito positiva para a alegria e alívio dos 190 países que acreditam na ONU e sua importância para um acordo global: o processo das Nações Unidas está de volta, renovado. Governos e empresas estão encorajados a agir na prevenção às mudanças climáticas que ameaçam a segurança e a prosperidade global" (Charlton, 2011).

As resistências continuam, principalmente da parte dos maiores poluidores do planeta: China e Estados Unidos. Surpreendentemente se constata que apesar de intenso, o desmatamento no Brasil encolheu nos últimos três anos. Mas, mais adiante, nosso universitário se confrontará com os impasses de sempre na Conferência Mundial do Clima, em Lima, Peru.

Descobertas nas diferentes áreas do conhecimento nos surpreendem no dia a dia, envolvendo, desde a provável confirmação da existência dos Bósons de Higgs, trazendo novas informações sobre as origens do universo, até as recentes descobertas na neurociência que nos desafia com a hipótese de seres animais não humanos disporem de um certo nível de consciência.

A biologia molecular nos deixa perplexos diante de seus cientistas, cuja capacidade de superação de conhecimentos nos parece não ter limites: o vírus da Aids, algo que somente nos tem causado horror, desde que desativado e mediante inserções em outras células, provavelmente poderá devolver a saúde a pacientes de leucemia.

Pesquisas interdisciplinares — genética, fisiologia ciências do comportamento humano e neurociências — prometem avanços no diagnóstico de transtornos mentais como depressão, esquizofrenia e transtorno bipolar (Fapesp, 2013), bem como no tratamento do Alzheimer a partir de pesquisas com células-tronco, capazes de transformar células da pele em neurônios para ver o que acontece de errado em portadores da doença (Fapesp, 2013b).

A velocidade marca tão profundamente o momento atual que nossos universitários, já plugados na internet, não podem deixar de serem afetados por ela.

Se por um lado a nanotecnologia abre espaço para novas investigações, inimagináveis há apenas poucos anos, por outro lado, os dados científicos coletados através do Telescópio Espacial Hubble, foram em tal quantidade que, decorridos já alguns anos, exigirão tempo até que sejam garimpados, através de atividades multidisciplinares.

Do lado oposto, isto é, da destruição, os drones[13] que têm causado a morte de centenas de civis no Oriente Médio e Ásia, já nos são familiares, assim como aos nossos estudantes.

Este quadro amplo e complexo nos situa — como docentes, gestores e pesquisadores atuantes na área educacional — diante de desafios aos quais, queiramos ou não, seremos obrigados a responder.

Se pelo menos não nos conscientizarmos sobre sua existência, o universitário que temos diante de nós sairá perdendo.

Eis alguns desses desafios:

Como trabalhar com um universo estudantil que apresenta tanta diversidade, desde as disputas pelas vagas no curso escolhido até as origens socioeconômicas familiares, da disponibilidade de horários para estudo extraclasse à possibilidade de acesso à informática a qualquer hora?

Como associar as experiências daqueles que trabalham durante o dia todo aos conteúdos de nossas disciplinas?

Como distribuir tarefas para serem executadas além das horas--aula respeitando as especificidades dos cursos noturnos, sem cair, porém, na pedagogia da facilidade, isto é, na aceitação e valorização imediatas de qualquer trabalho apenas pelo fato de o mesmo ter sido executado por alunos do noturno?

Em outros termos: teremos capacidade para fazer do ensino e aprendizagem uma verdadeira ARTE, a ponto proporcionarmos aos estudantes do noturno a mesma qualidade que proporcionamos aos do diurno?

---

13. Drone: Veículo aéreo não tripulado (Vant), ou Veículo Aéreo Remotamente Pilotado (Varp), também conhecido como UAV (do inglês, Unmanned Aerial Vehicle) ou drone ("zangão" em inglês).

Como contribuir para que os menos favorecidos pelas origens de classe e status atribuídos aos cursos que passam a frequentar se sintam como parte integrante de uma universidade que, em seu mesmo campus oferece cursos com índices muito mais elevados de procura e com taxas de mensalidades tão altas que os primeiros jamais poderiam pagar?

As respostas a questões como estas ficarão mais fáceis a partir do momento em que levantamentos de dados e informações sejam realizados junto aos estudantes que hoje ingressam, frequentam e concluem os diferentes cursos de nossas IES.

É claro que não precisamos enfatizar a cada momento o significado do curso em que estamos atuando para a realização pessoal e profissional do estudante nele matriculado, assim como não temos necessidade de lhe mostrar a importância de sua formação para o desenvolvimento do país.

Há, no entanto, um desafio mais emergente e gritante que os anteriores, ao qual não podemos responder individualmente e que envolve parte significativa de nossos universitários: como extinguir uma das chagas mais à mostra e que mais nos envergonha, isto é, a deplorável condição da educação básica reinante em nossas escolas públicas?

Como extingui-la se nossos estudantes dos cursos que oferecem Licenciaturas, em sua imensa maioria declaram não pretender atuar como professores, e quando dizem pretender, o fazem com ressalvas? "Sim, enquanto não ingressar no mestrado; Sim, até que conclua outro curso que já venho frequentando" (Balzan e Rigacci Jr., 2012, p. 11).

No entanto, se nós não tivermos certeza de que o(s) curso(s) em que atuamos é(são) de fato importante(s) para a formação pessoal, acadêmica e profissional dos estudantes nele(s) matriculado(s), se não ultrapassarmos nossa condição de professores e gestores, tornando-nos educadores, se não amarmos nosso(s) curso(s) e nossa universidade, as diferenças de origens de classe e de status de determinados cursos em relação aos outros falarão mais alto e nós não estaremos assumindo nosso papel de agentes de transformação da realidade atual para um mundo que queremos.

Sob este aspecto nada melhor que lembrar de uma frase muito curta proferida por Kofi Annan quando ocupava o cargo de Secretário Geral da ONU em 2004: "[...] a triste realidade é que o mundo hoje é um lugar muito mais desigual do que há quarenta anos".

Referências

ANNAN, Kofi. Encontro da Unctad, 11. In: CONFERÊNCIA DAS NAÇÕES UNIDAS SOBRE COMÉRCIO E DESENVOLVIMENTO. São Paulo, jun. 2004

BALZAN, Newton Cesar. *Unicamp*: a qualidade o ensino em questão — gráficos e tabelas. Relatório de pesquisa. Campinas: Faep (Fundação de Apoio ao Ensino e à Pesquisa)/Unicamp, 1989. 133p.

_____. Cesar. Inovações nos exames vestibulares em direção à transformação e à equidade. *Avaliação*, v. 2, 1998, p. 51-60.

_____. *Unicamp*: a qualidade de ensino em questão. Relatório de pesquisa. Campinas: Faep (Fundação de Apoio ao Ensino e à Pesquisa da Unicamp)/CNPq, 1998a. 144 p.

BALZAN, Newton Cesar. A qualidade do ensino na área de Ciências Exatas e Engenharias. *Revista de Educação*, Pontifícia Universidade Católica, Campinas, n. 12, p. 29-50, jun. 2002.

_____. A voz do estudante: sua contribuição para a deflagração de um processo de avaliação.In: _____. *Avaliação Institucional*: teorias e experiências. 3. ed. São Paulo: Cortez, 2005. v. 1, p. 115-147.

_____; GIUBILEI, Sônia; OLIVEIRA, Cleiton. Um estudo sobre as origens socioeconômicas dos concluintes dos cursos de graduação de três universidades. *Ciência e Cultura* (SBPC), v. 35, p. 1507-1510, 1983.

BALZAN, Newton Cesar; MENEGHEL, Stela Maria; JAKUBOWSKI, C. D. *Unicamp*: qualidade de ensino e vida universitária. Relatório de pesquisa.

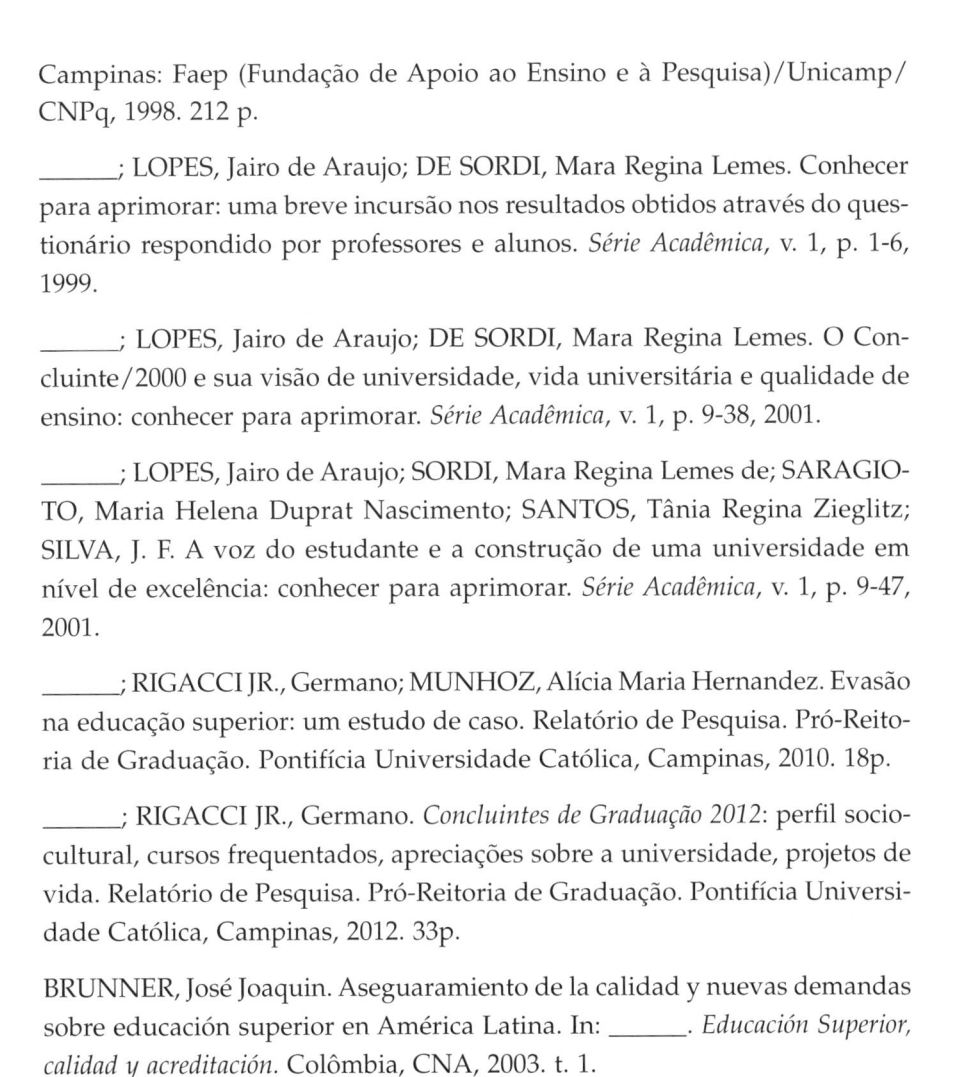

Campinas: Faep (Fundação de Apoio ao Ensino e à Pesquisa)/Unicamp/ CNPq, 1998. 212 p.

_____; LOPES, Jairo de Araujo; DE SORDI, Mara Regina Lemes. Conhecer para aprimorar: uma breve incursão nos resultados obtidos através do questionário respondido por professores e alunos. *Série Acadêmica*, v. 1, p. 1-6, 1999.

_____; LOPES, Jairo de Araujo; DE SORDI, Mara Regina Lemes. O Concluinte/2000 e sua visão de universidade, vida universitária e qualidade de ensino: conhecer para aprimorar. *Série Acadêmica*, v. 1, p. 9-38, 2001.

_____; LOPES, Jairo de Araujo; SORDI, Mara Regina Lemes de; SARAGIOTO, Maria Helena Duprat Nascimento; SANTOS, Tânia Regina Zieglitz; SILVA, J. F. A voz do estudante e a construção de uma universidade em nível de excelência: conhecer para aprimorar. *Série Acadêmica*, v. 1, p. 9-47, 2001.

_____; RIGACCI JR., Germano; MUNHOZ, Alícia Maria Hernandez. Evasão na educação superior: um estudo de caso. Relatório de Pesquisa. Pró-Reitoria de Graduação. Pontifícia Universidade Católica, Campinas, 2010. 18p.

_____; RIGACCI JR., Germano. *Concluintes de Graduação 2012*: perfil sociocultural, cursos frequentados, apreciações sobre a universidade, projetos de vida. Relatório de Pesquisa. Pró-Reitoria de Graduação. Pontifícia Universidade Católica, Campinas, 2012. 33p.

BRUNNER, José Joaquin. Aseguaramiento de la calidad y nuevas demandas sobre educación superior en América Latina. In: _____. *Educación Superior, calidad y acreditación*. Colômbia, CNA, 2003. t. 1.

CAMARGO, Dulce Maria P. de; CASTANHO, Maria Eugênia de Montes; BALZAN, Newton Cesar. O estudante e a questão da qualidade do ensino superior. *Revista de Educação*, Pontifícia Universidade Católica, Campinas, v. 1, n. 1, p. 59-64, ago. 1996.

CANTANHÊDE, Eliane. O futuro jogado às traças. *Folha de S.Paulo*, 20 jan. 2013, p. A2.

CHARLTON, Alan. Esperanças renovadas em Cancun. *Folha de S.Paulo*, 18 maio 2011, p. A2, cad. Opinião.

CONTRIBUIÇÕES DOS ESTADOS PARA O GOVERNO FEDERAL E DE DESTE PARA OS ESTADOS. Disponível em: <http://www.mises.org.br/Article.aspx?id=682> Acesso em: 8 fev. 2013.

DE MASI, Domênico. *O futuro chegou*. Rio de Janeiro: Casa da Palavra, 2014.

DE SORDI, Mara Regina; CAMARGO, Dulce P. de Dulce P.; ARAUJO, Jairo de Araújo; BALZAN, Newton Cesar; LOPES, Elisabeth de Araújo; ALMEIDA JUNIOR, João Batista; CASTANHO, Maria Eugênia de L. e Montes; LOPES, Jairo de Araujo. Transcrição de apresentação oral. *Seminários*: Quem somos nós, professores-pesquisadores universitários? O que significa para nós, idealmente "ser professor universitário nos dias de hoje?" Quem somos nós, enquanto docentes deste curso? Projeto Coletivo de Pesquisa, Programa de Pós-graduação em Educação, Pontifícia Universidade Católica, Campinas, 2005. p. 4-6.

DIAS SOBRINHO, José. Professor universitário: contextos, problemas e oportunidades. In: CUNHA, M. Isabel; SOARES, Sandra Regina; RIBEIRO, Marinalva Lopes (Orgs.). *Docência universitária*. Feira de Santana: Ed. da UEPS, 2009. p. 15-31.

DUPAS, Gilberto. A informalização no mercado de trabalho: globalização em debate. *Estudos Avançados*, Universidade de São Paulo, São Paulo, v. 11, n. 29, 1997.

ECONOMIST INTELLIGENCE UNIT (EIU). *World's Largest Economy*. Disponível em: <http://useconomy.about.com/od/grossdomesticproduc>. Acesso em: 8 fev. 2013.

ENSINO SUPERIOR. Campinas, ano 15, n. 169, p. 39-41, 2012.

EUROSTAT. Gabinete de Estatística da União Europeia. Disponível em: <http://epp.eurostat.ec.europa.eu/statitics_explained/in>. Acesso em: 5 maio 2013.

(Fapesp), 2013. Disponível em: <agencia.fapesp.br/17061>. Acesso em: 2 abr. 2013.

_____. 2013b. Disponível em: <agencia.fapesp.br/17367>. Acesso em: 8 jun. 2013.

_____. 2013c. Disponível em: <agencia.fapesp.br/17251>. Acesso em: 13 maio 2013.

FUNDAÇÃO DE AMPARO À PESQUISA DO ESTADO DE SÃO PAULO. 2013d. Disponível em: <agencia.fapesp.br/7678>. Acesso em: 13 ago. 2013.

_____. Pesquisa. São Paulo, n. 205, mar. 2013.

_____. Pesquisa. São Paulo, n. 207, p. 24-29, 2013.

FORBES, maio de 2013. Disponível em: <http://portuguese;ruvr.tv/news/2013_05_22/Forbes-escc>. Acesso em: 27 maio 2013.

FORACHI, Marialice Mencarini. *O estudante e transformação da realidade brasileira.* São Paulo: Companhia Editora Nacional, 1965. 318 p.

GOVERNADOR DE ESTADO. 2013. Disponível em: <http://twitter.com/portaluol/status/279635327231074304?uid=>. Acesso em: 18 fev. 2013.

IANNI, Octavio. *Teorias da globalização.* Rio de Janeiro: Civilização Brasileira, 1995.

INSTITUTO BRASILEIRO DE GEOGRAFIA E ESTATÍSTICA (IBGE). 2012. Disponível em: <http://www.mises.org.br/Article.aspx?id=1471>. Acesso em: 8 fev. 2013.

_____. 2012a. Disponível em: <http://noticias.uol.com.br/cotidiano/ultimas-noticias/2012/06/29/pesquisa-do-ibge-mos>. Acesso em: 30 abr. 2013.

_____. 2013. Disponível em: <http://fsindical-rs.org.br/noticias/renda-media-do-trabalhador-e-recorde-em-novem>. Acesso em: 24 fev. 2013.

_____. 2012b. Disponível em: <http://bandnewstv.band.uol.com.br/noticias/conteudo.asp?ID=645848&tc=economia-renda-do-trabalhador-cresceu-41_porcento_-em-2012>. Acesso em: 08 fev. 2013.

_____. 2012c. Disponível em: <http://g.1.globo.com/brasil/noticia/2012/06/expectativa>. Acesso em: 18 fev. 2013.

_____. 2013a. Disponível em: <http://busca.uol.com.br/web/?q-IBGE+-+Analfabetos/>. Acesso em: 15 mar. 2013.

_____. 2013b. Disponível em: <http://exame-abril.com.br/economia/noticias/ibge-346>. Acesso em: 22 abr. 2004.

_____. *Expectativa de vida no Brasil*, 2013c Disponível em: <http://pt.wikipedia.org/wiki/anexo: Lista_de_unidades_fc>. Acesso em: 31 jul. 2013.

ÍNDICE DE DESENVOLVIMENTO HUMANO (IDH). Disponível em: <http://noticias.uol.com.br/infograficos/2014/07/22/Brasil-fi>. Acesso em: 4 nov. 2014.

INSTITUTO LUDWIG VON BRASIL. Disponível em: <http://www.mises.org/Article.asps=682>. Acesso em: 28 fev. 2013.

INSTITUTO DE PESQUISA ECONÔMICA APLICADA (Ipea). Disponível em: <http://www.em.com.br/app/noticia/economía/2013/03/04/internas_35448a>. Acesso em: 4 mar. 2013.

_____. Disponível em: <http:www.Ipea.gov.br./portal/index.php?option-com_>. Acesso em: 3 maio 2013.

NÚMERO DE MÉDICOS POR MIL HABITANTES. Disponível em: <http://gl.globo.com/educacao/noticia/2013/02/mec-diz-ter-70-pedidos-de-abertura>. Acesso em: 28 fev. 2013.

OLIVEIRA, Cleiton; GIUBILEI, Sônia; BALZAN, Newton Cesar. Nível de escolaridade familiar dos concluintes de graduação de três universidades. *Ciência e Cultura* (SBPC), v. 35, p. 1510-1512, 1983.

PROGRAMA INTERNACIONAL DE AVALIAÇÃO DE ALUNOS (Pisa). 2012. Disponível em: <http://en wikipedia.org/wiki/PISA_2012#Specific_results_an>. Acesso em: 20 nov. 2013.

PESQUISA NACIONAL POR AMOSTRA DE DOMICÍLIOS (PNAD). 2012. Disponível em: <http://agendabrasil.edc.com.br/noticia/2013-09-27/pnad>. Acesso em: 5 out. 2013.

PRÓ-REITORIA DE GRADUAÇÃO (Prograd). *Relatório de reunião*, Pontifícia Universidade Católica, Campinas, jun. 2012. 8 p. (Mimeo.)

PROGRAMAS BOLSA FAMÍLIA E SAÚDE DA FAMÍLIA. Disponível em: <http://noticias.uol.com.br/saude/ultimas-noticias/redacao/>. Acesso em: 20 maio 2013.

QS WORLD UNIVERSITY RANKINGS 2014/2015. Disponível em: <http://www.top.universities.com/university_rankings/WOR>. Acesso em: 10 nov. 2014.

RIGACCI JUNIOR, G.; BALZAN, Newton Cesar. *Quem é nosso aluno?* Seu perfil nos trás novos desafios. Relatório de pesquisa, Pró-Reitoria de Gradação. Pontifícia Universidade Católica, Campinas, 2012. 18p.

RANKING UNIVERSITÁRIO FOLHA (RUF). 2014. Disponível em: <http://ruf.folha.uol.com.br/2014/ranikingdeuniversidades>. Acesso em: 10 nov. 2014.

TAXA DE HOMICÍDIOS: Disponível em: <http://lista10.org/diversos/os-10-estados-com-as-maiores-e-menores-taxas-de-homi>. Acesso em: 9 fev. 2013.

TIMES HIGHER EDUCATION (THE). *World Universities Rankings* 2014-2015. Disponível em: <http://www.timeshighereducation.co.uk>. Acesso em: 10 nov. 2014.

_____. *Top 100 Under 50 Universities* 2014-2015. Disponível em: <www.timeshighereducation.co.uk/world-universit>. Acesso em: 25 nov. 2014.

VENTURA, Zuenir. *1968*: o ano que não terminou. São Paulo: Objetiva/Prisa Edições, s/d., 309 p.

Capítulo XI

Que tipos de desafios nossos universitários enfrentarão no futuro?

> Neste início do século XXI, certas desigualdades da riqueza que pensávamos ter desaparecido parecem estar prestes a voltar a seus picos históricos, ou até mesmo a ultrapassá-los, no contexto da nova economia global, portadora de imensas esperanças (o fim da pobreza) e de enorme desequilíbrios (tanto entre indivíduos como entre países). Será que podemos imaginar para o século XXI uma superação do capitalismo que seja ao mesmo tempo mais pacífica e mais duradoura, ou deveríamos apenas esperar pelas próximas crises ou pelas próximas guerras, verdadeiramente mundiais desta vez? [...] quais instituições e políticas públicas permitiriam regular de maneira justa e eficaz o capitalismo patrimonial global no século que se inicia? (Piketty, 2014, p. 461)

Este texto representa, até certo ponto, uma continuidade ao anterior: Quem é o universitário que temos diante de nós? Vamos fazer uma reflexão sobre seu contexto sociocultural? Da mesma forma, ele também é datado, isto é, a maioria das ideias nele contidas se ajustam ao momento em que eu trabalhava nesta coletânea de textos, final de 2013 e 2014. Nada impede que você atualize os dados e informações aqui apresentados, relacionando-os aos universitários com os quais vem trabalhando. Se necessário, recorra à bibliografia — incluindo os *sites* — que constam no final do capítulo.

Meu objetivo, mais uma vez, não é responder, de forma categórica à questão que dá título a este capítulo mas, sim, despertar a consciência da necessidade de conhecermos mais e melhor, quem é ele/ela, agora em termos de projeções imediatas e a longo prazo após a conclusão de seus cursos, especialmente no que se refere à graduação. Quais as exigências que o mundo globalizado lhes apresentará? Quais suas perspectivas para o futuro, em termos de trabalho e/ou estudo? As dificuldades se apresentarão igualmente para todos os concluintes de graduação ou aqueles que estão matriculados nos cursos em que há 4, 5 ou 6 anos atrás eram os mais disputados nos vestibulares, encontrarão menores dificuldades que os demais no mercado de trabalho? Essas dificuldades estarão praticamente ausentes para este grupo de estudantes? No outro extremo — cursos de baixa demanda nos vestibulares — os estudantes terão dificuldades maiores que seus colegas de cursos mais disputados? Ou elas serão apenas de formas diferentes?

Acredito ser indispensável, para identificar os prováveis desafios que nossos universitários enfrentarão no futuro, ter presente o seguinte fato: nossos estudantes são parte integrante de um mundo globalizado que exige soluções a curto prazo para problemas impensáveis há apenas uma geração atrás. Internetizados, sempre plugados e inseparáveis de seus equipamentos eletrônicos, cabe a eles, muito mais que a nós, seus professores, fazerem as melhores escolhas para lidar com

> a emergência de uma rede de comunicação eletrônica de alcance global, capaz de conectar os pensamentos e as emoções de bilhões de pessoas e de ligá-las a um crescente volume de dados, a uma teia em rápido

crescimento composta de sensores espalhados por todo o planeta, e a aparelhos, robôs e máquinas pensantes cada vez mais inteligentes, os quais já conseguem desempenhar uma crescente lista de pequenas atividades mentais e que podem, em breve, nos superar na manifestação da inteligência — fator que sempre consideramos o atributo exclusive de nossa espécie. (Al Gore, 2013, p. xix)

Mais adiante, o autor complementa o significado desta emergência:

Estamos conectados a grandes redes de dados de alcance mundial e às demais pessoas por meio de e-mails, mensagens de texto, redes sociais, jogos que permitem o acesso de vários usuários e outras formas de comunicação digital, a um ritmo sem precedentes. Essa mudança revolucionária e ainda em aceleração vem provocando um *tsunami* de transformações, exigindo modificações significativas (e criativas) em atividades variadas — das artes às ciências, da tomada coletiva de decisões políticas à construção de novas realidades corporativas. (p. 46)

Além deste aspecto, que soa como um desafio de ordem global, considero indispensável tecer algumas considerações sobre o contexto social, demográfico, econômico e cultural do país em que eles vivem, o Brasil. Ter presente esse contexto dará sentido aos desafios que nossos estudantes enfrentarão logo mais. Você poderá contradizer aquilo que passarei a descrever e acrescentar informações que julgue mais significativas que as minhas.

Vejamos alguns dos aspectos que a mim parecem essenciais.

O país continua crescendo e atingirá em breve 200 milhões de habitantes, embora a taxa de fecundidade tenha caído de 6,3 no início dos anos 1960 para 1,9 em 2012, abaixo, portanto, da taxa de reposição. Se, por um lado, o percentual de desempregados se apresenta como o menor dos últimos dez anos, registrando-se em média 1,8 candidato para cada vaga disponível no mercado de trabalho, por outro lado, as exigências para ingresso nesse mesmo mercado se tornam cada vez mais rigorosas, diante do avanço da ciência e da tecnologia.

Apesar do quadro sombrio da economia mundial, com a União Europeia em crise, já se vão mais de quatro anos, o Japão estagnado e os Estados Unidos lutando para voltar a crescer, nossos estudantes não parecem se importar diante do fato de este quadro poder, eventualmente, comprometer seu próprio país. Que lhes importa o fato de a crise econômica mundial já ter completado 4 anos, podendo, eventualmente, os atingir? Ora, diriam eles, trata-se de fenômeno de ordem mundial, passageiro como tantos outros anteriores... 1929, anos trinta do século passado... 1998. E assim continuam — felizmente! — cultivando seus sonhos. Isto é bom? Me parece que sim, uma vez que podem, a partir daí, tecer os fios de suas próprias vidas: na academia? Na indústria de ponta? Na política? Na neurociência, na nanotecnologia? Continuar desempenhando as mesmas atividades às quais vêm se dedicando durante os anos em que vêm frequentando a Universidade?

Os mais audaciosos e bem preparados já têm como alvo as Startup ou Start-up — empresas recém criadas ou em fase de desenvolvimento voltadas para pesquisa e de projetos inovadores, sempre associadas ao termo inovação. Se você tem interesse pelo tema, procure as publicações mais recentes. Exemplos: A Startup enxuta, de Ries, 2011 e A Startup de $100, de Guillebeau, 2013. Na primeira, o autor propõe uma nova abordagem para se pensar e se construir produtos e serviços inovadores que conduzam a um negócio sustentável. O segundo autor afirma que não pretende ensinar como ter sucesso trabalhando menos, mas, sim, como realizar um trabalho melhor. E afirma: Você não apenas estará criando um emprego para si mesmo, mas também estará criando um legado (Guibelleau, 2013, p. 12-13).

Outros, também audaciosos, se veem como CEOs (sigla para Chief Executive Officer, em inglês) de grandes empresas, nacionais ou multinacionais, mentoring (tutoria que consiste em um mentor ou conselheiro bastante experiente numa dada área de conhecimento, ajudar pessoas com níveis mais baixos de conhecimento) e até mesmo trabalhando numa factoring (equivale à prestação de serviços para grandes e médias empresas de modo rápido e sem riscos de perdas financeiras).

Muitos dos estudantes de Educação Física já projetam para o futuro, carreiras bem remuneradas como personal trainings e mesmo como coachings (do inglês "coach", em que um treinador motiva seu cliente a atingir seu próprio objetivo, oferecendo-lhe um amplo leque de técnicas de modo a facilitar sua aprendizagem).

Os menos pretensiosos, que em breve concluirão as várias modalidades de Administração e de Engenharias, têm como alvo ingressar no mercado de trabalho via desempenho como trainees (firmas oferecem vagas para jovens em processo de formação profissional desde que tenham até dois anos, no máximo, após a conclusão da graduação. O desempenho como trainee dura até três anos e possibilita, além da efetivação, a passagem para cargos mais altos na empresa).

Nas áreas de Ciências Biológicas e da Saúde, os mais audaciosos — e por que não dizer, os mais apaixonados pela Ciência? — talvez já tenham como objetivo a atuação numa equipe interdisciplinar que, a exemplo de um projeto apoiado pela Fapesp (2013) reúne patologistas, dermatologistas, radiologistas e engenheiros, num estudo sobre marcadores imuno-histoquímicos, capazes de resultar em importante auxílio no diagnóstico de lesões do melanoma.

É provável que a maioria dos que estão nas vésperas da conclusão de seus cursos, especialmente nas áreas de Administração e Engenharias, se vejam como o *self-made man* moderno, que trabalha em sua própria casa, é seu próprio chefe e desfruta de um nível de vida invejável.

A realidade, porém, é outra. Este homem ou mulher moderno não tem mais, em geral, o trabalho como fator de autorrealização pessoal, não tem certeza alguma sobre o fim de seu próprio emprego ou empresa, pairando sobre sua cabeça como uma espada, a demissão que pode ser tanto no início como no final de tarde de um dia qualquer, ou os prejuízos financeiros que vão se acumulando gerando cada vez mais e maiores endividamentos. É bom lembrar, por outro lado, que as exigências de superespecializações são cada vez maiores, desfigurando o ser humano considerado em sua integridade biopsicossocial.

É importante assinalar, no entanto, que de acordo com estatísticas do IBGE (2014) a taxa de desemprego no Brasil,[1] de 4,9% em 2014, foi a menor desde 2003 e que a renda média do trabalhador — R$ 2.122,10, mensais — atingiu seu maior índice desde que teve inicio a série histórica, em março de 2001.

O mercado abre novas e grandes oportunidades para trabalhadores qualificados. Convém lembrar, a propósito, que a indústria já encontra dificuldades para contratar pessoas habilitadas, capazes de desempenhar tarefas que a atual fase de industrialização requer.

Não só a indústria.

A título de exemplo: desde maio de 2013, a imprensa escrita, TV e blogs os mais diversos, discutem a possibilidade da importação de médicos estrangeiros — principalmente de Cuba, Espanha e Portugal — para tentar resolver o problema da falta de profissionais desta área para atuar em regiões onde a relação entre médicos e população mostra-se muito abaixo do desejável.

De um lado havia — e ainda há, ao longo de 2014 — aqueles que se mostram contrários à ideia, só a aceitando desde que os candidatos a atuar no Brasil se submetam a critérios rigorosos de aprovação, incluindo a língua portuguesa.

Do outro lado estão os que criticam a reserva de mercado e afirmam que os candidatos à imigração dificilmente estarão em nível inferior para a prática médica que os recém formados no Brasil, citando como exemplo o exame aplicado pelo Cremesp (Conselho Estadual de Medicina do Estado de São Paulo) em fins de 2012, no qual

---

1. Parte dos trabalhadores beneficiários do Bolsa Família que decidem viver exclusivamente do benefício são considerados como pessoas não economicamente ativas, não entrando na conta do desemprego. E pessoas que recebem seguro desemprego não são consideradas pelo IBGE como desempregadas, mas "desalentadas". Com base nesses dados o analista Leandro Roque chegou ao resultado de um desemprego real no Brasil de 20,8%, frente aos 5,3% medidos pelo IBGE e dos 10,5% do Dieese, todos medidos em outubro de 2012.

apenas 54,4% dos candidatos foram aprovados. Dão como exemplo, como você poderá constatar mais adiante, neste mesmo texto, os altos percentuais de médicos formados no exterior e clinicando no Canadá, Estados Unidos e Reino Unido.

O clima reinante no país, de modo geral, mostra-se favorável num futuro imediato aos nossos universitários: baixo nível de desemprego e segundo a Presidente, quase 4 milhões de postos de trabalho com carteira assinada criados desde o início de seu governo, em 2011, sendo gerados quase 200 mil novos postos de trabalho em abril de 2013.

As condições econômicas de nosso país, embora em queda a partir de 2013, de modo geral se mostram favoráveis para aqueles que vêm frequentando as IES brasileiras. Basta lembrar que já se fala em ampliar a imigração — cujos índices são muito baixos em relação a países altamente desenvolvidos como Estados Unidos, Canadá e Austrália — tendo em vista a dificuldade de se contratar mão de obra especializada para o desenvolvimento do país não somente em setores ligados às indústrias que se utilizam de tecnologia de ponta, como a outras, que poderíamos classificar como tradicionais: construção civil, por exemplo.

Há vozes que nos advertem para um horizonte não tão favorável aos nossos futuros engenheiros e outros profissionais que têm o trabalho na indústria como meta:

> De meados da década de 1980 até atualmente, a contribuição da indústria para o PIB brasileiro caiu pela metade. Era de 27% em média, e hoje é de 13%. Se continuar nessa tendência, a expectativa é que na década de 2020 passará a contribuir com menos de 10%. Considerando a característica do setor industrial como maior multiplicador da economia entre os demais setores, essa redução significa uma diminuição no dinamismo da economia brasileira e na sua potencialidade de desenvolvimento social e econômico. (Skaf, 2013, p. 24)

A propósito da inserção de nossos estudantes no mercado de trabalho, você poderá dispor de uma série de artigos acessando a revista mensal eletrônica *ComCiência*, do LABJOR (2013).

A complexidade do quadro político, econômico e social que marca profundamente o mundo atual, tem, frente à crise econômica, dilemas e falta de perspectivas do ocidente europeu, uma das suas expressões mais visíveis.

Altas taxas de desemprego atingem países de desenvolvimento elevado, como Itália e Irlanda — com sinais de alerta para a França e Reino Unido — e de maneira catastrófica a Espanha e Grécia, onde o desespero já atinge a maioria dos jovens.

Greves e protestos são desencadeados, tendo a chamada troica FMI (Fundo Monetário Internacional), Comissão Europeia e o Banco Central Europeu como alvos.

Haverá saída? O futuro de nossos universitários também será atingido por uma provável extensão do quadro europeu atual?

Vejamos o que Harvey (2011, p. 181-185), um dos geógrafos mais consagrados do mundo, diz a respeito, e que poderá nos ajudar, senão a encontrar respostas, pelo menos para nos proporcionar a abertura de novos e mais amplos horizontes em direção à compreensão do emaranhado político, econômico e social reinante no panorama internacional atual.

> Há tempos o sonho de muitos de nós é que uma alternativa à (ir)racionalidade capitalista possa ser definida e alcançada racionalmente por meio da mobilização das paixões humanas na busca coletiva por uma vida melhor para todos. Essas alternativas — historicamente chamadas socialismo ou comunismo — foram tentadas em diferentes épocas e lugares.
>
> Nos anos 1930, a visão de uma ou outra delas funcionava como um farol de esperança. Mas nos últimos tempos ambas perderam seu brilho e foram ignoradas, não apenas por conta do fracasso das experiências históricas com o comunismo em cumprir suas promessas e a propensão dos regimes comunistas para encobrir os erros cometidos pela repressão, mas também por causa de seus pressupostos aparentemente falhos sobre a natureza humana e do potencial de perfeição da personalidade e das instituições humanas. [...]

Ainda que não tenhamos certeza, é possível que 2009 marque o início de uma prolongada reviravolta em que a questão ao redor de alternativas ao capitalismo — grandiosas e de longo alcance — irá passo a passo borbulhar até a superfície em uma parte ou outra parte do mundo. Quanto mais prolongadas forem a incerteza e a miséria, maior será o questionamento em torno da legitimidade do atual modo de fazer negócios e maior será a demanda para se construir algo diferente. Reformas radicais, e não reformas no estilo "band-aid", serão necessárias para se consertar o sistema financeiro.

E assim continua o autor:

O problema central a ser abordado é bastante claro. Obter crescimento composto para sempre não é possível, e os problemas que assolam o mundo nos últimos trinta anos sinalizam que estamos próximos do limite para o contínuo acúmulo de capital, que não pode ser transcendido exceto criando-se ficções não duradouras. Adicione-se a isso o fato de que tantas pessoas no mundo vivem em condições de extrema pobreza, a degradação ambiental está fora de controle, a dignidade humana está sendo ofendida em toda parte, enquanto os ricos estão acumulando mais e mais riqueza para si próprios e as alavancas dos poderes políticos.

É claro que tenho certeza de que você não perguntará, de modo algum, sobre o que tem a ver, os parágrafos anteriores com o tema deste capítulo — Que tipos de desafios nossos universitários enfrentarão no futuro? As relações estão muito claras, não sendo possível isolá-las. Da mesma forma, como trabalhar na educação superior ignorando o espaço/tempo em que ela ocorre?

Nosso universitário se vê diante de um quadro que pode lhe parecer muito estranho, contraditório, mesmo, precisando de maiores esclarecimentos por parte de seus professores mais ligados à área de economia: os brasileiros estão melhor que o Brasil. Procurando esclarecer a questão: se, por um lado, o PIB (Produto Interno Bruto) do país deixou muito a desejar já em 2012, ficando num patamar semelhante ao das grandes economias europeias, por outro lado, conforme já assinalado anteriormente, a taxa de desemprego tem se mantido baixa e a massa salarial vem registrando aumento constante, em torno de 6,3% ao ano (Ipea, 2013).

De repente, tudo parece ter mudado, fazendo-me repensar sobre os parágrafos acima, redigidos há apenas dois meses.

Sim, de repente, houve uma explosão que nos pegou de surpresa: onda de protestos a partir de algo que parecia a todos nós, como tão simples — um grito pela redução de R$ 0,20 nas passagens de ônibus urbanos em São Paulo — desencadeou passeatas em todo o país, que nos fazem lembrar do movimento que ficou conhecido como Diretas Já, em 1984, arrastando para as ruas milhões de pessoas.

Se a redução nos preços das passagens foi alcançada, tratou-se, na verdade, de apenas um estopim. Rapidamente, a população passou a pleitear por aquilo que de fato lhe faz falta e que diz respeito à sua vida do dia a dia: atendimento à saúde, à educação, ao transporte de boa qualidade e o fim da corrupção. É como se houvesse algo de extrema importância, mas reprimido, nos vários segmentos da população, acabando por explodir numa verdadeira reação em cadeia, envolvendo, infelizmente, atos de vandalismo. No entanto, " a insatisfação difusa dos protestos pode vir a ser catalisadora de uma mudança profunda de rumo, que abra o caminho para um desenvolvimento, não mais baseado exclusivamente no crescimento do consumo material, mas na qualidade de vida (Resende, 2013).

De repente, nosso país passou a ser comparado à Turquia, com suas manifestações populares iniciadas por um apelo que a todos parecia como tão pouco, ou seja, a substituição de uma praça por um shopping. A seguir, surge o Egito, com milhões também nas ruas, suscitando questões sobre a extensão ou não da chamada Primavera Árabe, que teve início na Tunísia há tão pouco tempo e se alastrou pelo norte da África.

O panorama, em nível global, é bastante sombrio para nossos estudantes: o Oriente Médio volta a ser um enorme balão de pólvora, já explodindo e ameaçando a segurança mundial. Síria, curdos, afegãos, exército islâmico, terroristas, talibã, fanáticos dos mais diferentes matizes, Leste da Ucrânia, Crimeia, são termos com os quais nossos estudantes já estão mais do que familiarizados.

Voltemos ao Brasil.

Em fins de junho de 2013, soava como absolutamente incrível o fato de uma das principais revistas semanais do Brasil ter estampado em sua capa frontal, em grandes caracteres, a "chamada": O BRASIL CONFIANTE. Logo abaixo do título eram acrescentadas, para fins de informações e "chamada": Em uma década, o País criou 19 milhões de empregos formais. Eis a base do otimismo da maioria da população, apesar do baixo crescimento e de uma inflação resistente (Carta Capital, 2013). Não havíamos dado a devida importância e nem mesmo prestado atenção ao incrível poder das mídias sociais — Facebook, Twitter, YouTube e outras — nas comunicações entre indivíduos e grupos, capazes de, num tempo mínimo, aglutinar multidões. Nem nós e nem mesmo a imprensa.

Propostas são apresentadas pelo governo visando um plebiscito sobre reformas constitucionais, com destaque a mudanças no processo eleitoral já para as eleições de 2014.

Felizmente a imprensa nos alerta de forma incessante: as revoltas não pedem plebiscito ou não, mas sim de coisas concretas: educação, saúde, transportes, fim da corrupção.

Percebe-se agora, um tanto tardiamente, que as isenções de impostos para aquisição de carros e gasolina, gerando a festa da posse do novo carro, correspondeu, de fato, à perda de arrecadação correspondente à construção de quase 200 quilômetros de metrô no país. Cedendo ao lobby da indústria, o governo acabou incentivando a aquisição do carro e deixando de arrecadar recursos para a infraestrutura, com destaque às rodovias e ferrovias.

As ações da PETROBRAS — nosso orgulho nacional, criada há meio século — vem desabando dia após dia. As informações disponíveis no momento apontam para um futuro bastante sombrio para esta Empresa que certamente abalará nosso orgulho em relação a ela.

Os jornais diários de amplitude nacional estampam em suas primeiras páginas, notícias nada alentadoras: a variação de nosso PIB no 3º trimestre em relação ao 2º trimestre de 2013 apresentou uma queda de 0,5%. Perdemos até mesmo da Espanha — crescimento de 0,1% — cujo estado de crise tem sido considerado como alarmante. Perdemos feio da Indonésia — crescimento de 3,0% — da China, com crescimento de 2,2% e de países que apresentaram taxas negativas, mas menores que a do Brasil: França e Itália, ambos com –0,1.

Mas, do lado governamental, esta questão é vista sob outro ângulo: sem as reduções dos impostos não teria sido assegurada a manutenção do nível de emprego na indústria automobilística e a inflação ultrapassaria a meta estabelecida. A renda média familiar teria caído e o país passaria a exportar empregos.

Quer a primeira ou a segunda das posições acima esteja mais próxima da verdade, não podemos nos restringir a elas e, sim, perguntar: esta nova onda de protestos acabará por influir nas expectativas dos nossos universitários em relação ao futuro, trazendo-lhes novos desafios? Em caso afirmativo, o novo panorama lhes será favorável ou desfavorável? A pergunta permanece em aberto embora pareça, à maioria de nós, que os novos fatos chegaram num momento oportuno, abrindo perspectivas para que mudanças socioeconômicas venham efetivamente ocorrer, gerando maiores e melhores oportunidades para nossa juventude.

Mudanças profundas como a adoção em nível global do imposto progressivo, considerado por Piketty (2014) como

> elemento essencial para o Estado social: (que) desempenha um papel fundamental em seu desenvolvimento e na transformação da estrutura d desigualdade no século XX, constituindo uma instituição central para garantir sua viabilidade no século XXI (p. 484). Uma utopia, mas uma utopia útil por diversas razões. Em primeiro lugar, mesmo que uma instituição ideal não se torne realidade num futuro previsível, é importante como ponto de referência, a fim de avaliar melhor o que as soluções alternativas oferecem ou deixam de oferecer. (p. 501).

Volto à questão que levantei mais atrás e sobre cuja resposta você certamente estará interessado: os estudantes que ora ingressam nos cursos de maior demanda encontrarão desafios pela frente ou bastaria o ingresso em carreiras privilegiadas, para que as portas do mundo do trabalho estejam abertas e livres? Será tudo uma festa? Em outros termos: ser estudante de um desses cursos de maior demanda, com altos índices nas relações candidatos-vagas (ou, c/v), significa não ter diante de si, logo após a conclusão da graduação, desafios a enfrentar? Minha resposta é negativa — os desafios serão muitos — como exporei mais à frente e seus professores precisam estar a par deste fato.

Numa tentativa de responder a estas questões tomarei como exemplos os cursos de Medicina, Direito e Publicidade e Propaganda.

Certamente a mesma questão você fará tanto sobre cursos muito procurados e com altos índices de ofertas de vagas principalmente em IES particulares — Administração, por exemplo —, como em relação a cursos normalmente de baixa ou de média demanda e frequentado majoritariamente por estudantes em período noturno — Ciências Contábeis, dentre outros —, e também sobre cursos situados num outro extremo em relação aos primeiros, isto é, com baixos índices de c/v nos vestibulares e, ao mesmo tempo, com elevado número de ofertas: Cursos de Licenciaturas.

Medicina. Comecemos por este curso, geralmente o mais concorrido. Alguns exemplos: USP + Santa Casa, 56,3 candidatos por vaga (c/v); Unicamp, 127,3; Unesp (Universidade Estadual Paulista), 185,3; Universidade Estadual de Maringá, PR, 156,80; Universidade Estadual do Maranhão, 114,93; Universidade do Estado do Rio de Janeiro, 78,33; Universidade Estadual de Londrina, PR, 72,31; Universidade Federal de Santa Maria, RS, 61,16; Universidade Federal de Minas Gerais, 49,77: Universidade Federal do Paraná, 44,97.

Na maior parte das IES que oferecem Medicina, este tem sido o curso mais concorrido, vindo a seguir Engenharia Civil — curso do momento, em função da elevada demanda por mão de obra na construção civil do país nesta segunda década do século XXI — Direito, cuja procura continua alta, embora estável em termos de relações candidatos/vaga, Publicidade e Propaganda, Arquitetura e Urbanismo, além de cursos novos, como Relações Internacionais.

Você poderá identificar a posição do curso em que atua em termos relações c/v de maneira simples, acessando a internet e digitando a sigla de sua instituição. Da mesma forma, poderá atualizar os dados expostos a seguir.

Veja, a seguir, alguns exemplos de cursos mais concorridos. Complete sua própria listagem buscando outros exemplos e extraia suas próprias conclusões.

Começo pela Unicamp (Universidade Estadual de Campinas) na qual atuo como prof. Colaborador Voluntário (aposentado), fazendo questão de frisar que seus dados não servem como modelos, tanto neste como em outros aspectos.

Nos vestibulares da Unicamp-2015, o curso de Medicina, vem em primeiro lugar: 203,8 c/v, seguido por Arquitetura e Urbanismo (noturno), 114,8; Engenharia Civil (integral), 54,2; Engenharia Química (integral), 46,2; Ciências Biológicas (integral), 45,7; Engenharia de Produção, 37,9. Observação: a Unicamp não oferece o curso de Direito.

Examinemos o que ocorre em outras IES, tomando como referência uma universidade pública federal de cada uma das regiões do Brasil:

Na Ufam (Universidade Federal do Amazonas) que oferece cursos em Manaus, Parintins, Itacoatiara, no *campus* do Polo Alto Solimões (em Benjamim Constant), no *campus* do Médio Solimões (em Coari) e no *campus* do Polo do Rio Madeira (em Humaitá), Enfermagem vem em primeiro lugar, com 56,00 c/v, vindo a seguir: Educação Física, (diurno), 24,00; Fisioterapia, 22,00; Medicina, entre 9,50 e 22,50 c/v (conforme local onde o curso é oferecido); Odontologia, 18,00.

Na UFPE (Universidade Federal de Pernambuco), Medicina, Recife, 30,2 c/v; Caruaru, 24,6 c/v; Direito, Recife, 16,9 c/v; Engenharia Civil, Caruaru, 16,1; Fisioterapia, Recife, 13,8; Nutrição, Recife, 13,5; Publicidade e Propaganda, Recife, 13,5.

Na Universidade Federal do Espírito Santo (Ufes), mais uma vez Medicina vem em primeiro lugar, com 69,7 c/v. A seguir vêm: Engenharia Civil, 14,2; Arquitetura e Urbanismo, 14,0; Engenharia Mecânica, 12,6 e Psicologia, 11,0 c/v.

Na Universidade Federal de Santa Catarina (UFSC) Medicina ocupa o primeiro lugar, com a relação 118,12 c/v; a seguir: Arquitetura e Urbanismo, 33,93; Engenharia Química, 27,96; Direito (diurno, 27,62 e noturno, 25,47); Engenharia Civil, 26.75; Nutrição, 24,48; Psicologia, 23,47.

Na Universidade Federal de Mato Grosso (UFMT) os seguintes cursos estão nas primeiras posições, considerando-se as relações candidatos/vagas: Medicina, 36,61 c/v, Direito (Matutino), 21,69; Direito (noturno), 20,69; Administração (noturno), 18,28; Engenharia Civil, 17,56; Ciência e Tecnologia de Alimentos, 15,57.

Dada sua importância no país, acrescento às IES acima, a USP (Universidade de São Paulo), onde 141,8 mil estudantes se candidataram às suas 11 057 vagas. Medicina (São Paulo, capital), vem em primeiro lugar: 55,02 c/v; Medicina (Ribeirão Preto), 50,51; Psicologia, 40,69; Engenharia Civil (São Carlos), 40,03; Artes Cênicas, 37,47

A vida profissional do concluinte de Medicina provavelmente não será nada fácil, pelo menos no início da carreira. É bom lembrar que além do seu, existem mais 241 escolas médicas em atividades no país, 136 particulares, 67 federais, 32 estaduais e 6 municipais. A título de comparação: nos Estados Unidos, com cerca de 300 milhões de habitantes, há 131 faculdades de medicina.

Para que você tenha uma ideia dos custos das faculdades privadas, basta dizer que no Brasil, as mensalidades variam entre R$ 2.841,75 — (UnirG), em Gurupi, Tocantins — e R$ 8.886,62 — na Faculdade de Medicina da Universidade de Marília (Unimar), em Marília/SP.

Claro, a qualidade dos cursos faz a diferença. Neste sentido, é importante assinalar que na prova do Cremesp (Conselho Regional de Medicina do Estado de São Paulo) realizada no final de 2012, 54,7% dos graduandos não acertaram 60% dos testes, sendo considerados incapazes para o exercício da profissão. No entanto, em respeito à lei vigente, trabalharão normalmente. Os estudantes, como não poderia deixar de acontecer, manifestam-se contrários a esses exames, restritos a uma prova de múltipla escolha, pleiteando exames que avaliem a formação do estudante de Medicina como um todo, sem deixar de lado à avaliação de currículos, corpo docente e condições de estrutura e infraestrutura de modo geral.

Peço a você que atente para alguns dos pontos que têm sido explicitados sobre a educação médica e que não podem ser desvinculados dos dados e informações anteriores.

As dificuldades na formação médica brasileira começam pela quase ausência, em termos de prioridade — na formação e atuação do médico generalista — o mais adequado e necessário para atender à realidade de nosso país.

> Os docentes, hegemonicamente, são especialistas bem-sucedidos em grandes centros urbanos, servindo de modelos para os alunos; os locais de treinamento, predominantes na educação médica, são os hospitais universitários e similares, onde aportam as patologias complexas ou complicadas, distanciando-se o aprendiz do cotidiano da profissão. Daí, verificar-se que na maioria das escolas médicas, não existe uma clara definição do tipo de médico que cada uma delas deseja formar, bem como do nível de conhecimento e competência que deva possuir. [...] Este modelo também reforça a distância entre as necessidades sociais e a prática educacional médica. [...] O que se verifica é que durante o curso de medicina, o aluno é "massacrado" com a pregação de mais conhecimento e biomedicina, de informações especializadas, aplicações tecnológicas complexas, transformando-se em futuro médico "equipamento-dependente". (Peixinho, 2001, p. 22-24)

Evidentemente, se sua atuação se dá em Faculdade de Medicina, você poderá pesar os prós e contras da afirmação acima, corrigindo-a naquilo que julgar necessário e completando-a a partir de suas próprias experiências.

De qualquer forma, os objetivos e conclusões da Cinaem (Comissão Interinstitucional Nacional de Avaliação do Ensino Médico) elencados por Peixinho em sua tese de doutorado tendem a confirmar as observações mais acima:

> Os ciclos básicos e profissionalizantes estão organizados em disciplinas independentes, desarticulas, com excesso de aulas teóricas, planejamento inadequado e conhecimento centrado no professor. [...] O internato é organizado em estágios nas especialidades básicas, que funcionam independentes e desarticuladas. (2001, p. 26-27)

Eu poderia reproduzir uma série de extratos com base numa pesquisa que realizei há três anos[2] tomando como referência 36 teses de doutorado e mestrado de diferentes áreas do conhecimento (Balzan, 2012, p. 827-849), dentre as quais várias das áreas médica e jurídica, mas estou certo de que procedendo desta forma, tornaria este texto muito cansativo. Você poderá acessar e examinar a vasta produção atual, uma vez que o acesso a elas é hoje bastante simples, principalmente através da Coordenação de Aperfeiçoamento de Pessoal do Ensino Superior (Capes).

No entanto, dada a importância do ensino e aprendizagem para docentes e estudantes de Medicina, tomo a liberdade de sugerir aos mais interessados pelo tema, acesso aos seguintes autores: Humphrey (2010), Carter e Jackson (2009), Shields (2011), Davis e Forrest (2009).

Podemos voltar aos rankings por um momento e constatar que das 100 melhores faculdades de medicina do mundo ranqueadas pela Universidade de Xangai (2011) o maior número corresponde às norte-americanas, seguidas pelas alemãs e britânicas. O curso de

---

2. O trabalho envolveu 435 teses de doutorado e dissertações de mestrado defendidas no país entre 2000 e 2004. Dessas, 36 foram selecionadas como as mais relevantes para um estudo direcionado à qualidade da produção em níveis de mestrado e doutorado. Sete grandes áreas do conhecimento — conforme distribuição adotada pela Capes, CNPq e Fapesp — estão representadas. Trata-se de uma análise exaustiva que cobriu do resumo às conclusões, da redação à metodologia e análise de dados coletados, da distribuição dos capítulos à bibliografia consultada.

Medicina da USP — considerado como o melhor do Brasil, ficou na 76ª posição.

Diante deste quadro, que tal comparar nossas provas com o USMLE americano[3] realizado em três etapas, envolvendo desde a capacidade de compreensão e aplicação de conceitos das ciências básicas até a aplicação da prática da medicina sem acompanhamento direto do professor? Provavelmente devido aos índices de aprovação serem bastante altos, tanto entre os candidatos americanos e canadenses como entre candidatos de outros países — embora estes detenham escores um pouco abaixo dos primeiros — as provas do USMLE vêm sendo objeto de críticas, sendo taxados como exageradamente fáceis. Outra sugestão, que não anula a anterior: comparar nosso exame com o temível MCCQE canadense[4] realizado em duas partes, sob a responsabilidade do Conselho de Medicina do Canadá e considerado como essencial para obtenção de licença do Conselho de Medicina do Canadá (LMCC).

Alguns dados sobre o Brasil podem ser esclarecedores tanto para os ingressantes como para os concluintes deste curso, pondo em destaque uma série de contradições:

---

3. USMLE. O exame é realizado em três etapas: Step 1, que tem como objetivo avaliar se estudantes de medicina ou médicos têm a capacidade de compreender e aplicar conceitos importantes das ciências básicas para prática médica; Step 2, para avaliar se o estudante ou médico possui conhecimentos, habilidades e compreensão da ciência clínica essencial para a prestação de assistência ao paciente, sob supervisão; é subdividido em dois exames: Step2-CK e Step2-CS. O primeiro deles — Clinical Knowledge — com duração de 9 horas, apresenta oito blocos de 46 perguntas cada, direcionadas às ciências médicas como clínica médica, cirurgia, pediatria, psiquiatria, ginecologia e obstetrícia; o segundo, (Clinical Skill) é um exame prático que pretende avaliar clínicas simuladas por pacientes através de interações, em que o examinando interage com pacientes padronizados retratados por atores, enfrentando 12 casos clínicos; Step3, ocorre em dois dias de exame e destina-se a avaliar se o médico consegue aplicar o conhecimento e a compreensão da ciência biomédica e clínica essencial para a prática da medicina desacompanhado.

4. MCCQE (Medical Council of Canada Qualifying Examination). O exame é realizado em duas partes sob a responsabilidade do Conselho de Medicina do Canadá e considerado como essencial para obtenção de Licença do Conselho de Medicina do Canadá (LMCC). A primeira parte consiste de 196 questões de múltipla escolha, com duração de 3,5 horas e aproximadamente 60 casos clínicos que exigem tomadas de decisões dentro de 4 horas. A segunda consiste num exame clínico que só pode ser realizado após 12 meses de residência.

a) Se, por um lado, no Brasil há 1,8 médico por 1.000 habitantes — índice não muito distante do recomendado pela OMS (Organização Mundial da Saúde) —, por outro lado a distribuição de médicos por estado é extremamente diferenciada. Enquanto o Distrito Federal lidera o ranking com 4,02 médicos por mil habitantes, seguido pelo Rio de Janeiro (3,57), por São Paulo (2,58) e pelo Rio Grande do Sul (2,31) — taxas comparadas às de países europeus, por outro lado, no interior da Amazônia, há um médico para 8.944 habitantes e em Roraima a relação é de um para 10.306.

b) Há concentração de médicos nas capitais e nos polos de grande porte. Exemplo: enquanto no Estado de São Paulo há 2,58 médicos por 1.000 habitantes, na capital do Estado, a relação é de 4,33 por 1.000.

c) A má distribuição de médicos no país e a ausência desses profissionais não apenas nos rincões do Brasil, mas mesmo nas periferias das grandes cidades resultou na proposta do governo para a importação de médicos estrangeiros, desencadeando longas discussões envolvendo não apenas a classe médica, mas também grande parte da opinião pública. A pressão das associações de classe continua apresentando uma série de argumentos contra a vinda de médicos estrangeiros para o Brasil: não há necessidade de mais médicos para o país; trata-se de profissionais com má formação, entre muitos outros. No entanto, a pretensão de reserva de mercado para os formados no Brasil não encontra paralelo em outros países, conforme dados de Padilha (2013, p. 3). Na Inglaterra, por exemplo, quase 40% dos médicos em atuação se graduaram em outros países — índice que é de 25% nos Estados Unidos, de 22% no Canadá e 17% na Austrália —, enquanto, no Brasil, apenas 1% dos profissionais se formaram no exterior.

d) Enquanto o número de cursos oferecidos por IES particulares vem aumentando mais que os oferecidos pelas IES públicas, as mensalidades dos cursos particulares de Medicina, os tornam inacessíveis à maioria da população. A título de informação: as mensalidades variam entre R$ 2.841,75 — (UnirG), em Gurupi, Tocantins — e R$ 8.886,62 — na Faculdade de Medicina da Universidade de Marília (Unimar), em Marília/SP. Em grande parte, porém, as mensalidades estão mais próximas da mais cara do que da mais barata.

Semelhanças ocorrem com o concluinte de Direito. Além do seu, existem mais 1.239 outros cursos de Direito no Brasil, número maior do que o total existente no resto do mundo: 1.100 cursos.

Como no caso anterior, aqui também a qualidade faz a diferença. E se torna espantoso constatar que dos cursos existentes em 2012, apenas 90 — 7,3% — atenderam os critérios de qualidade propostos pela Ordem dos Advogados do Brasil (OAB). Estes dados nos ajudam a entender o porquê dos elevadíssimos índices de reprovações nos exames da OAB-2013, aos quais concorreram 114.763 candidatos: 83,33% dos inscritos foram reprovados na primeira fase da última prova. Cabe destacar, a propósito que:

i) na edição anterior o índice de aprovados na fase final ficou abaixo de 1/5 dos inscritos, isto é, 18,14%;

ii) as universidades públicas foram a maioria entre as que mais aprovaram no exame. Entre as 50 primeiras do ranking, somente três eram privadas.

Uma das causas desta verdadeira calamidade certamente pode ser identificada:

> A expansão rápida e desorganizada dos cursos jurídicos implicou também na demanda crescente por professores que, na maioria das vezes, não têm formação adequada. Afinal, saíram dos bancos das faculdades de Direito que vêm reproduzindo os mesmos modelos retrógados há séculos, e exceto uma pequena minoria, desaprenderam a refletir criticamente. Diante de algumas exigências legais, muitos acabam buscan-

do um título, ao invés de uma formação docente, pelo mesmo motivo que o seu aluno quer graduar-se. (Souza, 2006, p. 134)

Pergunto, a título de referências, às quais você poderia acrescentar uma série de outras:

Quantos desses estudantes terão lido e discutido uma vez sequer Os donos do poder — formação do patronato político brasileiro, do jurista e filósofo Raymundo Faoro? Ou *Raízes do Brasil*, de Sérgio Buarque de Holanda? Quantos terão tido fortes suportes em Filosofia e Sociologia, não se tornando meros burocratas?

Em quantos Cursos o próprio Direito é criticado, considerando-se, mesmo, que ele está torto?

Sob este aspecto, nossos estudantes parecem se diferenciar muito dos estudantes de Direito americanos, "para os quais, a liberdade que lhes é oferecida de criticar o Direito se apresenta como um verdadeiro prazer". (Askey e McLeod, 2008, p. 13)

Uma mudança necessária no processo educacional na área do Direito poderá emergir dos

> conflitos entre estudantes e professores em que os primeiros consideram a defasagem de conteúdos, desproporção no acento à dogmática jurídica com relação às outras disciplinas do currículo, metodologia do ensino, ministração de conteúdos dados como prontos e acabados. No entanto, são praticamente inexistentes as referências dos docentes sobre esses aspectos. (Leite, 2003, p. 300)

Quantos de nossos estudantes reconhecem com clareza que há muito — mas, muito mesmo! — para ser revisto e construído na área do Direito? Não teria chegado a hora de se criticar sua morosidade e as enormes injustiças que se cometem em seu nome, dos níveis mais elementares até o STJ?

Tem sido posto abaixo o conceito de bom advogado conforme é ele destacado pela imprensa, isto é, aquele que defende qualquer criminoso — do assaltante ao Tesouro Nacional ao deputado reconhecido como marginal por toda a população — conseguindo livrá-lo da prisão a partir de uma elevada quantia de dinheiro, paga principalmente em dólares? De onde provém o dinheiro para esses pagamentos? Não há dúvida de que é preciso ir adiante e questionar os fundamentos filosóficos, sociológicos e antropológicos da Educação em Direito no país. (Balzan, 2009)

Quantos desses estudantes estarão perplexos diante da recente decisão do Tribunal de Contas do Distrito Federal (TCDF), no sentido de os servidores com o quarto ano da educação fundamental completo poderem receber até R$ 12.820,51 mensais e daqueles com educação média, até R$ 19.115,36? Essas informações foram divulgadas pela imprensa escrita, falada e televisiva de todo o país em meados de fevereiro de 2013. Qual a parcela de alunos de direito que teriam, pelo menos, se informado sobre este fato? Claro, não deveria haver um só estudante desta área alheio a um contrassenso de tal envergadura, mas... Nossos estudantes de Direito poderiam ir um pouco além e comparar os salários dos servidores deste Tribunal com os dos ministros do Supremo. Poderiam ir adiante, comparando os mesmos dados com os vencimentos mensais da presidente da República. Que tipo de questionamentos um fato já abordado no capítulo anterior — deputados com fichas sujas assumindo, mesmo assim, a presidência de assembleias legislativas do Brasil — suscita junto aos estudantes de Direito?

Trata-se de questão que vai além da Ciência do Direito, envolvendo diretamente Moral e Ética. Qual a reação de nossos professores de Direito diante deste fato, extremamente grave e que põe em risco a própria crença na justiça e, mais ainda, na vida democrática?

Em quantos cursos docentes e estudantes terão trabalhado os conteúdos de *Ética: direito, moral e religião no mundo moderno*, de Comparato (2011)?

Quero reforçar o termo trabalhado, com o significado de aproveitamento intenso da obra de Comparato, não apenas leituras, seguidas de perguntas do tipo leram? O que acharam do texto? Mas, sim, leituras, discussões em grupos e seminários, relacionando as ideias do autor com o atual momento do direito e da polícia nacional. Seus estudantes não estarão aprendendo "apenas" Filosofia do Direito, mas também História e Filosofia, de modo geral. Se necessário, volte ao capítulo Vamos aprender didática com nossos alunos?

Acredito que os cursos de Direito estejam por demais tranquilos. Ansiedade e um pouco de angústia não fariam mal aos nossos universitários, quando postos frente à perplexidade da população diante da impunidade, considerada pela maioria de seus contemporâneos como o principal mal que assola o país.

Não são necessárias pesquisas de opinião para se constatar este fato. Basta ouvir as pessoas dos mais variados níveis de escolaridade com as quais se tem contato. Essas pessoas simplesmente não entendem e se revoltam diante de decisões tomadas nesta área, como a que em fevereiro de 2013 pôs em liberdade um indivíduo condenado a mais de 30 anos de prisão, enquanto correm (correm, realmente?) recursos, recursos e mais recursos. Trata-se de fato amplamente divulgado em diferentes canais de TV e em jornais de circulação nacional e regional.

Claro, não pretendo que nossos alunos tenham como tarefa reformar o ensino jurídico. Mas, incomodam-me fatos como os citados nos parágrafos anteriores, e, mais ainda, o fato de a impunidade de sujeitos comprovadamente criminosos se constituir como uma das queixas mais frequentes do *brasileiro médio*. E pergunto: por que esses e tantos outros fatos não são objeto de discussão em salas de aulas, perdendo-se excelentes ocasiões para se proceder a estudos de casos, sem dúvida um excelente procedimento didático-pedagógico? Pergunta Bicudo:

> Não seria este o momento de se operar as mudanças necessárias? Não é urgente a necessidade de se alterar os paradigmas em que se fundamentam as Faculdades de Direito, tornando-as menos tecnicistas e mais humanistas? Não seria melhor se os professores se preocupassem mais com a educação do que com a tradição? Gerar novos ambientes de aprendizagem e, ao mesmo tempo, incorporar os resultados dos avanços científicos e tecnológicos ao ensino de Direito, tanto no que

se refere aos conteúdos como no que diz respeito às formas de ensinar? (2003, p. 128)

Não é chegado o momento de, pelo menos uma fração de nossos cursos de Direito, introduzirem o PBL (Problem Based Learning) de modo a envolver de fato o estudante no processo de aprendizagem a partir da busca de soluções para problemas extraídos da realidade contemporânea brasileira e que clamam por atenção dos futuros advogados? Se necessário, volte mais uma vez ao capítulo Vamos aprender didática com nossos alunos?

Uma mudança necessária no processo educacional na área do Direito poderá emergir dos conflitos que existem entre alunos e professores. Os primeiros identificam como poucas as situações práticas proporcionadas pelo processo de ensino-aprendizagem. Os docentes, por seu turno, regra geral, priorizam a teoria, afirmando que, o aluno deve conhecer bem a teoria para depois poder analisar os fatos dentro da legislação. Outros conflitos entre estudantes e professores também estão presentes (não seria um bom sinal?, pergunto eu) como os relacionados pelos primeiros que consideram defasagem de conteúdos, desproporção no acento à dogmática jurídica com relação às outras disciplinas do currículo, metodologia do ensino, administração de conteúdos dados como prontos e acabados. No entanto, são praticamente inexistentes as referências dos docentes sobre esses aspectos. (Bicudo, 2003, p. 299-300)

Ao projetar seu futuro, nosso aluno já consegue ver, de modo claro, que

> dentre tantas condições necessárias para um trabalho de alto nível na área do Direito, de modo algum pode ser descartada a aptidão para um trabalho árduo acoplada a uma mentalidade crítica, ao prazer de enfrentar desafios e à capacidade de expressar de modo claro ideias frequentemente complexas? (Bicudo, 2003, p. 14).

Passemos a outro curso de alta demanda nos vestibulares: Publicidade e Propaganda.

No início de 2015, mais uma vez os candidatos a Publicidade e Propaganda (PP) ocupavam lugar de destaque na relação candidatos-vagas nos vestibulares de algumas das mais importantes universidades do país. Um exemplo: em 8° lugar entre as 113 carreiras oferecidas pela Fuvest (Fundação Universitária para o Vestibular) — USP — com 35,84 candidatos disputando uma vaga.

Você já conhece os pontos altos dos candidatos a esta profissão e as exigências que hoje se apresentam aos publicitários em exercício: de modo geral são jovens criativos e originários de estratos superiores da sociedade.[5] A origem de classe é elemento facilitador para as atividades extraclasse permitindo-lhes estudar em período diurno sem necessidade de exercer, ao mesmo tempo, trabalho remunerado. Tratando-se de uma das áreas em que as mudanças mais se aceleram, de seus profissionais é exigida atualização permanente, fazendo com que os formados há apenas uma geração atrás que não se prepararam para a utilização dos meios eletrônicos, já estejam sendo descartados.

Gotaria que você estivesse disposto a percorrer comigo um breve caminho de nossa história, de modo a não dissociar as expectativas em relação a uma dada profissão e o contexto sociocultural no qual elas ocorrem. É bem provável que você discorde de meus argumentos.

---

5. Procurando conhecer as origens socioeconômicas dos vestibulandos — PUC-Campinas/2013, recorri a uma série de dados que me permitiram identificar os seguintes cursos como os mais elitizados, em ordem decrescente: Publicidade e Propaganda (matutino), Administração (Matutino), Jornalismo (matutino), Medicina (integral), Direito (matutino). Os menos elitizados, ou, se preferirmos, os mais populares, ou, melhor ainda, os mais próximos da realidade brasileira, são aqueles cujas vagas foram oferecidas no Vestibular Social, ocorrido depois da última chamada dos aprovados no Vestibular Regular. Além desses, há dois cursos oferecidos em período noturno no Vestibular Regular — Pedagogia, Serviço Social — e um em período matutino, Filosofia.

Os resultados causaram estranheza por parte dos demais membros da Prograd (Pró-Reitoria de Graduação) PUC-Campinas, uma vez que o curso de Medicina tem sido apontado como o mais elitizado. Ao refazer os cálculos, atribuindo maior peso à renda familiar, Medicina vem em primeiro lugar. Seria muito precipitado, de minha parte, afirmar que os calouros de Medicina, se por um lado são originários de famílias de maior poder aquisitivo, por outro lado, não provém das famílias mais cultas. Realizar novos estudos sobre o mesmo tema — origens socioeconômica de candidatos a ingresso na educação superior — é um novo desafio que devemos aceitar.

Sinta-se à vontade para me contradizer, assim como para fortalecer ainda mais aquilo que penso sobre a vantajosa posição de Publicidade e Propaganda entre os cursos mais concorridos de nossos vestibulares.

O que me chama a atenção, antes de mais nada, causando-me espanto, é a incrível alteração no processo de escolha do próprio futuro por parte significativa de nossa juventude. Ocorreu, a meu ver, um processo de acelerada alienação de nossos jovens ao longo das últimas décadas.

Em 4 de outubro de 1957, a União Soviética lançava ao ar seu Sputnik, feito espacial que pôs os Estados Unidos em polvorosa, uma vez que sequer tinham pensado em ficar atrás de seu inimigo potencial no panorama da Guerra Fria.

Começa a corrida espacial, incentivando nossos jovens em busca de carreiras científicas uma vez que um amplo leque de novas opões despontava em seus horizontes.

Os candidatos ao curso de Física da USP mais que duplicaram por ocasião dos vestibulares de 1958. Além do magistério em nível médio — especialmente no segmento conhecido como curso cientic — e de restritas possibilidades junto à indústria, haveria, de agora em diante, amplos setores de trabalho disponíveis na nova era que se iniciava: a era espacial. Atuar em pesquisa e tecnologia, em busca de novos conhecimentos se lhes apontava como algo fantástico, um sonho, talvez. O compromisso se fazia em relação à ciência e tecnologia, e consequentemente, em relação ao país.

Uma década mais tarde, já durante a ditadura militar — e talvez por isso mesmo —, o Brasil se procurava. Quem somos, o que seremos, o que é possível realizar aqui e agora, pareciam ser as questões dominantes no meio da juventude, especialmente daqueles que frequentavam a Universidade. Aulas para estudantes e operários ministradas por cientistas-professores em teatros de São Paulo nas manhãs de sábado, os festivais de música popular — *Disparada* (Geraldo Vandré-Théo de Barros-Jair Rodrigues), *Pra não dizer que não falei das flores* (Geraldo Vandré) a alta frequência ao teatro — *Morte e vida severina* (João Cabral de Melo Neto — Chico Buarque), *Liberdade, liberdade*

(Millôr Fernandes — Flávio Rangel) e tantos outros eventos além das passeatas que arrastavam milhares de jovens às ruas, enfim um novo panorama em que se perguntava mais do que se afirmava.

Pronto: nos Vestibulares de 1967 e 1968, o curso de Ciências Sociais superou todas as expectativas em termos de número de candidatos à USP. Entre eles, muitos estudantes já cursando Engenharia em período diurno se inscreveram para o período noturno em Ciências Sociais. Com isso, a vida universitária florescia e pela primeira vez — nunca mais até hoje — a integração curricular ganhava espaço na USP. A título de exemplo: discussões abertas entre estudantes de Engenharia, Arquitetura e Urbanismo, Ciências Sociais, Geografia e Geologia sobre o Programa Nuclear Brasileiro.

Como na década anterior, a sede por novos conhecimentos era enorme e o compromisso se manifestava em relação ao próprio país. Perguntava-se muito, abria-se mais e mais os espaços para a busca de respostas, não direcionando o pensamento ou as escolhas para um determinado ponto.

Anos 1980 e 1990 e anos 2000. Dos jovens yuppies ao consumismo desenfreado e deste à alienação cada vez maior, como não poderia deixar de ser, um novo mundo desponta aos nossos jovens onde acelerar mais e mais o consumo não importa a que preço e ganhar muito dinheiro, se concretiza em um curso várias vezes vitorioso por ocasião dos Vestibulares: Publicidade e Propaganda.

Aqui não importa ciência, busca de conhecimentos, sonhos com um Brasil melhor. O que importa é fazer crescer o consumo, na absoluta maioria das vezes sem compromisso ético e moral. O que interessa é aumentar o consumo de cerveja junto à juventude, principalmente do sexo feminino, quanto mais meninas-jovens elas parecerem nas propagandas de TV, melhor. Que importa se o alcoolismo, uma das pragas da sociedade atual vai aumentar? E vender, vender mais e mais carros, embora as ruas não espichem e a poluição infeste cada vez mais os pulmões da população. Que importa se a publicidade apela para apartamentos com terraços gourmet se o espaço interno é acanhado, tornando a vida do dia a dia insuportável? Incentivar a consumir mais e mais é a meta a ser atingida. Por que não começar a incentivar desde já a compra do novo Ipad se a versão atual foi lançada tão recentemente? Está proibida a propaganda de cigarros? Ora, mostremos como a maior produtora de cigarros do país emprega tanta gente, paga muitos impostos e vende produtos autênticos! Que importa se as indústrias de tabaco acrescentem cada vez mais sabores aos novos cigarros — de menta a chocolate — cooptando a juventude para um vício que além de lhe reduzir a qualidade de vida, a tornará mais breve?

São quatro anos do curso, que abriga jovens bem preparados intelectualmente e provavelmente mais criativos que a média dos vestibulandos que terão tanto mais êxito quanto mais incentivarem o consumo desenfreado. Que importa se o candidato — ao executivo ou ao legislativo — para o qual irão trabalhar e buscar ansiosamente eleger seja um conhecido picareta se o que interessa às Agências de Publicidade é que eles sejam eleitos? Que importa se estarão atuando contra os sentimentos, valores e palavras dos próprios candidatos, engessando-os cada vez mais nos debates programados para a TV, impedindo-os que se manifestem como realmente são?

Aqui, vários estímulos são oferecidos ao leitor ou telespectador, direcionando-se seu pensamento para uma única resposta: o produto a ser consumido.

Sim, claro, outras opções são oferecidas ao publicitário, muitas delas a serviço da população: campanhas de aleitamento materno, divulgação sobre prevenção de doenças, incentivos à alfabetização etc. Também é claro que os físicos e cientistas sociais nem sempre serão puros. Os primeiros podem optar por atuar na produção de novos armamentos, não importando se os principais oponentes já dispõem de armas nucleares capazes de acabar com o planeta três ou mais vezes. Estão aí os drones assassinos para cuja criação terá forçosamente contado com físicos e engenheiros, dentre outros profissionais. E os cientistas sociais podem ser cooptados para trabalhar junto a núcleos de inteligência — militares ou não —, a fim de pesquisar sobre como a opinião pública de um país veria, por exemplo, um ataque a uma outra nação que estivesse ameaçando sua órbita de influência. No entanto, são opções secundárias ou menores, na maior parte das vezes muito remotas. Isto não parece acontecer com os publicitários a quem poucos caminhos são oferecidos além da manipulação da opinião pública, visando o consumo.

No entanto, procuro ser justo. Há cursos de PP — casos raros, infelizmente — em que os estudantes são estimulados à reflexão crítica sobre a realidade sociocultural reinante no país e casos, mais raros ainda, em que o próprio curso e a futura profissão são objeto de crítica em termos de valores humanos essenciais, pondo em cheque a ideia de sucesso a qualquer custo.

Apesar dessas exceções, continuo acreditando que a elevada procura pelo curso de Publicidade e Propaganda apenas reflete o ideal de uma juventude conformista, oposta àquela que a antecedeu há 40 anos ou um pouco mais. Como imaginar, por exemplo, que os universitários dos anos 1960 deixassem passar em branco, sem se agitarem, diante dos aumentos autoconcedidos pelos nossos parlamentares ou pela eleição e posse de parlamentares com fichas sujas, dada a lerdeza do judiciário e a tolerância — seguida de abraços e apertos de mãos — por parte de velhos congressistas, antagonistas ferozes até dias atrás?

Mas, queiramos ou não, os tempos mudaram e, como não poderia deixar de ser, mudaram cabeças de nossos universitários. Consumir mais e mais o novo, a novidade acima de tudo, glamour e juventude eternos, dominam o cenário atual. Por que não optar por Publicidade e Propaganda que promete um futuro onde a criatividade pode — e deve — desabrochar a cada instante e um sucesso profissional já antecipadamente assegurado numa sociedade em que dificilmente ocorrerão mudanças substanciais?

Passemos então, a um curso geralmente de baixa demanda em termos de relações c/v e oferecido principalmente em período noturno: Contabilidade, ou Ciências Contábeis.

São muitos os cursos oferecidos nas IES do país, a maioria, como já destaquei anteriormente, em período noturno.

Uma pergunta-chave deve ser feita, de modo a nos ajudar na reflexão sobre Ciências Contábeis: trata-se de apenas um curso técnico, embora de nível superior, onde o saber fazer, através das chamadas disciplinas práticas, tem predomínio quase que absoluto sobre as demais, de caráter teórico, que levam à formação e desenvolvimento de atitudes reflexivas e críticas em relação à economia, à sociedade brasileira e mesmo em relação à própria profissão de contabilista?

Suas disciplinas se distribuem a partir de um projeto pedagógico

> marcado por uma orientação pluralista de ensino considerando que a boa formação do estudante exige que este tenha contato com diferentes correntes do pensamento econômico (e) neste sentido busca familiarizar o aluno tanto com a reflexão teórica mais abstrata quanto com o estudo da história e da política econômica brasileiras e internacionais? (Martinez, 2002, p. 1)

Estará bem claro aos estudantes que "mais do que o conhecimento profundo da técnica (atribuição do contador e seus auxiliares), deve ele saber compreender o movimento geral dos recursos dentro da empresa, suas aplicações, seus resultados, bem como a maneira mais adequada de medir os resultados apresentados pela empresa?" (Martinez, 2002, p. 3).

A partir da pressuposição de que o projeto pedagógico de um dado Curso de Ciências Contábeis privilegie a formação de um profissional com o perfil almejado para o momento atual da sociedade brasileira, ao analisá-lo e avaliá-lo é importante ter presentes os programas de diferentes disciplinas, observando-se sua oferta ou não de

> informações sobre a estrutura formal e informal da empresa, da administração dos custos, da administração financeira e da administração mercadológica (apontando) para a integração de todas as áreas da empresa com a Contabilidade, fazendo com que os alunos possam compreender, de forma harmônica e integrada o funcionamento das várias áreas da empresa. (Martinez, 2002, p. 4)

Essas são algumas das interrogações e considerações que devem ser entendidas como básicas quando se toma como referência os desafios que estarão diante de nossos futuros contabilistas. Da qualidade dos cursos que frequentam dependerão suas capacidades e mesmo motivações para o enfrentamento daquilo que os desafiarão logo mais.

No entanto, o extraordinário avanço da eletrônica, em breve, porá em cheque a formação adquirida pelos nossos contabilistas.

Estarão nossos estudantes preparados — ou, pelo menos conscientes — para as grandes mudanças que vêm ocorrendo em sua área de formação e que daqui em diante se acelerarão cada vez mais? Essas tendem a ser menores e menos intensas do que em diversas outras áreas do conhecimento, mas também poderão afetar esses estudantes num dos segmentos em que têm grande atuação.

Vejamos, assim, o que está se passando nos Estados Unidos e que afeta diretamente os estudantes de Ciências Contábeis:

> Em 2003, cerca de 25 mil declarações de imposto de renda de americanos foram feitas na Índia. Em 2004, esse número chegou a 100 mil. Em 2005, foram cerca de 400 mil. Dentro de uma década, pelo menos os elementos básicos — se não mais — de todas as declarações americanas serão terceirizados pelos contadores.
>
> Quem quiser trabalhar com contabilidade nos EUA vai se concentrar na criação de estratégias complexas e originais de planejamento tributário e economia fiscal. Com o trabalho braçal terceirizado, o contador vai poder estudar pessoalmente a melhor maneira de administrar os bens do cliente e ajudá-lo a planejar o futuro dos seus filhos: ver qual o plano de previdência mais adequado, por exemplo. Assim, terá a chance de dedicar seu tempo a uma boa troca de ideias com o cliente, em vez de ficar correndo de um lado para o outro feito uma barata tonta de fevereiro a abril, e às vezes solicitando prorrogações de prazo até agosto, justamente por não ter tido tempo de conversar direito com ele. (Friedman, 2007, p. 24-25)

A transcrição reflete apenas um dos desafios aos futuros contabilistas, hoje nossos alunos de graduação.

Há outros, bem maiores e que, pressuponho, venham sendo enfrentados apenas por Instituições de ponta.

A procura por profissionais qualificados é bastante alta. No entanto, se os cursos de Ciências Contábeis não se atualizarem e deixarem de se inserir na internacionalização que hoje é marcante na formação de seus estudantes, esses continuarão a serem preteridos por formados em outras áreas como Engenharias — principalmente nas modalidades Elétrica e de Computação —, Direito, Administração e Economia, diz o professor Paulo Antônio G. L. Zuccolotto,[6] atuando há mais de 25 anos na área.

> As empresas procuram se associar aos cursos de Ciências Contábeis através de convênios que preveem a instalação de laboratórios e salas apropriadas para a melhor aprendizagem dos alunos e, como contrapartida, propõem o oferecimento de vagas aos alunos recém-egressos. No entanto, na maioria dos casos, os projetos elaborados a partir daí, ficam emperrados na malha burocrática das próprias instituições, afirma o professor Zuccolotto. (Balzan e Pozzebom, 2013, p. 17)
>
> A internacionalização revoluciona praticamente todos os cursos de Ciências Contábeis. [...] O modelo do antigo contador, trabalhando isoladamente em seu escritório foi ultrapassado pelo profissional capaz de trabalhar na interface: normas técnicas nacionais e internacionais. Um contabilista capaz de interpretar os modelos gerados no exterior, principalmente nos Estados Unidos, aplicando-os à realidade brasileira. Um profissional de visão extremamente mais ampla do que o contador do passado, que chegou a gerar um estereotipo: o antigo guarda-livros, que trabalhava com livros de anotações enormes e caligrafia tão esmerada quanto possível.
>
> A demanda atual se faz por contabilistas capazes de apresentar a empresa para seus acionistas. Além de ter que ser aprovado pelo CFC

---

6. Paulo Antônio G. L. Zuccolotto, formado em Administração, concluiu o MBA na FGV (Fundação Getúlio Vargas), possui o título de mestre — UFSCar, Universidade Federal de São Carlos/SP — e desenvolve pesquisa sobre Inovação no setor energético na Universidade Federal do ABC/SP. Pertence ao CEA (Centro de Economia e Administração) da PUC-Campinas, atuando como integrador acadêmico do Curso de Ciências Contábeis.

(Conselho Federal de Contabilidade) equivalente à OAB, no caso dos bacharéis em Direito, o formado em Ciências Contábeis tem que estar obrigatoriamente sempre atualizado, não apenas em termos organizacionais, mas também sobre o mundo, em geral. [...] Embora se trate de conquista recente nesta área, datando apenas de 2007, trata-se de mudança radical, facilitada, porém, pela oferta dos PCs — *Cadernos de Pronunciamentos Contábeis*. [...] No entanto, as empresas têm pressa e seus diretores, em geral, se queixam da demora — "que lhes parece, foi prorrogada demais" — na formação e oferta de profissionais com "o novo perfil". Para elas, a obrigação da formação do contabilista com o novo perfil é imediata, afirma o professor Zuccolotto. (Balzan e Pozzebom, 2013, p. 18)

Além dos baixos índices de aprovação nos exames da ordem — em torno de 37% na ultima avaliação —, índice bem mais alto em relação aos aprovados na OAB — hoje há apenas cerca de 300 doutores em Ciências Contábeis no país, fator que impede a oferta de programas de mestrado e de doutorado por um maior número de IES.

O professor Zuccolotto compara os resultados desses exames com os da OAB — cujos resultados são muito piores — e embora aspire por maiores índices de aprovações, considera como bastante relevante o fato de as provas já incluírem o IRFS (International Financial Reporting Standards) (Padrões de Relatórios Financeiros Interncionais). Trata-se de prática contábil pronunciada pelo IASB (International Accounting Standards Board) que passou a ser obrigatório no Brasil para as sociedades anônimas de capital aberto a partir de 2010, exceto para as empresas que lançaram ações no mercado após 2007. Essas foram obrigadas a adotá-lo a partir de 2009.

No final de sua fala, enfatiza uma vez mais: "a formação de contabilistas com o novo perfil é questão imediata para as IES". (Balzan e Pozzebom, p. 18)

Vamos em frente, tomando como referência e a título de exemplo, um curso em que o número de candidatos, assim como o de vagas, geralmente são bastante elevados nas instituições particulares: Administração, ou Ciências Administrativas.

Antes de mais nada, cabe-me lembrá-lo que há cerca de 2.300 cursos de Administração no país.

Diante desta realidade, surgem perguntas inevitáveis. Em que tipo de atividade a maioria dos formados nestes cursos desempenharão suas funções? Quantos poderão almejar a realização pessoal em atividades de fato relacionadas às Ciências da Administração? É importante destacar o fato de os formados neste curso estarão concorrendo, para ocupar o cargo de CEO (sigla para Chief Executive Officer, em inglês) das grandes empresas e dos departamentos de finanças dos mais importantes bancos, com os graduados pelas universidades consideradas como as melhores do país na área de Engenharia — com destaque às modalidades Elétrica, Eletrônica e de Computação.

Além disso, você certamente já terá notado que pelo menos um MBA já é comumente exigido de nossos novos administradores, assim como o domínio de outras línguas além do português: inglês e espanhol, num primeiro plano e mais adiante, o mandarim.

Se você atua como docente em curso de Administração e tem interesse em desenvolver projeto de pesquisa focalizando seus egressos, sugiro a leitura de um relatório que, embora não seja recente, os procedimentos metodológicos utilizados pelos autores continuam bastante válidos: Graduados em Administração — UFRGS, 1988.

Antes de passarmos a outro extremo, isto é, a uma das carreiras mais importantes para o desenvolvimento do país, mas claramente jogada para um plano secundário, permita-me sugerir-lhe um contato com profissionais formados em cursos de alta demanda por ocasião do ingresso nas IES, como médicos, advogados, administradores, além de outros, de escolaridade superior. Leia o Capítulo II — Os universos dos "colarinhos brancos", especialmente o tópico 6 — Antigas profissões e novas especialidades, de Mills (1976, p. 131-160).

Proponho-lhe um desafio, respondendo à seguinte questão: aquilo que o autor diz sobre médicos, advogados, professores e administradores nos Estados Unidos há mais de meio século — a contar da primeira edição de A nova classe média — se aplica às mesmas categorias profissionais no Brasil de hoje? Em que aspectos terá mudado?

Vamos, então, àquilo que denominei anteriormente de outro extremo: carreira extremamente importante, mas que se tornou até mesmo descartável. Trata-se dos cursos de Licenciaturas, direcionados à formação de docentes para a educação fundamental e média.

Embora 8,7% de nossa população seja analfabeta e um em cada cinco brasileiros — 20,3% do total — seja analfabeto funcional[7] e a educação, ao lado da saúde, sejam consideradas como prioridades nacionais, nossos universitários matriculados em cursos de licenciaturas, em sua absoluta maioria não pretendem se dedicar à educação fundamental e média públicas. Certamente o mesmo ocorrerá com aqueles que ora ingressam na Educação Superior. Entre os que afirmam pretender se dedicar ao magistério, a grande maioria o faz com ressalvas, conforme depoimentos a mim prestados por concluintes de duas universidades em que continuo atuando:

---

7. A Unesco define analfabeto funcional como toda pessoa que sabe escrever seu próprio nome, assim como lê e escreve frases simples, efetua cálculos básicos, porém é incapaz de interpretar o que lê e de usar a leitura e a escrita em atividades cotidianas, impossibilitando seu desenvolvimento pessoal e profissional. Ou seja, o analfabeto funcional não consegue extrair o sentido das palavras, colocar ideias no papel por meio da escrita, nem fazer operações matemáticas mais elaboradas.

No Brasil, o índice de analfabetismo funcional é medido entre as pessoas com mais de 20 anos que não completaram 4 anos de estudo formal. O conceito, porém, varia de acordo com o país. Na Polônia e no Canadá, por exemplo, é considerado analfabeto funcional a pessoa que possui menos de 8 anos de escolaridade (Planeta Educação, 2011). Disponível em: <http://www.planetaeducacao.com.br/portal/impressao.asp?artigo=700>. Acesso em: 18 ago. 2013.

Existem três níveis distintos de alfabetização funcional, a saber:

Nível 1. Também conhecido como alfabetização rudimentar, compreende aqueles que apenas conseguem ler e compreender títulos de textos e frases curtas; e apesar de saber contar, têm dificuldades com a compreensão de números grandes e em fazer as operações aritméticas básicas.

Nível 2. Também conhecido como alfabetização básica, compreende aqueles que conseguem ler textos curtos, mas só conseguem extrair informações esparsas no texto e não conseguem tirar uma conclusão a respeito do mesmo; e também conseguem entender números grandes, conseguem realizar as operações aritméticas básicas, entretanto sentem dificuldades quando é exigida uma maior quantidade de cálculos, ou em operações matemáticas mais complexas.

Nível 3. Também conhecido como alfabetização plena, compreende àqueles que detêm pleno domínio da leitura, escrita, dos números e das operações matemáticas (das mais básicas às mais complexas). Disponível em: <http://pt.wikipedia.org/wiki/Analfabetismo_funcional>. Acesso em: 9 ago. 2012.

- Pretendo cursar o mestrado e ingressar, como docente em uma BOA universidade. (Estudante de Matemática).
- Pretendo cursar especialização. Dentro de um ano ingressar no mestrado. Posteriormente fazer o doutorado. (Estudante de Ciências Sociais)
- Espero poder lecionar e futuramente seguir para a pós-graduação (Estudante de História).
- Pretendo fazer o mestrado. Caso não dê certo, pretendo dar aulas no Ensino Médio e me preparar para o mestrado no ano seguinte. (Ciências Biológicas).

A fim de deixar claro que as referências sobre a formação de professores para os níveis fundamental e médio, não são apenas um lamento de quem se dedicou a vida toda — e se dedica ainda — à educação, gostaria que você examinasse os seguintes dados, que mostram as relações candidatos/vagas — c/v — nos vestibulares de 2015 em algumas das universidades brasileiras. Sugiro-lhe compará-los com os dados anteriores, referentes aos cursos de altas demandas.

Vou me restringir a poucas delas: à USP (Universidade de São Paulo), considerada como a mais importante do país, a três universidades federais — do Amazonas, de Santa Catarina e do Espírito Santo e à Unicamp, em que atuo como professor colaborador voluntário (aposentado).

Nos vestibulares da Fuvest, de 2013, de modo geral as licenciaturas são pouco procuradas: Licenciatura em Geociências e Educação Ambiental, 2,60; Química, Licenciatura, Ribeirão Preto, 3,53, que seleciona candidatos para a Universidade São Paulo (USP), Licenciatura em Matemática/Física, apresentava 3,02 c/v; 2,81 c/v; Licenciatura em Ciências Exatas, São Carlos, 6,36; Licenciatura em Geociências e Educação Ambiental, 1,93; Licenciatura em Química, Ribeirão Preto, 3,40; Pedagogia, 4,69 e 3,24, em São Paulo e Ribeirão Preto, respectivamente; Licenciatura em EduComunicação, 3,77, 3,72; Licenciatura em Geociências e Educação Ambiental, 2,60; Química, Licenciatura, Ribeirão Preto, 3,53.

Nos vestibulares de 2015 da Universidade do Amazonas (Ufam), a procura por cursos de licenciaturas foi baixa: Matemática, oscilando entre 0,50 e 4,00 c/v, conforme os locais em que o curso foi oferecido; Física, entre 0,25 e 6,00, também dependendo de cada um dos campi; Química, entre 2,00 e 2,50; Geografia, entre 0,50 e 2,00; História, entre 1,00 e 7,00. O mesmo fenômeno — baixa procura por Licenciaturas — foi registrado nos Vestibulares de 2015 da Universidade Federal de Santa Catarina (UFSC): Matemática, 2,65 e 3,24 c/v, períodos diurno e noturno respectivamente; Letras, entre 1,24 e 10,67 c/v, nas várias modalidades em que o curso é oferecido; Química — (diurno), 3,86; Pedagogia (diurno), 4,85; Ciências Biológicas (noturno), 5,19.

No processo seletivo de 2015 da Universidade Federal do Espírito Santo, as licenciaturas também foram pouco procuradas: Química (integral), 2,00; Física (noturno), 2,05; Química (integral), 2,00; Ciências Sociais (noturno), 2,25; Educação Física (integral), 1,95; Filosofia (noturno), 1,54; Letras, 2,32 e 1,32, períodos matutino e noturno, respectivamente; Pedagogia, 1,90 (matutino) e 1,60, (noturno).

Na Unicamp, a distribuição dos candidatos aos cursos de Licenciatura (Comvest/2015) foi a seguinte, em termos de relações candidatos/vagas: Licenciatura Integrada Química/Física — (noturno), 7,3; Física, Noturno, 6,8; Matemática, Noturno, 6,4; Letras (integral), 17,1 e (noturno) 12,8; Ciências Biológicas (noturno), 11,5; Pedagogia, 8,1 e 7,0, integral e noturno, respectivamente

Já estou cansado de responder às mesmas perguntas: Você acha que um bom aumento de salários resolveria o problema da baixa procura pelos cursos de licenciaturas? O que dizer da falta de uma melhor capacitação docente para a educação básica?

Não. Salário não é tudo, mas, no patamar em que hoje ele se encontra, acaba por se constituir como elemento-chave para a saída da lamentável situação em que se encontra o ensino fundamental e médio, de modo especial na rede pública, quer seja ela municipal, estadual ou federal.

Insisto neste aspecto, tendo em vista o fato de a maioria dos artigos publicados em jornais e revistas sobre os problemas que afligem a escola pública, ter se limitado à discussão sobre capacitação docente, necessidade de meios eletrônicos para melhorar a qualidade das aulas, desmotivação docente e outros aspectos, deixando de apontar — por medo ou ignorância — a causa que se tornou a principal: de 1979 até 2013 o magistério paulista acumula perdas que somam mais de 35,0%, não havendo, segundo o governo, folga orçamentária que permita tal recuperação.

Preste bem atenção: o piso salarial nacional do magistério da educação básica em 2015 — de R$ 1.917,68 para uma jornada de 40 horas de trabalho semanais —, é pouco mais que dois salários mínimos, abaixo, portanto, do Rendimento Médio do Trabalhador Brasileiro: R$ 2.122,10, em outubro de 2014. Se o Estado de São Paulo paga um pouco mais aos seus professores para uma jornada de 40 horas (3 aulas de 50 minutos + 8 horas para outras atividades fora da sala de aula, das quais 5 são realizadas em local de escolha do professor) — nem por isso a situação deixa de ser lamentável. Basta dizer que o professor com 20 anos de magistério estará ganhando pouco mais de R$ 3.500,00.

Agora compare com os salários de outros profissionais com escolaridade do mesmo nível, isto é, superior completo e principalmente com os de profissionais dos quais não é exigido sequer o nível médio. Os jornais de âmbito nacional e mesmo regional trazem, regularmente, os salários de profissionais que cobrem um extenso *continuum*, que vai do diretor presidente ao ajudante de serviços gerais.

Quem trabalhará na educação fundamental e média da escola pública brasileira?

Claro, você, assim como eu, não tem resposta para esta questão. No entanto, a cada dia vai ficando mais claro: se a situação da educação pública nacional não for resolvida, continuaremos a ser um país de enormes desigualdades sociais e mesmo que estejamos contentes ao ver tanta gente passar a fazer parte da chamada classe média, seremos, ainda, um país pobre e não sério.

Sim, um país não sério. Quer uma prova? A partir de 1º de janeiro de 2015 teremos como ministro da Educação um dos governadores que em 2008 assinaram ação no STF (Supremo Tribunal Federal) contra o piso salarial dos professores. Como se isto não bastasse, ao enfrentar uma greve de professores em seu Estado — Ceará — celebrizou-se por esta pérola de declaração, amplamente publicada na imprensa nacional: "Quem quer dar aula faz isso por gosto, e não por dinheiro. Se quer ganhar melhor, pede demissão e vai para o ensino privado". Sim, um país não sério. Dentro em breve nossos docentes e pesquisadores que atuam nas IES e Institutos Públicos de Pesquisa e necessitam de apoio por parte das Agências de Fomento, terão como ministro da Ciência Tecnologia e Inovação e Tecnologia, alguém que provavelmente alcançou alguma experiência como ministro dos Esportes.

País sério? Vamos além das áreas educacionais e de pesquisas: a não seriedade mais uma vez pode ser comprovada: um pastor, teólogo e animador de TV será o anfitrião da primeira Olimpíada que terá lugar na América do Sul. Terá capacidade para comandar os jogos Olímpicos, com seus 10.500 atletas de 205 países que disputarão mais de 300 eventos em 39 modalidades?

Voltemos à educação brasileira.

No magistério público, a mão de obra — perdão pelo termo — está disponível de ponta a ponta do país. O Brasil precisa, com urgência, de centenas de milhares de professores para a rede pública de níveis fundamental e médio. No entanto, quem, entre nossos novos universitários estará habilitado a desempenhar tal função que hoje se caracteriza por sua alta complexidade, exigindo, além de conhecimento específico referente à própria disciplina, conhecimentos sobre disciplinas de áreas conexas, ampla cultura geral e domínio da informática?

A título de exemplos: professores de matemática que saibam o que foi a arte renascentista, professores de história que não ignorem a importância da nanotecnologia para o mundo atual, docentes de artes que compreendam a intrincada rede de relações políticas e culturais que hoje tem lugar no Oriente Médio, professores de línguas e literatura que conheçam o processo de globalização que hoje permeia todos os tipos de relações entre indivíduos, estados e nações. Professores e gestores de qualquer área ou disciplina que se questionem sobre o porquê de o Brasil situar-se numa das posições mais baixas entre os países considerados como de elevado nível de desenvolvimento humano, como Chile, Argentina, Uruguai e México.

Sem esta cultura geral, o papel do professor que atua em níveis anteriores ao universitário, será irrelevante. Será superado pela TV, pelas mídias em geral. Estes meios, ou veículos, sem dúvida serão melhores do que um professor que se limite a dar aulas da mesma forma como as recebeu: sem criticidade, sem semear a dúvida, sem estimular o desejo de conhecer mais e mais junto aos seus alunos.

E, dentre os habilitados, quem, dentre os universitários que temos diante de nós, se dispõe a trabalhar por salários tão baixos e ao mesmo tempo enfrentando condições adversas tanto em termos de estrutura e infraestrutura como em termos de relações humanas — professor-aluno — hoje com desrespeitos mútuos?

Quem aceitará o desafio de contribuir para alterar o atual panorama de ensino e aprendizagem reinante num país em que o adolescente de 15 anos tem conhecimentos de ciências e matemática equivalente a um pré-adolescente chinês de 10 anos, a um coreano de 11 anos, ou ainda de um canadense, polonês, australiano e americano de 12 anos? Este fato tem alta relevância quando se procura explicar a diferença no aumento da produtividade do trabalhador brasileiro em comparação com outros países do globo durante os últimos dez anos: China, 134%; Estados Unidos, 108%; Austrália, 94%; Canadá, 86%; Coreia do Sul, 65%; Polônia, 50%; Turquia, 42%; México, 37%; Chile, 35%; Brasil, 13% (Exame, 2013, p. 39).

Repito a pergunta: quem aceitará o desafio de contribuir para que nossos alunos, de 15 e 16 anos, hoje nas piores posições do Pisa (Programa Internacional de Avaliação de Estudantes), conforme assinalado no capítulo anterior, passem a fazer parte do seleto grupo de estudantes que hoje estão — pelo menos — entre os vinte primeiros?

Enquanto a profissão de professor é praticamente descartada pela maioria absoluta de nossos jovens universitários, ela uma das mais concorridas na Polônia — país em que 92% do corpo docente em educação básica tem mestrado — e conta com as melhores cabeças em países como Finlândia e Coreia do Sul.

Se por um lado, ter mais dinheiro para a educação não é tudo e embora não tenha sido observada uma correlação direta entre gasto público por estudante e o escore por ele alcançado em disciplinas fundamentais da educação básica, por outro lado ele ajuda a explicar as diferenças em qualidade naquilo que lhe é oferecido. Exemplos: a Coreia do Sul aplica anualmente US$ 5.700 por estudante e ocupa a 4ª posição no ranking do Pisa. A Suíça gasta US$ 13.500 e está em 8º lugar no mesmo ranking; o Canadá gasta US 9 800 e se encontra na 10ª posição; o Brasil despende US$ 2.700 e ocupa a 57ª posição no mesmo ranking (Exame, 2013, p. 42)

É provável que você duvide do que vou lhe contar e que já faz parte da história do magistério paulista. No final dos anos cinquenta e começo dos sessenta do século passado, presenciei a indecisão por parte de alguns professores de português que haviam cursado também Direito e tendo sido aprovados em concursos para Juízes, tinham que optar entre continuar como professores ou assumir as novas funções. Perguntavam se valeria a pena trocar aquilo de que mais gostavam — lecionar, dar aulas — por algo novo e cuja remuneração não era substancialmente diferente do magistério. Era comum haver reuniões de família a fim de que a melhor decisão fosse tomada.

Você talvez já esteja dizendo: isto é passado... vamos voltar ao presente.

Eu lhe respondo: OK, mas tenhamos coragem para aceitar uma dura verdade: a perda de identidade, pior sentimento que pode atingir um profissional de qualquer área ocupacional, já atingiu nossos professores da escola pública.

Aos nobres professores da rede pública do país, espero que tenham sempre presente esta frase de Confúcio (551 a.C.-479 a.C.): Escolha um trabalho que ama e não terá que trabalhar um único dia em sua vida.

Referências

ASKEY, Simon; McLEOD, Ian. *Studying law.* Houndmills, NH: Algralgrave Macmillan, 2008. 222p.

BALZAN, Newton C.; POZZEBOM, Paulo Moacir de Godoy. *Qualidade do ensino na graduação segundo seus gestores e/ou docentes/integradores curriculares.* Relatório de pesquisa. Campinas, 2013, p. 27.

BALZAN, Newton Cesar. Teses e dissertações: a qualidade em questão *Avaliação*, revista de avaliação da educação superior, Universidade de Sorocaba (Uniso), v. 17, n. 3, p. 827-849, nov. 2012.

_____. Didática, qualidade do ensino superior e pesquisa: possibilidades e desafios. Relações ensino e pesquisa em programa de mestrado em Medicina. In: ENDIPE, 16., Unicamp, 23-26/7/2012. 7bp. (Mimeo.)

_____; LOPES, Jairo de Araujo; ALMEIDA, Ivanete Bellucci Pires de; SARAGIOTO, Maria Helena Duprat Nascimento; SANTOS, Tânia Regina Zieglitz. O curso de Medicina da PUC-Campinas: conhecendo para aprimorar. *Revista de Ciências Médicas*, v. 11, p. 211-219, 2002.

BARRETO, Liliádia da Silva Oliveira. *A competência docente do profissional de saúde*: um estudo de caso a luz do bom professor da Faculdade de Medicina da UFS. Dissertação (Mestrado) — Universidade Federal de Sergipe, Aracaju, 2003. 149 p.

BICUDO, Edna Carvalho. *A qualidade do ensino jurídico no início do século XXI.* Dissertação (Mestrado) — Pontifícia Universidade Católica, Campinas, 2003. 212p.

CARTA CAPITAL, Ano XVIII, n. 747, 8 maio 2013.

CARTER, Yvonne; JACKSON, Neil. *Medical education and training*: from theory to delivery. Oxford, UK: Oxford Universxity Press, 2009. 358p.

COMPARATO, Fábio Konder. *Ética*: direito, moral e religião no mundo moderno. São Paulo: Companhia das Letras, 2006. 720p.

DAVIS, Mike; FORREST, Kirsty. *How to teach continuing medical education.* Oxford, UK: Wiley Blckwell/BMJ Books, 2008. 127p.

DE MASI, Domênico; BETTO, Frei. *Diálogos criativos*. Rio de Janeiro: Sextante, 2008.

DESEMPREGO E SALÁRIO. 2013. Disponível em: <http://economia.uol.com.br/noticias/redacao/2013/05/23>. Acesso em: 3 maio 2013.

DISTRIBUIÇÃO DE MÉDICOS POR ESTADOS. Disponível em: <http://agenciabrasil.ebc.com.br/noticia/2011-12-01/numero-de-medicos-no-brasil-cresce-213-em- uma-decada>. Acesso em: 21 fev. 2013.

DUPAS, Gilberto. A informalização no mercado de trabalho. Globalização em debate. *Estudos avançados*. 11 (29), USP, São Paulo, p. 375-376, 1997.

EXAME. Edição 1052, ano 47, n. 20, 30 out. 2013.

FAORO, Raymundo. *Os donos do poder*. 8. ed. São Paulo: Editora Globo, 1989. v. 1, 397 p.

FUNDAÇÃO DE AMPARO À PESQUISA DO ESTADO DE SÃO PAULO (Fapesp). (2013). Disponível em: <agencia.fapesp.br/17414>. Acesso em: 19 jun. 2013.

FRIEDMAN, Thomas L. *O mundo é plano*: uma breve história do século XXI. Rio de Janeiro: Objetiva, 2006. 557 p.

GORE, Al. *O futuro*: seis desafios para mudar o mundo. Barueri: HSM Editora, 2013.

GUILLEBEAU, Chris. *A startup de $100*. São Paulo: Saraiva, 2013. 240 p.

GIUBILEI, Sônia; BALZAN, Newton Cesar; OLIVEIRA, Cleiton. Expectativas imediatas e a longo prazo de concluintes de graduação. *Ciência e Cultura* (SBPC), v. 35, p. 56-58, 1983.

GRADUADOS EM ADMINISTRAÇÃO — UFRGS NO MERCADO DE TRABALHO. RANGEL, Nilza Thereza de Souza (coordenação geral). Ministério da Educação/Universidade Federal do Rio Grande do Sul, Pró-Reitoria de Planejamento. Porto Alegre: Universidade Federal do Rio Grande do Sul, 1988. 112 p.

HARVEY, David. *O enigma do capital e as crises do capitalismo*. São Paulo: Boitempo, 2012.

HOLANDA, Sérgio Buarque de. *Raízes do Brasil*. São Paulo: Companhia das Letras, 2012.

HUMPHREY, Holly J. *Mentoring in Academic Medicine*. Philadelphia: ACP Press, 2010. 265 p.

INSTITUTO BRASILEIRO DE GEOGRAFIA E ESTATÍSTICA (IBGE). *Renda media do trabalhador brasileiro*, 2014. Disponível em: <http://g1.globo.com/conomia/noticia/2014/11/redin>. Acesso em: 12 dez. 2014.

_____. *Taxa de desemprego no Brasil*, 2014. Disponível em: <http://ptwikipedia.org/wiki/taxa_de_desemprego_no Brasil>. Acesso em: 25 nov. 2014.

LABORATÓRIO DE ESTUDOS AVANÇADOS EM JORNALISMO (LABJOR). *ComCiência*, n. 148, maio 2013. Disponível em: <www.comciencia.br/comciencia/?section=8&<edicão=88&id=1077>. Acesso em: 24 jun. 2013.

LEITE, Maria Cecília Lorea. *Decisões pedagógicas e inovações no ensino jurídico*. Tese (Doutorado) — Universidade Federal do Rio Grande do Sul, Porto Alegre, 2003. v. 1, 319 p.

LEITE, Denise Balarine C. (Coord.). *Inovação e avaliação na universidade*: impacto e mudança. Estudo desenvolvido por grupos interinstitucionais de pesquisa. Relatório parcial. Porto Alegre: Grupo Geulnov-PPGEDU/UFRS, jul. 1998. 202 p.

MARTINEZ, José W. *O ensino de contabilidade e a formação do economista*, 2002. 5 p. (Mimeo.) Disponível em: <www.suigeneris.pro.br/economista.htm>. Acesso em: 30 maio 2013.

MEDICAL COUNCIL OF CANADA QUALIFYING EXAMINATION (MCCQE). Disponível em: <www.mcc.ca/en/exams/qu1>; <http://www.mcc.ca/en/exams/qe2/>. Acesso em: 9 fev. 2013.

MILLS, Wright. *A nova classe media*. 2. ed. Rio de Janeiro: Zahar, 1976.

NOVOS CURSOS DE MEDICINA. Disponível em: <http://g1.globo.com/educacao/noticia/2013/02/mec-diz-ter-70-pedidos-de-abertura-de-novos-cursos-de-medicina.html>. Acesso em: 18 fev. 2013.

ORDEM DOS ADVOGADOS DO BRASIL (OAB). 2011. Disponível em: <www.pragmatismopolitico.com.br/2011/09/pais-dc>. Acesso em: 7 out. 2014.

_____. *Aprovados no Exame da Ordem*, 2012. Disponível em: <http://ultimossegundos.ig.com.br/educacao/aprovacao>. Acesso em: 7 out. 2014.

ORDEM DOS ADVOGADOS DO BRASIL. 2013. Disponível em: <https://conteudoclippingmp.planejamento.gov.br/cadastros/noticias/2013/1/16/e>. Acesso em: 4 set. 2013.

PADILHA, Alexandre. Mais médicos: o cidadão não pode esperar. *Folha de S.Paulo*, 18 maio 2013, p. 3.

PEIXINHO, André Luiz. *Educação médica*: um desafio da sua transformação. Tese (Doutorado) — Universidade Federal da Bahia, Salvador, 2001. 242 p.

PIKETTY, Thomas. *O capital no século XXI*. Rio de Janeiro: Intrinseca, 2014.

RESENDE, André Lara. O mal-estar contemporâneo. *Valor Econômico*, 6 jul. 2013.

RIES, Eric. *A startup enxuta*. São Paulo: Leya, 2011. 273 p.

SHIELDS, Helen M. *A medical teacher's manual for success*: five simple steps. Baltimore: The Johns Hopkins University Press, s/d., 275 p.

SKAF, Paulo. Entrevista. *Revista Corporativa*, ano 6, p. 20-25, 2013.

SOUZA, Sabrine Pierobon de. *O cotidiano do ensino e aprendizagem do direito numa instituição de educação superior*. Dissertação (Mestrado) — Pontifícia Universidade Católica, Campinas, 2006. 161 p.

UNIVERSIDADE DE SHANGAI, 2011. Disponível em: <http://www.shanghairanking.com/FieldMED2011.html>. Acesso em: 6 mar. 2013.

UNITED STATES MEDICAL LICENSING EXAMINATION (USML). Disponível em: <http://pt.wikipedia.org/wiki/USMLE>. Acesso em: 18 fev. 2013.

Finalizando

Sugestões

Gostaria de lhe dar algumas sugestões sobre a utilização dos conteúdos desta coletânea de textos.

Antes, porém, um lembrete: seja criativo, vá além do que estou sugerindo, busque outras opções.

I — Se você atua como gestor, coordenador, ou docente junto a Cursos de Licenciatura e/ou de Pedagogia, minha sugestão é a seguinte:

Preâmbulo

1º) Leia o texto do Capítulo *Não faça isso! — Primeira Aula* e então, simplesmente... *NÃO FAÇA ISSO!* Acredito, porém, que dada a prática que a maioria dos meus colegas já tem, não haverá necessidade de preocupações com a sua primeira aula junto a uma nova turma.

No entanto, é comum o fato de seus alunos de Licenciatura procederem de cursos de graduação os mais diversos. Por isso, seja claro e firme. Você estará ali para ajudá-los a se tornarem bons professores e disto você não abrirá mão. Caberá a eles decidirem se irão ou não exercer a profissão docente depois de formados.

Trabalhando com os textos

Capítulo I

1º) Depois que eles se apresentarem, peça-lhes que comentem sobre suas experiências enquanto alunos de graduação e que expressem suas expectativas em relação à disciplina.

Trabalhe com o primeiro capítulo, pedindo-lhes: a) para lerem o texto e refletirem sobre seu conteúdo; b) que construam suas próprias autobiografias na condição de estudantes, apresentando os resultados obtidos de forma detalhada e clara.

2º) Leia e corrija os trabalhos encaminhados, dando muita atenção à redação. Devolva-os com correções no encontro seguinte. É provável que você não possa imaginar e avaliar o impacto positivo que a devolução de um primeiro trabalho lido, corrigido e comentado terá sobre seus alunos. Neste segundo encontro (ou *aula*) procure elaborar uma síntese com os alunos, preferentemente a partir de questões desafiadoras como: *as coisas melhoraram ou pioraram desde que o autor viveu suas experiências enquanto estudante? E o Brasil? Como caminha na educação?*

Você poderá trabalhar com a classe toda, com pequenos grupos, voltando à classe toda. Um lembrete: nada me irrita tanto quanto ver os alunos enfileirados ou amontoados. Distribua-os sempre em semicírculos, de maneira a vê-los e a poder ser visto. *Olhos nos olhos...*

Capítulo II

Explore ao máximo possível este texto, memória sobre uma escola que deu certo e que até hoje, passados 44 anos desde que foi extinta, seus ex-alunos, agora senhores e senhoras de 57 a 63 anos de idade, se reúnem pelo menos uma vez por ano para encontros dos quais participam muitos de seus filhos e netos.

O que havia de diferente nesta escola — e também nas outras cinco pertencentes ao mesmo sistema educacional —, que até hoje não foi superada por nenhuma outra, dentre as melhores do país? Como resgatar esta experiência?

Capítulos X e XI

Proceda de forma que seus alunos se vejam como universitários, estudantes com características próprias, que as diferenciam dos jovens que lhes precederam na história.

Utilize-se de tabelas e gráficos, analise com eles os resultados do PISA, entre em História para lhes explicar o presente.

Peça-lhes que comparem o que diz o autor e como eles de fato veem seus desafios enquanto profissionais.

Explore muito estes dois capítulos. Sempre peça trabalhos escritos, devolvendo-os logo a seguir.

Cada vez mais, vá exigindo trabalhos que se aproximem tanto quanto possível de um texto acadêmico, com referências bibliográficas, títulos adequados e redação correta.

Capítulos IV e III

O mais esperado por seus alunos: didática. E provavelmente o mais importante — planejamento —, mas devido à fase em que se encontram ainda não conseguirão lhe dar a devida importância.

Trabalhe com seus alunos de forma que eles leiam as transcrições das *falas*, ou expressões de estudantes dos mais variados cursos universitários sobre aquilo que se convencionou chamar de didática ou de metodologia do ensino.

Não se apresse, mas não deixe de cobrir um só tópico — da aula expositiva à avaliação.

Caso seus alunos estejam matriculados nos Estágios Supervisionados, oriente-os a fim de que comparem aquilo que estarão vendo na prática com os textos do autor. Caso eles digam que não é possível dar aulas expositivas ou desenvolver seminários conforme afirma o autor, não aceite observações deste tipo como barreiras intransponíveis. Brinque um pouco para aliviar o ambiente com uma observação do tipo: *Yes, we can!*

Provavelmente agora eles estarão melhor preparados para trabalhar o Cap. III — Cansado... planejamento?

Recomendo: i) leitura do texto (entrevista) e discussão em grupos ou *aberta* (classe toda); ii) trabalho prático: a) planejar um ano de trabalho tomando como referência uma das disciplinas para as quais estarão habilitados a lecionar; b) elaborar o plano de trabalho, do qual deverão constar objetivos gerais; procedimentos didático-metodológicos; recursos a serem utilizados: textos, dispositivos eletrônicos e seus aplicativos os mais diversos, tabelas, gráficos etc.; avaliação: formas, periodicidade, autoavaliação.

Suponho que o Capítulo IX, que trata da autoavaliação docente, não seja indicado para aqueles que ainda não têm experiência como professores.

Penso que as sugestões acima — quase indicações, queira me desculpar! — já são suficientes.

No entanto, observe que você dispõe de depoimentos muito interessantes de docentes em outros capítulos como *Você na era da informática*, por exemplo.

II — Se você pretende atuar junto a docentes em exercício — cursos normalmente chamados *de reciclagem* — minhas sugestões são as seguintes:

1º Faça um levantamento preliminar sobre as expectativas de seus futuros alunos — professores, no caso — em relação ao curso e procure atendê-las da melhor forma possível.

Tomo a liberdade de lhe dar um exemplo, desafio que deverei enfrentar no primeiro semestre do próximo ano: um levantamento prévio mostra que o primeiro interesse da maioria encontra-se em *melhorar minha didática*, seguido de *como avaliar melhor meus alunos?*

Por uma questão de lógica e do valor que dou ao planejamento, gostaria de iniciar o curso com este capítulo: *Cansado de ouvir falar em planejamento?*

No entanto, é claro que procedendo desta forma eu estaria frustrando meus participantes, que sentem urgência de ter contatos com outros segmentos da educação superior.

Num esboço preliminar, pretendo:
1. Trabalhar com os Cap. IV — Vamos aprender didática com nossos alunos?, V — Não faça isso! — e VII — Você na era da informática

Ler, reler, discutir cada um dos tópicos, da aula expositiva à avaliação, dos possíveis erros de uma primeira aula às atuações desastradas em bancas de pós-graduação, de nossos alunos *internetizados* às dificuldades que encontramos para lidar com tantos recursos disponíveis na eletrônica e informática.

Ponto fundamental: qualquer que seja o texto abordado, ele sempre será associado às próprias experiências dos participantes enquanto docentes.

2. Proceder da mesma forma com o Cap. II, que trata do planejamento, solicitando-lhes que leiam os textos referentes aos Projetos Pedagógicos dos cursos em que atuam.

   Com base nos Projetos Pedagógicos, elaborar — ou reelaborar — planos para suas disciplinas durante o presente ano letivo.

   Proceder a uma síntese, embora provisória: O que almejamos, enquanto docentes, para nossa universidade ao longo de um período de cinco anos? Vamos definir alguns objetivos? Como estaremos contribuindo para alcançar os objetivos propostos?

3. Recorrer aos Capítulos X e XI, que tratam do estudante universitário, sempre associando as ideias do autor às suas próprias experiências, de modo a *completar* os textos originais.

4. A seguir, pretendo me utilizar dos Capítulos VI e VIII — que tratam da inovação educacional e da educação a distância, respectivamente. Em ambos os casos estaremos lidando com temas que suscitam um grande número de interrogações por parte dos educadores.

5. Deixarei para o final o Capítulo IX, a fim de que procedam à sua autoavaliação.

6. Final: assembleia de síntese que consistirá na busca de um título para nosso curso. Sei que o trabalho não será fácil, uma vez que o nome encontrado deverá ser suficientemente abrangente, contendo — numa única frase —, tudo aquilo que teremos realizado: das leituras às discussões em grupos, das expressões de alunos de graduação a exemplos de trabalhos marcantes de práticas docentes.

Mais uma vez, lembrando: seja criativo ao desenvolver um curso de especialização, atualização ou reciclagem junto aos docentes de sua própria

IES ou de outra que lhe convidarem a participar como professor. Não siga exatamente aquilo que estou propondo para o meu próximo curso.

Conclusão

Para terminar *nossa conversa*, quero apenas lhe lembrar de que nós, professores, temos muito mais poder do que julgamos ter.

São raras as profissões além da nossa — artistas, escritores, comunicadores (imprensa escrita, falada, televisiva), políticos, religiosos — que têm o poder de *abrir a cabeça das pessoas* (Edgar Morin, mais uma vez!), formando seres humanos capazes de exercer o pensamento crítico, dotados de uma saudável rebeldia em relação àqueles que procuram nos manipular, visando nos transformar em consumistas vorazes, simplistas frente à realidade complexa da qual somos parte integrante.

Não podemos perder uma só oportunidade para ampliar mais e mais o espaço de que dispomos. Ele é estreito, mas existe.

Estaremos ampliando nossos horizontes e de nossos estudantes cada vez que enaltecermos o pensamento, núcleo da vida escolar e acadêmica, e combatermos seu contrário, a alienação.

Se os donos do poder conseguiram atingir nossos professores de escolas públicas tirando-lhes aquilo que tinham *de mais sagrado* — sua autoestima — um dia eles passarão. Fazem parte de um coronelismo cujas raízes vêm do Brasil Colônia, se manteve no poder durante o Império, ditaram as regras durante a República Velha, ao logo da ditadura Vargas, continuaram mandando no país durante o curto período democrático, atingiram o ponto máximo de euforia durante a ditadura militar e continuam ativos, ainda na segunda década dos anos 2000. Não serão vencidos pelo voto — embora jamais deixemos de exercer nosso legítimo direito de eleitores — mas sim, e somente, através de pressões populares. Pressões como as de início de junho de 2013.

Até breve. Te vejo nas próximas passeatas.

Newton